# 杜甫在梓州

DUFU ZAI ZIZHOU

魏浩 著

四川民族出版社

图书在版编目（CIP）数据

杜甫在梓州 / 魏浩著. --成都：四川民族出版社，2023.2
ISBN 978-7-5733-0975-4

Ⅰ.①杜… Ⅱ.①魏… Ⅲ.①杜甫（712-770）-生平事迹②杜诗-诗歌研究 Ⅳ.①K825.6②I207.227.423

中国版本图书馆CIP数据核字（2023）第013277号

## 杜甫在梓州
DUFU ZAI ZIZHOU

**魏 浩 著**

| 出 版 人 | 泽仁扎西 |
| --- | --- |
| 责任编辑 | 李 娟 央 金 |
| 责任印制 | 谢孟豪 |
| 出 版 | 四川民族出版社(四川省成都市青羊区敬业路108号) |
| 邮政编码 | 610091 |
| 设计制作 | 成都圣立文化传播有限公司 |
| 印 刷 | 四川金邦印务有限公司 |
| 成品尺寸 | 170mm × 240mm |
| 印 张 | 18 |
| 字 数 | 280 千 |
| 版 次 | 2023 年 2 月第 1 版 |
| 印 次 | 2023 年 2 月第 1 次印刷 |
| 书 号 | ISBN 978-7-5733-0975-4 |
| 定 价 | 68.00 元 |

著作权所有·侵权必究

# 序

※ 王红霞

魏君非高校之专门研究古代文学者，但对"诗圣"杜甫有着强烈的兴趣与喜爱，故自政府部门退居二线之后，为自己选择了"诗意的栖居"和"冰冷"的板凳。同好相趋，在友人的引荐下，我也得以认识魏君并有幸拜读其大作。

纵观其书，条理清晰，赏析得体。该书以时间为顺序，以史料为依据，以诗歌为根基。作者既能从历时性角度考察杜甫在梓州的前后，对杜甫这一段历史有较为全面、总体的把握，也能从共时性角度对杜甫在梓州所作的一百四十余首诗歌作品进行考据之研究、义理之研究与辞章之研究。作者善于发现学术洼地，横向与纵向结合，深度与广度兼具，为我们还原了杜甫在梓州的真实情况。

近年来，关于文学与地理学结合的研究愈发火热，文学地理学作为一门独立的学科也受到越来越多人的关注。杜甫虽为河南人，但在乾元二年（759）为躲避战乱，弃官入蜀之后，与四川结下了深厚的缘分，先后辗转于蜀中各地，宝应元年（762）秋至广德二年（764）春流寓到了梓州（今绵阳三台），在梓州度过了一年零八个月的漂泊生活。

自西汉高祖六年（前201）设广汉郡郪县始，隋唐为梓州，宋、元、明为潼川府，清置三台县，至今已二千二百多年历史。自古以来，就流传"北有梓州，南有成都"和"蜀川巨镇，郪道名邦"之盛誉。可以说，梓州是个兼具自然风光、悠久历史和文化底蕴之宝地。神秘的郪江汉墓和道教圣地云台观风采独具，元稹和薛涛也在此留下了一段佳话，再加上杜甫在梓州牛头山上大笔一挥写就的那首家喻户晓的《闻官军收河南河北》，更为此地增添了浓墨重彩的一笔文化力量。

魏君作为土生土长的梓州人，对梓州有着充分的了解，在该书的多处地方可以看到他对梓州及当时梓州所管辖地区全面、细致地介绍："我认为写作这一大段文字，有助于读者了解郪县及三台县的来龙去脉。"魏君的良苦用心，只为帮助读者能更近地了解杜甫当下所处之环境，进而深刻理解诗中所提及之史实与情感。

该书能结合古代文学研究热点，结合地理特色，充分挖掘梓州一地自然地理环境和人文地理环境对杜甫的气质、心理、价值观念、审美倾向、情感态度、语言风格等构成的影响。诚如金启华先生在《杜甫诗论丛》中所言："杜甫在寓居梓、阆时期的诗风，仍是沉郁悲凉，并有衰飒之感，而梓、阆山川，峭拔高耸，也影响到了他的诗风，成为一种特殊的风格，并开了后来夔府诗风的先河。"可见，杜甫在梓州这段宝贵的经历对其诗歌风格变化有着极其重要的意义，也是后人研究杜甫不可错过的一段重要历史。

可贵的是，非科班出身的魏君在本书中亦随处可见写作时实事求是的研究态度。章太炎在《与王鹤鸣书》中指出："仆谓学者将以实事求是，有用与否，固不暇计。"此言肯定了学术研究应秉承的求真态度与非功利性。正如罗宗强也谈到过："关于古代文学研究在相当程度上，它表现为对遗产的尽量深入的了解与认知，是无形的影响与接收。在这个范围内，只要是求实严谨，我以为什么选题都是可以做的。"本书所选取的杜诗以萧涤非先生主编的《杜甫全集校注》为范本（魏君亦有参考、比较多种版本），体现了学术的严谨性；又加入一些地方志收录的杜甫在梓州的诗歌，体现了研究视野的宽广性。魏君立足杜诗、阐释杜诗、挖掘杜诗，一切解释与赏析都力求以实事求是的态度，将一个鲜活、全面的杜甫呈现在读者面前。如他提及杜甫的性格时，谈到"在人们的印象中，杜甫似乎是不苟言笑，老实固执的人，其实面对挫折、生活困难，他有时也开开玩笑，幽他一默"。魏君深刻地把握了人物的多面性和复杂性，秉承着为求真而研究的精神，让读者能更走近"诗圣"的内心世界。

求真务实的研究并不意味着文字的枯燥与乏味。魏君笔法多变，长短句结合，诗意化的解读语言富有节奏感和画面感。一半是思考和求证的理性火花，另一半充斥着优美与诗意的感性表达。语言的最终目的是为深入文化的内核，魏君在字里行间也在传递着杜甫的儒学内涵、精神品格和文化意义。正如莫砺锋先生曾言："我们应该认真地阅读杜诗，学习杜诗，让杜甫的光辉照亮我们的精神生活。"

少陵有诗，魏君有心，千年古忆，梓州多情。

（王红霞，四川师范大学文学院教授、博士生导师，四川省杜甫研究学会副会长）

# 目录

| | |
|---|---|
| 一、青山空复情 | — 001 |
| 二、绵州赏旧迹 | — 011 |
| 三、途穷仗友生 | — 022 |
| 四、秋天不肯明 | — 029 |
| 五、九日意无穷 | — 042 |
| 六、激烈伤雄才 | — 054 |
| 七、此行叠壮观 | — 065 |
| 八、"戏为绝句"创新体 | — 076 |
| 九、还乡梦成空 | — 094 |
| 十、二月频送客 | — 105 |
| 十一、梓州登临意 | — 114 |
| 十二、暮春绵汉游 | — 124 |
| 十三、江边岁月长 | — 139 |
| 十四、秋水席边多 | — 155 |
| 十五、江边独立时 | — 165 |
| 十六、深怀喻蜀意 | — 180 |
| 十七、终作适荆蛮 | — 195 |
| 十八、巴山又伤春 | — 211 |
| 十九、阆州盛事可断肠 | — 231 |
| 二十、殊方又喜故人来 | — 243 |
| 读《杜甫梓州诗注》，看唐代三台生态美 | — 255 |
| 少陵留圣迹，梓郡增光辉 | — 259 |
| 附录：杜甫简谱 | — 272 |
| 后　记 | — 277 |

# 一、青山空复情

虽已立秋，"秋老虎"依然在巴蜀大地肆虐。

在绵州通向梓州的道路上，一位白发苍苍的老者（其实他并不老，今年只有五十一岁）骑着一匹与他一样羸弱的老马，顶着烈日，栖栖遑遑赶往郪县（今四川省三台县，也是唐代梓州的治所与东川节度使的驻节之地）。走了大半天，崎岖漫长的道路上很少见到行人，就连马蹄践踏道路的声音也是如此的枯燥和乏味。这位踽踽而行的老者，不是别人，正唐代大诗人杜甫。为他代步而行的这匹老马，还是他的族孙、绵州刺史杜济特批的。战乱时期，马匹是紧俏物资，哪怕是驿站的马匹或驴子，若非十万火急的军情或者公文需要送达，驿臣也只能步行。

杜甫，字子美，出生于712年。这一年是唐代历史上最为扑朔迷离的年份之一，稍不注意我们就会弄错在位的皇帝，或者皇帝在位的时间。712年正月十九日之前，为唐睿宗景云三年，正月十九日至五月十三日改元太极元年，五月十四日至七月二十五日再改为延和元年。延和元年七月二十五日，睿宗下诏传位于太子李隆基，即唐玄宗。八月三日玄宗即位，七日改元。现在比较普遍的说法是，杜甫生于河南巩县（今河南省巩义市）城东二里窑湾村的一个书香仕宦之家。杜甫的远祖杜预（222—284）是魏晋时代著名的政治家、军事家和历史学者。因其博学多才，在多个领域都颇有建树，世人称为"杜武库"。祖父杜审言（约645—708），字必简，出生于湖北襄阳，后随父亲杜依艺迁治河南巩县。唐高宗咸亨元年（670），杜审言擢进士第，任职隰城（今山西汾阳）县尉，累转为洛阳县丞。杜家在洛阳的产业应该就是在此期间置办的。杜审言累官修文馆直学士，死后追赠著作郎，为唐代近体诗的奠基人之一。杜甫颇以有这样的远祖和祖父自豪，他曾对玄宗说："自先君恕（杜恕，杜预之父）、预以降，奉儒守官，未坠素业矣。亡祖故尚书膳部员外郎先臣审言，修文于中宗之朝，高视于藏书之府。故天下学士到于今而师之。"骄傲自得之意，溢于言表。

杜甫的父亲杜闲，玄宗开元末任兖州司马，约于天宝五年（746）调任奉天县令。杜甫就出生在这样一个世代"奉儒守官"的家庭，因此，儒家的政治理想和人生理念以及世代为官的家族氛围，对其一生的成长和成年后热衷于仕进产生了深刻的、积极的影响。

从杜甫祖父、父亲的宦游经历来看，他们基本没有在巩县居留过，杜甫的诗文中也没有一处提及。相反，他常常在诗中自称"杜陵野老""少陵野老"，抑或"杜陵布衣""少陵布衣"。杜甫为姑姑写墓志铭时，也敬称其为"万年县君京兆杜氏"。京兆万年县，就是京兆杜陵。万年县为京兆之辖区，杜陵和少陵都属万年县，位于长安城东南。所以，杜甫真正的出生地应该是京兆万年。

对于杜甫出生于河南巩县，现在有越来越多的学者表示怀疑。洪业先生在《杜甫：中国最伟大的诗人》中说："我们不能确知杜甫的出生地。汉语文献中的'籍贯'含义颇为模糊。他可以确实指为出生地，也可以暗指选择永久居住的地点，家族祖产所在地，或者宗族的发源地。"

或许是出生年月帝王年号的多变，或许是出生地的模糊扑朔，注定了杜甫一生命途多舛，漂泊不定。不知只身来梓州的杜甫，一路上是否也想到了这些莫名的谶兆？

杜甫出生于书香世家，从小受到良好的教育，青少年时期优游吴越，放荡齐赵。"会当凌绝顶，一览众山小"，青年时期的杜甫有着发愤图强的雄心壮志，而且自带慷慨高昂的气魄，"自谓颇挺出，立登要路津"，对人生前途充满了幻想。然而进入中年的杜甫在现实面前却处处碰壁，科举不第、制举不成，困居长安十年，一直被摈斥在仕途之外。直到天宝十四年（755），四十四岁的杜甫才被授予河西县尉，旋改右卫率府胄曹参军（从八品下），好不容易成了一名负责看守兵甲器仗、管理门禁钥匙的官人。他十月受官，十一月，平卢、范阳、河东三镇节度使安禄山便在范阳（今北京附近）起兵谋反。仓促之间，唐军一触即溃，河东诸郡相继失陷，叛军很快占领长安；随即，安禄山部将史思明控制了河北十三郡地。在此大唐江山万分危急之时，玄宗皇帝带着少数妃嫔、随臣逃往蜀郡（治所在今成都市）。急遽动乱之中，杜甫也被裹挟在逃难的人群中，成了一名穿着官服的逃难人员，一路北逃，最后把家人安顿在鄜州（今陕西富县）的羌村。

天宝十五年（756）七月，太子李亨在灵武（今宁夏灵武）即位，改元至德，当年即为至德元年。杜甫听到这个消息后，便由鄜州投奔灵武，途中不幸被叛军俘虏，押解到长安。在长安，他目睹了"国破山河在，城春草木深"的皇都惨景。至德二年（757）四月，陷贼于长安的杜甫得知肃宗已至凤翔（今陕西凤翔），他冒着生命危险，逃离长安，穿过叛军与官军对峙的营垒，翻越崎岖陡峭的高山峻岭，历尽千辛万苦，潜行至凤翔行在所，"麻鞋见天子，衣袖露两肘"。肃宗念其忠心，授官左拾遗（从八品上），成了皇帝身边的一名谏臣，因之后世又称他为"杜拾遗"。他任职左拾遗不到半个月，因为疏救房琯触怒肃宗，几乎被砍头定罪。第二年，即乾元元年（758）六月，被贬为华州司功参军。被贬期间，杜甫写出了著名的"三吏""三别"等现实性极强的诗篇。

乾元二年（759）七月，满怀济世匡国理想的杜甫，由于对自己政治前途的失望，加上现实生活所迫，他弃官华州，并由华州赴秦州，十月往同谷，十二月初由同谷奔走至成都，开启了他晚年漂泊西南、仗友而生的流浪生涯。

杜甫到成都后，在西川节度使裴冕及高适、严武等亲友的帮助下，生活很快安顿下来。第二年，便在成都西郊浣花溪建居草堂，过上了相对安稳的田园生活。

杜甫一边走着，一边回忆着、思考着自己的半百人生。

宝应元年（762）在成都发生的徐知道叛乱，再一次让杜甫有家难回……想到这里，杜甫的心绪一落千丈，他分明觉得身旁这浊浪滚滚、咆哮奔涌的涪江之水也是对自己的一种嘲笑。他扬起手中的马鞭，恨恨地抽打了一下胯下这匹瘦骨嶙峋的老马。老马奋力向前，嗒嗒的马蹄声，空洞而单调，让杜甫那颗本就孤寂的心，更加孤寂。

宝应元年（762），唐王朝仍然动荡不安。四月，开创了"开元盛世"的唐玄宗卒于神龙殿，享年78岁。唐肃宗李亨，三月以来就卧床不起，惊闻父皇去世，病情加重，即命太子李豫监国。十多天后，肃宗卒于长生殿，随父皇而去，享年52岁。噩耗传至蜀中，杜甫向北恸哭。几天后，太子李豫顺利继位，是为代宗，改元宝应；奸宦李辅国、程元振、鱼朝恩相继把持朝政。八月，浙东台州一带爆发袁晁起义，声势浩大。近两年，剑南两川也是祸乱连连。先有梓州段子璋反叛，刚被镇压下去，谁知西川节度使兼成都尹严武刚离开成都，又传来了徐知道在成都造反的消息。想到这里，杜甫禁不住一声长叹："我真是命如飘蓬，英雄路短啊！"

说起徐知道叛乱，还得从严武被召入朝说起。新皇帝李豫继位后，要启用一批旧臣，严武被召还朝。六月，严武接到诏书后，与新任成都尹、西川节度使高适交接完工作事宜，即刻动身，踏上了返回长安的途程。

作为世交，杜甫当然要送严武一程，何况在这个多事之秋，友人一别，不知何时才能相见——这一生还能不能相见？谁都回答不了这个严酷而现实的问题。

严武，字季鹰，华州华阴人。《旧唐书》说他"神气隽爽，敏于闻见。幼有成人之风，读书不究精义，涉猎而已。弱冠以门荫策名"，调补太原府参军事，后被陇右节度使哥舒翰奏充判官。杜甫长严武14岁，与严武父亲严挺之相友善，新、旧《唐书》都说"武以世旧，待甫甚厚"。少年时，严武就给杜甫留下了很好的印象："昔在童子日，已闻老成名。嶷然大贤后，复见秀骨清。开口取将相，小心事友生。阅书百纸尽，落笔四座惊。"（《八哀诗·赠左仆射郑国公严公武》）可以说杜甫是看着严武长大的，他对严武的才华也是由衷佩服。

作为"高干子弟"的严武，仕途顺畅。至德二年（757），三十一岁的他经房琯推荐，任正五品的给事中。杜甫对少年志得意满的严武寄予了很大希望，他在《奉赠严八阁老》中说："扈圣登黄阁，明公独妙年。蛟龙得云雨，雕鹗在秋天。客礼容疏放，官曹可接联。新诗句句好，应任老夫传。"

《奉赠严八阁老》是杜甫写给严武最早的一首赠诗。是年，杜甫46岁，严武31岁。诗中称严武为"阁老"，祝贺严武因"扈圣"有功而妙年"登黄阁"。《唐国史补》载："宰相相呼为元老，或曰堂老。两省相呼为阁老。"给事中属门下省，开元时叫黄门省，故称"黄阁"。唐肃宗至德初年（756）

兴师靖难,广纳人才,严武仗节赴行在,宰相房琯首荐其才略可称,累迁给事中。

杜甫十分看好严武,认为严武才能超群,当此国难之时正如蛟龙得云雨,雕鹗在秋天,乘时显用,定有作为。果然,第二年"两京"收复后,三十二岁的严武拜京兆尹兼御史中丞。杜甫自己虽然在官场上无所建树,但是看人还是比较准的。

给事中与左拾遗"官曹"同在门下省,两人经常往来,结下了深厚的友谊。在后来官场的政治斗争中,杜甫与严武同属"房党",共同的利害关系更加深了他们之间的友谊。所以,杜甫与严武无论是短暂的分离,还是贬官外任,他们都心心相印,彼此牵挂。乾元元年(758)六月,房琯被贬邠州刺史,严武被贬巴州刺史,杜甫贬为华州司功。第二年秋天,杜甫弃官流寓秦州,对严武仍念念不忘,他怀着悲愤而凄苦的心情写下了《寄岳州贾司马六丈、巴州严八使君两阁老五十韵》,对"故人俱不利,谪宦两悠然"的遭遇甚为感慨,对"恩荣同拜手,出入最随肩。晚著华堂醉,寒重绣被眠。警齐兼秉烛,书枉满怀笺"的同朝共宦生活深表怀恋。他鼓励严武不要消沉,"如公尽雄俊,志在必腾骞"。朋友一生一起走,可能往昔的快乐日子不再有,但是杜甫坚定地相信,严武一定能东山再起,大展雄图。挚友荣耀,自己的脸上也定然莹莹有光。

761年年底,严武镇蜀,他一到成都就写信给杜甫,邀请他去府署做客,还劝说杜甫不必幽居浣花草堂,希望他到西川节度使府做事。严武在致杜甫的信(诗)中说:"漫向江头把钓竿,懒眠沙草爱风湍。莫倚善题鹦鹉赋,何须不著鵔鸃冠。腹中书籍幽时晒,肘后医方静处看。兴发会能驰骏马,应须直到使君滩。"严武大意是说:"杜兄啊,你经常散漫地垂钓江边,还爱懒洋洋地躺在沙滩的草地上欣赏浣花溪湍急的江流。你千万不要仗着自己有祢衡即席作《鹦鹉赋》的敏捷才华,就恃才傲物,不愿意出仕做官!我知道你是想学东晋名士郝隆,雅兴来了的时候就躺在太阳下晒一晒腹中之书,或者坐在静僻处翻看葛洪的《肘后备急方》之类的医书,养身学道。不过,我还是期待你一时兴起,骑着飞快的骏马来到我这里,一同欣赏使君滩的风光。"

杜甫读着严武的来信,既为严武的诚挚相邀而感动,又颇为踌躇与徘徊。

曾几何时，自己与严武同朝为官。一生自负的老杜，或许一时还有些放不下面子，或许到了成都后，真的有了幽居之志，不愿意出仕为官，不过这恐怕是连他自己也不会相信的。于是，老杜提笔作《奉酬严公寄题野亭之作》：

拾遗曾奏数行书，懒性从来水竹居。
奉引滥骑沙苑马，幽栖真钓锦江鱼。
谢安不倦登临费，阮籍焉知礼法疏。
枉沐旌麾出城府，草茅无径欲教锄。

大意是："我也曾为左拾遗，忝列于侍从奉引之列；但因疏救房琯开罪于肃宗被放逐。辞官以后，我来到蜀中，已经疏懒成性，真的无心仕进，如今只愿幽居于浣花溪这水竹之地，悠闲地垂钓锦江之鱼。"接着他以东晋时期喜欢出游登临、曾任礼部尚书、中护军等职的谢安喻严武，以疏于礼法的阮籍喻自己，反请严武屈驾来草堂叙旧。

"穷年忧黎元"而又"窃比稷与契"的杜甫，自认为是宰辅之才，能辅佐君王成为尧舜一样的明君，为此他心忧天下，济世救人，虽九死其未悔！但是，残酷的现实偏偏捉弄于他，以至于"奈何迫物累，一岁四行役"，从唐王朝的中心长安漂泊到"各在天一方"的剑南蜀国。这是现实的残酷，也是杜甫一生的痛苦与悲哀。而这个时候，严武却春风得意，意气风发，是手握一方军政大权、雄视西南的三品大员。杜甫的心中有一种说不出的酸楚，甚至升起一丝小小的嫉妒。

严武是军人，没有那么多矫情。想着杜老兄不是要请他到浣花溪做客吗？于是没过几天，严武在旌麾仪仗的簇拥下，自备酒筵来到草堂。得到消息的杜甫慌忙跑出来迎接，但见一队威武整肃的人马，沿江岸快速向草堂走来。

太阳照在簇金的马鞍上，一片金光闪烁，往日寂静偏僻的浣花溪，立即森严热闹起来。杜甫见到一身戎装的严武，既惭愧，又兴奋……从此，他们你来我往，竹里行厨，野亭欢宴，饮酒赋诗，交往更加频繁，感情更加深厚。

杜甫一遍又一遍地回忆着他与严武的道义之交，每一个细节都是那样的清晰、生动。

## 一、青山空复情

离开成都府，出了锦官城，过了鹿头关，很快就要到绵州了。杜甫对并肩而行的严武说："季鹰啊，现在国家多难，新主更替，朝廷正是用人之际，你这样文韬武略、满腹经纶的重臣，正是施展才华的大好机会，关键时刻可不要临危惜身哦。我在蜀中听候你荣登台辅的好消息。"

严武说："子美兄放心，此次承蒙新主信任，深感荣幸。我一定会尽忠为国，不负主恩。"

杜甫又把临出发前写的一首《奉送严公入朝十韵》郑重地送给严武。诗曰：

鼎湖瞻望远，象阙宪章新。
四海犹多难，中原忆旧臣。
与时安反侧，自昔有经纶。
感激张天步，从容静塞尘。
南图回羽翮，北极捧星辰。
漏鼓还思昼，宫莺罢啭春。
空留玉帐术，愁杀锦城人。
阁道通丹地，江潭隐白蘋。
此生那老蜀，不死会归秦。
公若登台辅，临危莫爱身。

全诗十韵二十句，"句句斤两，滋滋精神"（清何焯语）。前四句叙述朝廷君主更替，四海多难之际，代宗启用朝廷旧臣的时事背景。次八句赞颂严武往日之功，说他扈从能安反侧，镇蜀能靖塞尘；文韬武略，满腹经纶，又用《庄子·逍遥游》的典故比喻严武的远大志向。末八句表达送别之情。

杜甫的心情是复杂的，他一方面对严武走后蜀中的形势表示担忧，心情落寞，另一方面表达对严武被召还朝见"丹地""登台辅"的良好祝愿，同时期望严武在关键时刻要敢于以身许国。这就是心忧社稷、忠君爱国的杜甫！

总之，读杜甫的这首送别诗，其离别之情、留恋之意、忧国忧民之态，令人肃然起敬。

严武被杜甫的一片忠心、赤诚与真情深深感动。在快到绵州时，严武作《酬别杜二》，对杜甫的"奉送"之词一一做了回应。诗曰：

独逢尧典日，再睹汉宫仪。
未效风霜劲，空惭雨露私。
夜钟清万户，曙漏拂千旗。
并向殊庭谒，俱承别馆追。
斗城怜旧路，涪水惜归期。
峰树还相伴，江云更对谁？
试回沧海棹，莫妒敬亭诗。
只是书应寄，无忘酒共持。
但令心事在，未肯鬓毛衰。
最怅巴山里，清猿恼梦思。

严武说："欣逢新皇帝的登基盛典，我独自一人返回长安，再次亲睹煌煌宫廷礼仪的威严。我没有为平息战乱做多少贡献，很惭愧雨露私沾，被皇帝召唤回京。"这是严武对杜甫《奉送严公入朝十韵》前四句的回应。

"夜钟的响声，在万户之城市中清悦地回荡；清晨报晓的漏鼓，伴着军营的旗帜飘扬。"这是对杜甫"漏鼓"两句的回应，也写告别之夜的情景。

"回京途中，我们一起谒见殊庭驿臣，共同追忆往日的喜怒哀乐；既往在长安的时光是如此美好，因为归期在即，我们不得不在涪江之滨的绵州，依依惜别。我们分别之后，高山上的树木仍然两两相依相伴，可是，江河的流水与天空中飘浮的白云又还能与谁面对？"这深情款款之语，是对杜甫诗中"南图"四句的回应。

"子美兄啊！我劝你试着掉转船头，不要老是在江河湖海闲荡，也不要嫉妒别人的山水诗写得如何好了，还是重返仕途吧。但不管怎样，你一定要常常给我写信，不要忘记我们在一起饮酒赋诗的快乐时光。也请你相信，我有忠心报国的雄心壮志，我一定会竭尽全力，为国操劳，关键时刻肯定会奋不顾身，更不会顾及因此而白发丛生。分别之后，最让我惆怅的是走在巴山途中，清猿的啼叫会惊扰我对你的思念之梦。"这既是对杜甫"临危莫爱身"嘱托的述答，也表达了严武对杜甫留恋昔别的深情。

读着严武这首带着温度的酬别之诗，杜甫深感欣慰。他们此时一别，虽然一个在江村，一个在京城，但彼此的心是相通的。

一行人很快到达绵州。绵州，本汉代广汉郡之涪县，后魏置潼州。《元和郡县图志·剑南道下·绵州》："隋开皇五年，改潼州为绵州，因绵水为名也。"

宝应元年（762）七月初三左右，严武一行到达绵州，刺史杜济（杜甫族孙）为其接风洗尘。待到落日西下，江风吹拂，酷暑渐消之时，杜济又陪同严武和杜甫登上州城西南的望江楼，观赏绵州美景。《大清一统志·绵州》载："江楼，在州城东南，唐时建。"清乾隆《直隶绵州志·名宦传》记载，唐越王李贞做绵州刺史时，"尝创望江楼于江滨"。也就是说，越王李贞刺绵州时，不仅在龟山修建了越王楼，还在绵州城西南角的涪江之滨修建了望江楼。

肃宗上元二年（761），严武离任巴州刺史回长安，旋即"出为绵州刺史，迁剑南东川节度使"。频繁的职位变动，或许严武还真没有好好欣赏夜色中的绵州美景呢。故地重游，深情难抑，遣兴赋诗。随行的诗人杜甫拈得一"心"字，于是乘兴作《送严侍郎到绵州同登杜使君江楼得心字》：

野兴每难尽，江楼延赏心。
归朝送使节，落景惜登临。
稍稍烟集渚，微微风动襟。
重船依浅濑，轻鸟度层阴。
槛峻背幽谷，窗虚交茂林。
灯光散远近，月彩静高深。
城拥朝来客，天横醉后参。
穷途衰谢意，苦调短长吟。
此会共能几，诸孙贤至今。
不劳朱户闭，自待白河沉。

大意是："从成都至绵州三百五十余里，我一路相随，每每游兴难尽。

如今到达绵州，与归朝的严公在晚霞的映照下同登江楼，面对良辰美景，我的游赏之心顿时舒展。

站在江楼远望，江上洲渚烟雾渐生，习习凉风吹动衣襟。装满货物的商船停靠涪江岸边，轻盈的鸟儿飞翔在云端。江楼依山临水，高峻的楼栏背后是幽静的山谷，窗口与茂盛的树木相交。夜色降临，州城远远近近闪烁万家灯火；更深人静，玄月彩新，江山一片安宁。

今晨绵州万众欢迎严公入城，今晚江楼夜宴，酒酣赋诗，直是参星横空。感谢杜使君的盛情款待！我如今穷途老景，唯有苦调高吟。人的一生，这样的良辰聚会能有多少？只有我的族孙杜济贤明至今。绵州府署你们用不着闭门留客了，让我们尽情高歌痛饮，直到银河沉隐，曙光晨明。"

明末清初学者黄生说诗中的"灯光散远近"与"城拥朝来客"两句，"极见幕府驻节、倾城奔奉之状"。这两句的确写得很有表现力。杜甫虽是正面写，不含贬义，却见官场趋炎附势之态。

送君千里，终须一别。依依不舍的杜甫又坚持把严武送到离绵州三十里的奉济驿（今绵阳市仙海开发区）。在奉济驿，杜甫饱含热泪写下了《奉济驿重送严公四韵》：

远送从此别，青山空复情。
几时杯重把，昨夜月同行。
列郡讴歌惜，三朝出入荣。
江村独归处，寂寞养残生。

大意是："送君至此，前途再难复进，我们就在此一别吧！离杯在手，几时再得重把？昨夜月下同行之状，几时又再能？严公之恩荣入朝与我之寂寞归江村的云泥之别，真是难以言表啊！"

明末清初学者黄生评价此诗说："上半叙送别，已觉声嘶喉哽。下半说到别后情事，彼此悬绝，真欲放声大哭。送别诗至此，使人不忍再读。"

## 二、绵州赏旧迹

送走了老朋友严武，杜甫并没有立即返回成都，他要顺便在具有悠久历史的绵州城走一走，看一看。公元前316年，秦惠文王派司马错灭巴蜀，绵州并入秦国版图。而《元和郡县图志·剑南道下》说，绵州本汉东广汉郡之涪县，后魏置潼州。"隋开皇五年，改潼州为绵州，因绵水为名也。"即隋开皇五年（585）始建绵州。隋炀帝大业三年（607）改绵州为金山郡，下辖七县。唐高祖武德元年（618）改金山郡为绵州，玄宗天宝元年（742）改绵州为巴西郡，肃宗时又改称绵州，所以当时人习惯上连称"绵州巴西郡"。唐朝建立后，对地方机构不断调整，形成道、州（郡）、县三级制，绵州属剑南道，肃宗后属剑南东道。唐治所在今四川省绵阳市游仙区开元场。

严武走了，杜甫便在东津驿附近的绵州公馆住下来，方便自己在绵州览胜遣兴。

作为皇室远亲的杜甫，他首先登临了绵州城外西北的越王楼。史载绵州城外西北有一百尺高台（龟山），上有楼，下瞰州城，乃唐高宗显庆年间太宗子越王李贞做绵州刺史时所建。《绵阳县志》载，显庆年间任绵州刺史的李贞"喜骑射，涉书史，有吏干"。以亲王身份刺绵州，李贞不仅在州城西南的涪江之滨修建了望江楼，还在州城西北的龟山上，因山取势，按王制并参考长安、洛阳诸多王府的营造规制建造了越王楼。其初衷是既便于自己登楼观景，一览无余，又可以彰显皇家风范和个人气度，防御吐蕃东侵，还要广纳天下人才，带动绵州经济文化发展。

杜甫登上越王楼，俯瞰涪江，眺望城郭，追思李贞刺绵州时，以忠孝为本，仁义为先，兴修水利，扶助农商，驯化百姓，融和百族的累累政绩，因而作《越王楼歌》，感叹越王不能长享此楼而留与后人观赏：

绵州州府何磊落，显庆年中越王作。
孤城西北起高楼，碧瓦朱甍照城郭。
楼下长江百丈清，山头落日半轮明。
君王旧迹今人赏，转见千秋万古情。

绵州州府所在地的越王楼是何等的巍峨壮观啊！越王楼是高宗显庆年间越王李贞担任绵州刺史时组织修建的。它位于绵州城的西北，高高矗立的越王楼，青色的瓦，红色的屋脊，交相辉映，光芒四射，照耀城郭。

站在楼上眺望，由西而来的涪江水深江阔，碧波荡漾，山头落日，霞光万道，真让人赏心悦目。然而越王亲造此楼，不能长享，睹楼思人，如今物是人非，已成旧迹，而今人游赏，正所谓"万岁更相送"者，信矣。时光如水，转眼之间，已成千秋万古，其情尽然。

自越王楼完工之日起，天下文人雅士纷至沓来，挥毫泼墨，留下了无数传诵千古的经典诗篇。相传少年李白游历绵州，登上越王楼，即兴高声吟唱："危楼高百尺，手可摘星辰。不敢高声语，恐惊天上人。"大意是："站在高入云端的越王楼阁，我不敢大声讲说，唯恐惊动了天上的神仙。"少年李白这绝妙的想象，已是仙气飘逸。

今日，杜甫登至楼顶时，也不禁轻轻吟唱起李白的这首《上楼诗》。躺在东津客舍床头，杜甫又一次思念起了怀才不遇、疏狂自放，最后因误入李璘幕府而被肃宗下狱浔阳、流放夜郎的李白。现在，虽然肃宗已逝，但是"永王李璘反叛"一案，并没有结束，统治集团中的很多人硬是抓住李白不放，声言要将这个"乱臣贼子"处以极刑。在这种政治背景下，杜甫却渴望李白早日放还，回到家乡绵州，安享晚年，终老匡山。于是，杜甫作《不见》说：

## 二、绵州赏旧迹

不见李生久，佯狂真可哀。
世人皆欲杀，吾意独怜才。
敏捷诗千首，飘零酒一杯。
匡山读书处，头白好归来。

原诗题下有杜甫的自注："近无李白消息"。杜甫自从天宝三年（744）春夏，与"赐金放还"的李白在洛阳相遇相交后，他们就相约一起浪游梁宋，后来又渡黄河到王屋山寻仙人（华盖君）、"拾瑶草"，两人从此结下了如胶似漆、刻骨铭心的深厚友谊，当然更重要的是李白和杜甫他们有着共同的政治理想（杜甫更执着）。杜甫的人生政治理想是："许身一何愚，窃比稷与契""致君尧舜上，再使风俗淳"。这种人生理想伴随了杜甫的一生，直到生命的最后一刻，他还在为国家的命运、人民的苦难忧虑不已："公孙仍恃险，侯景未生擒。书信中原阔，干戈北斗深。畏人千里井，问俗九州箴。战血流依旧，军声动至今。"

李白的政治理想是："奋其智能，愿为辅弼，使寰宇大定，海县清一。"安史之乱爆发以后，王室垂危，公私涂炭，李白深为国事萦怀："洛阳三月飞胡沙，洛阳城中人怨嗟。天津流水波赤血，白骨相撑如乱麻。我亦东奔向吴国，浮云四塞道路赊。"李白这种忧国忧民的焦急心情，也表现在他的《猛虎行》中："朝作猛虎行，暮作猛虎吟。肠断非关陇头水，泪下不为雍门琴。旌旗缤纷两河道，战鼓惊山欲倾倒。秦人半作燕地囚，胡马翻衔洛阳草。"大概李白也是在这种爱民、济世、救亡的思想感情的驱使下，毅然决然加入永王李璘幕府的。李白的初衷是响应玄宗"诸王分镇"的号召，结果自己却成了"诸王分镇"的政治祭品。

《不见》一诗大意是："自从天宝四年鲁郡一别，已经很多年没有见到李太白了，他佯狂自放的生活状态真让人同情。"经历了太多离乱沧桑的杜甫终于读懂了那个曾经放荡不羁的李太白，原来他是借酒浇愁，故作癫狂。"李白一生高才傲骨，常常遭人嫉恨，他被牵连'永王一案'后，这些人就叫嚷着要将李白这个犯了叛逆之罪的'乱臣贼子'处以极刑；我却怜惜他的旷世才华。他才思敏捷，创作了那么多脍炙人口的诗歌，却四处漂泊，只能借纵酒浇自己心中块垒，慰藉满腹忧愁。李太白啊！绵州是你的家乡，匡山是你少年读书求学的地方，如今你已是满头银发，还是快快回到你梦想开始的地方吧。"

《不见》一诗在艺术上的最大特点是直抒胸臆，不加藻饰。律诗往往借景抒情，或情景结合。胡应麟《诗薮》说："作诗不过情景二端。如五言律体，前起后结，中四句，二言景，二言情，此通例也。"杜甫往往打破传统写法，"通篇一字不粘带景物，而雄峭沉着，句律天然。"这首《不见》也是不装点景物，情谊深长，感人至深，同样产生了巨大的艺术感染力。难怪夏力恕《杜诗增注》说："公拳拳于太白如此，生平不见有第二人也。"

为纪念李白与杜甫两位诗人的伟大友谊，清光绪二十六年（1900），绵州拔贡、诗书名士吴朝品在芙蓉溪上度地七亩，建造李杜祠，将仙、圣二人并祀一龛。千年之后，一南一北，一仙一圣的两位盛唐大诗人，终于在绵阳富乐山下、芙蓉溪畔长相厮守，续写友谊，共享香火。

2021年10月，我游历绵阳李杜祠后曾作《过访李杜祠》一文，文末赋五言古诗一首："秋来雨复晴，白鸥水上轻。无心看钓叟，有意访东津。仙圣祠堂古，李杜日月明。顿渐双宗仰，千载情尽倾。"

绵州公馆附近有一株海棕树，龙鳞犀甲，错落丛生，树干粗大，高耸入云。当地人只觉得这棵树造型奇特，稀奇、好看，却不晓得是什么树种，有何用处。杜甫乃见物起兴，作《海棕行》，以自叹有经世之才而不见用：

> 左绵公馆清江濆，海棕一株高入云。
> 龙鳞犀甲相错落，苍棱白皮十抱文。
> 自是众木乱纷纷，海棕焉知身出群。
> 移栽北辰不可得，时有西域胡僧识。

关于海棕树，唐人刘恂《岭表录异》载，广东有一种波斯枣木，无旁枝，直耸三四丈，至颠四向，共生十余枝，叶如棕榈，彼土人呼为海棕木。三五年一著子，类北方青枣。舶商亦有携至中国者，色类砂糖，味极甘。又元末明初人陶宗仪《南村辍耕录》载，成都有金果树，顶上叶如棕榈，皮如龙鳞，实如枣而大，番人名为苦鲁麻枣，一名万年枣。现在我们知道，海棕即海枣，别称椰枣、波斯枣等，属常绿高大乔木，羽状复叶丛生茎端，浆果长椭圆形，形似枣子，味甘美，可鲜食或做蜜饯，产于非洲北部和亚洲西南部。老杜见这株出类拔萃、让众木自惭形秽的波斯枣树不为国人赏识，"移栽北辰"又"不可得"，混杂众木之中，不能成为国家栋梁，感叹不已。这海棕的命运遭际，又何尝不是杜甫自己的命运写照呢？

北宋唐庚游历绵州以杜诗为据，按图索骥寻访海棕，"江边胜事略寻遍，不见海棕高入云"，只得遗憾离去。宋孝宗乾道八年（1172）陆游路过绵州时，也曾专门去到东津渡口附近一带寻找老杜笔下的海棕，可惜已经不存在了。如今绵阳游仙区李杜祠东的一环路上一处公交站命名为"海棕路站"，这也是绵阳人民对"诗圣"杜甫的一种纪念吧。

绵州左面公馆藏有唐朝大臣姜皎所画《角鹰图》，杜甫有幸欣赏后，作《姜楚公画角鹰歌》：

楚公画鹰鹰戴角，杀气森森到幽朔。
观者贪愁掣臂飞，画师不是无心学。
此鹰写真在左绵，却嗟真骨遂虚传。
梁间燕雀休惊怕，亦未抟空上九天。

杜甫对绘画艺术十分热爱，在其流传下来的作品中，题画诗多达二十多首，而且每一篇都写得十分精彩。沈德潜曾说："唐以前未见题画诗，开此体者老杜也。"当然，沈氏这句话说得不严谨，也不符合事实。在杜甫之前，诗歌史上也有少量的题画诗歌作品，只是这一题材没有得到广泛使用与推广。直到盛唐时期，经过杜甫的抒写，这一题材才开始大张门庭。

《姜楚公画角鹰歌》是杜甫入川后的第一首题画诗。安史之乱，玄宗幸蜀，在绵州小住几日，扈从大臣姜皎一时技痒，在绵州邮亭留下了这幅《角鹰图》。据《名画记》载："姜皎，上邽人，善画鹰鸟。玄宗即位，累官至太常卿，封楚国公。"

《姜楚公画角鹰歌》一诗可分上下两段，各四句。上段赞所画角鹰之神妙："头顶羽毛直竖如角，威风凸显。杀气森森弥漫幽朔，显示角鹰寓南而思北方故土。看画之人担心这角鹰一旦有猎物出现，就要从猎人的臂鞲上飞走；可是那些趋之而来的学画之人，能画出角鹰的形，却画不出它的神。"下段四句，借角鹰抒发诗人感慨："世界上真有如画在左绵邮亭处这搏击长空的角鹰吗？这画鹰真能飞上九天吗？梁间燕雀，你们不要惊怕，它只不过是一只画鹰罢了。"这首诗寄托良深，语意回环曲折，意蕴幽深。

杜甫逗留绵州期间，恰遇诸王孙李季真赴任梓州刺史。西南民族大学徐希平教授《李杜诗学与民族文化论稿》之《杜诗旧注榷证·"梓州李使君"为谁》认为，此时赴任梓州刺史的李使君为"蜀王裔李季真"。李季真是高祖弟蜀王李湛的五世孙。《杜甫全集校注》副主编焦裕银先生也认为杜甫在绵州相遇的这位赴任梓州的李使君"或谓即李季真"。

杜甫的外祖母的爷爷是唐太宗李世民的十子李慎，其父亲则是义阳王李琮。而且杜甫外祖父的母亲同样是皇族后裔。所以论起血缘来，杜甫与李唐王室是沾亲带故的。杜甫也常常因此而自豪。

在绵州，杜甫与李梓州相见，二人相谈甚欢。分别之际，杜甫作《送梓州李使君之任》赠别。诗曰：

> 籍甚黄丞相，能名自颍川。
> 近看除刺史，还喜得吾贤。
> 五马何时到，双鱼会早传。
> 老思筇竹杖，冬要锦衾眠。
> 不作临岐恨，惟听举最先。
> 火云挥汗日，山驿醒心泉。
> 遇害陈公殒，于今蜀道怜。
> 君行射洪县，为我一潸然。

这首诗我们可以分四层来猜读。开头四句，杜甫用"籍甚""黄丞相""能名"三个典故勉励李使君只要勤政为民、清身勤劳，就一定会像先贤黄霸、陆贾、王涣等一样，治有能名，声名远播。开头两句大意是："您看，汉朝的丞相黄霸不就是从颍川太守这个职位上开始并获得仁厚爱民的好名声的吗？"诗中的"籍甚"，意思是声名远播。《汉书·陆贾传》说："贾以此游汉廷公卿间，名声籍甚。"陆贾作为西汉时期的政论家，为汉王朝儒家思想的确立提供了思想武器，名噪一时。"黄丞相"，即指汉代名臣黄霸。黄霸少有大志，武帝末年捐官出仕，先后任扬州刺史、颍川太守等地方官。汉宣帝五凤三年（前55），出任丞相，封为建成侯，总览朝纲社稷。他担任太守时，善于治理郡县，为官清廉，文治有方，政绩突出。而唐代的梓州下辖郪县、玄武、盐亭、射洪、通泉、永泰等八县，所以杜甫以黄丞相喻李使君，希望李使君治县有方，成为黄霸那样卓有政绩的州郡官员（刺史）。"能名"，即以后汉广汉郡郪县（当时梓州郪县）人王涣为喻。《雁门太守行》（八解）："（王涣）清身苦体，夙夜劳勤。治有能名，远近所闻。"《后汉书·王涣传》载，王涣节敦儒学，精研律令，后上任温县县令时，对县境内的奸猾、胡作非为之徒讨伐、打击，使温县安定太平，百姓安居乐业，三年后升为兖州刺史。杜甫的父亲杜闲曾为兖州司马，且杜甫先后多次到兖州"趋庭"省亲，游历东鲁，因此他对郪县人王涣的事迹应该是熟悉的。而李季真到梓州（州治郪县）做刺史，故杜甫希望李梓州到任后能像后汉的郪县人王涣一样夙夜在公，依法治县，名留青史。

"五马何时到"至"冬要锦衾眠"四句是说，杜甫希望李使君到任梓州后，及时写信告知。大意是："年纪大了，有时行动不便，西川特产的筇竹杖想要一根，助力行走；冬天快要到了的时候，有蜀中出产的锦缎棉被也要一床，寒冷的冬夜就会睡得更加香甜。"筇杖、蜀锦均是西川特产，东川亦可得之。

杜甫也不是见人就索要东西，说不定他很久以前就与李梓州认识，所以他在李梓州季真面前显得无拘无束，也敢于大胆开口索要自己急需的生活用品。这也体现了大唐人的耿直。

"不作临岐恨"接下来四句，叙述送别情景。大意是："今天您新官荣行，不必有分别的遗憾，您到梓州一定做出优异的成绩，在朝廷对地方官员的考核中名列前茅，作为'举最'优异者上报朝廷。""举最"，长吏考绩，举最优异者上报朝廷，犹今之选优。杜甫对朋友的关心总是无微不至，他提醒李梓州，天气炎热，挥汗如雨，容易中暑，到了山中驿站休息，要多饮甘泉，平息炎热烦躁的情绪。

最后四句杜甫拜托李梓州到射洪县检查工作时，代自己为冤屈而死、巴蜀之人至今为之哀怜的陈公子昂，洒下一捧热泪，以示祭奠。

不久，老杜又在绵州送别了赴阆州（治今四川阆中市）代理录事参军的韦讽。韦讽，应该是杜甫定居浣花溪草堂后认识的朋友。

欣逢故人远涉阆州上任，虽是代理，亦可喜可贺，杜甫便在东津驿站附近一家小酒馆为韦讽饯行。他把安慰与叮嘱的话语，都写进了这首《东津送韦讽摄阆州录事》里：

闻说江山好，怜君吏隐兼。
宠行舟远泛，怯别酒频添。
推荐非承乏，操持必去嫌。
他时如按县，不得慢陶潜。

阆州，隋巴西郡，唐先天元年（712）改为阆州，治所在今天四川省阆中市。

此首诗前两句大意是："听说阆州的山水十分壮美，只是我可怜您官职低微，不过正如古人所说，这正可以做一名'吏隐'。"

古代为官者常以官职低微，职务不烦剧，自称"吏隐"，意为隐于下位。

接着，杜甫说："您这次承蒙上恩，放舟远行，上任阆州录事参军，我们不得不在此依依惜别。此时，我只能不停地把您的酒杯一杯一杯地添满，以表达我的深情。您说此次代理录事一职，是因为没有合适的人选，上司才推荐了您忝充空缺。您千万不要因此轻看自己，其实上级推荐您担任此职，是因为您的确有这个才能。所以到任之后，您一定要操持尽职，以去不愿代理此职的嫌疑。"

诗的末联"他日如按县，不得慢陶潜"，虽然语带调侃，但也是实实在在的劝诫。意思是："有朝一日您政巡辖县，可别轻慢了像陶渊明那样的官员。"《晋书·隐逸传》载：陶潜"素简贵，不私事上官"。有一天，郡守派遣督邮到县巡视。衙吏告诉陶渊明要穿戴整齐拜见督邮，陶渊明一怒之下说："吾不能为五斗米折腰，拳拳事乡里小人邪！"便放下官印，离职而去。

唐代的录事参军职掌文书，督察治所，兼管狱讼捕亡等，相当于晋代的督邮，所以此典用得相当恰当。

正当杜甫要回到成都浣花溪草堂与老婆、孩子们团聚时，绵州却传来西川兵马使徐知道在成都发动叛乱的消息。一时间，成都是回不去了。闲来无事，杜甫就去到东津渡口不远处的涪江边观看当地渔夫拉网捕鱼，况且在所有的食物中，鱼也是他的最爱。来到四川这两三年，杜甫已深深体会到"蜀酒浓无敌，江鱼美可求"那种大快朵颐的爽美滋味。

涪江岸边的老百姓打鱼，都是现捕、现卖、现杀、现吃，尤其是生鱼片做得好，既养眼又美味。你若不信，我们就一起来看看杜甫的《观打鱼歌》吧：

> 绵州江水之东津，鲂鱼鱍鱍色胜银。
> 渔人漾舟沉大网，截江一拥数百鳞。
> 众鱼常才尽却弃，赤鲤腾出如有神。
> 潜龙无声老蛟怒，回风飒飒吹沙尘。
> 饔子左右挥双刀，脍飞金盘白雪高。
> 徐州秃尾不足忆，汉阴槎头远遁逃。
> 鲂鱼肥美知第一，既饱欢娱亦萧瑟。
> 君不见朝来割素鬐，咫尺波涛永相失。

此诗分两层。前半部分，记叙打鱼的壮观场面。东津，涪江津渡名，故址在今绵阳市游仙区沈家坝东端的富乐山下。鲂鱼，就是我们现在说的三角鲂、鳊鱼，其形似鳊，银灰色，这种鱼肉质细嫩，是淡水鱼中的佳美者。写到捕鱼，诗人一连用了"漾""沉""截""拥"四个表示动作的词，让读者一下子看到了渔民打鱼的壮观场面和生动气场。于是"众鱼常才尽却弃，赤鲤腾出如有神"。众鱼，一般的鱼；常才，普通的才具；尽却弃，全部被丢弃。除了鲂鱼之外，其他平庸的鱼都被打鱼人丢弃。这个时候，只有那赤色的鲤鱼仿佛如有神灵相助，从网中一跃而出，迅速逃遁！这个特写镜头，让我们感受到诗人内心有一种激昂的力量。这盛大的捕鱼场景，吓得江中潜匿之龙不敢作声，老蛟愤怒而兴风，以致回风飒飒，沙尘飞扬。

后半部分写飨宴开始，厨子大展技艺，鲂鱼味美天下第一。厨师左右挥刀，当众表演料理生鱼片的过程。他们飞快地将鱼肉切成薄片，装入金盘，垛得像雪堆一样。食客们夹起雪白脆嫩的鲂鱼脍，蘸上调制作料，轻轻送到嘴里一品尝，往日所吃到的"徐州秃尾""汉阴槎头"这类美味，跟涪江里的鲂鱼一比较，顿时黯然失色，羞愧难当。

老杜这个人，喜欢的是神品，而不是凡品，对于一般的凡品他常常不屑一顾。

"既饱欢娱亦萧瑟""咫尺波涛永相失"，老杜毕竟宅心仁厚，吃饱喝足，想到这鲂鱼鱼水分离、同伴相失，情绪一下子跌落到"萧瑟"。

成都平叛战事吃紧，杜甫回不了成都，情绪低落。一日，绵州刺史、族孙杜济又一次安排杜甫在东津码头附近吃鱼。杜甫早早来到河边，再一次观看渔人打鱼，酒足饭饱回到左面公馆，有感于徐知道之乱给人民造成的伤害，于是"借打鱼讽为人上者不宜虐民激乱"（卢元昌语），乃作《又观打鱼》，规劝地方执政者应保一方平安，不要虐民激乱。诗曰：

> 苍江鱼子清晨集，设网提纲万鱼急。
> 能者操舟疾若风，撑突波涛挺叉入。
> 小鱼脱漏不可记，半死半生犹戢戢。
> 大鱼伤损皆垂头，屈强泥沙有时立。
> 东津观鱼已再来，主人罢鲙还倾杯。
> 日暮蛟龙改窟穴，山根鳣鲔随云雷。
> 干戈兵革斗未止，凤凰麒麟安在哉？
> 吾徒胡为纵此乐，暴殄天物圣所哀。

杜甫再次来到东津观看打鱼，已没有了第一次观看打鱼的兴奋。他看见打鱼人竭泽而渔，大鱼小鱼被捕捞时的可怜凄惨之状，其爱物仁心油然而生。大鱼小鱼既遭急捕，致使蛟龙改穴，鳣鲔随云，以避杀机。安史之乱未息，蜀中徐知道叛乱又起，凤凰不翔其邑，麒麟不至其郊，为人上而贪虐害民，以致鸟兽作散。这个时候还要来此观鱼、吃鱼，这样暴殄天物的行为，不是同样可悲可叹吗？杜甫旨在奉劝世人要积善戒杀，不要暴殄天物。

仁者爱人，同时也爱自然和自然界的一切个体与生命，正所谓"民，吾同胞；物，吾与也"。

黄生说："二诗体物既精，命意复远。前诗寓感，此诗寓规；前诗为富贵人扫兴，此诗为贪馋人警醒。"

成都之乱一时未平，绵州也不可久留。不得已，杜甫不得不选择到东川节度使驻节之地梓州避难。

# 三、途穷仗友生

唐代梓州的州治在今四川省三台县潼川镇。这是一片古老而富庶的土地，位于巴蜀之间的古郪王国的中心地区，"禹贡梁州之域，秦蜀郡地"（《新修潼川府志》）。公元前316年，秦灭巴蜀。公元前285年，秦以原蜀地设蜀郡，蜀郡下辖十九个县，其中就有郪县（治今三台县南郪江古镇）。后来汉继续设郪县，属广汉郡。梁末置新州，西魏兼置昌城郡。隋开皇十八年（598），改新州为梓州。隋大业三年（607），改昌城县复为郪县（治所亦在今三台县潼川镇），同时改梓州为新城郡。唐武德元年（618），又改新城郡为梓州，属剑南道。北宋徽宗重和元年（1118），改梓州为潼川府。至此，梓州之名在隋、唐、北宋历史上，时弃复续，共延续了五百二十年。

古梓州山川形胜，"喉襟巴阆，藩翰省垣，实为剑外锁钥"，"而涪潼诸流，又回环萦纡交错于境"（《新修潼川府志序》）。因此，梓州历来为西南的军事重镇之一，也是蜀地与中原之间重要交通要道之一，战略意义重大。唐肃宗至德二年（757）十二月，唐王朝根据安史之乱后蜀中政治形势的变化，将剑南节度使一分为二，分设剑南西川节度使（治成都）和剑南东川节度使（治梓州）。从此，梓州恒为剑南东川节度使治所。宋代沿袭唐制，梓州又成为安静军的大本营。

剑南西川节度使主要管辖益州、彭州、蜀州、汉州、眉州，后来又扩大至翼州、当州、邛州、松州、柘州十个州府。剑南东川节度使主要管辖梓州、遂州、绵州、阆州、剑州、龙州、普州、陵州、泸州、荣州、资州、简州十二州。至此奠定了梓州于唐、宋数百年间，在巴蜀地区重要的军事、政治地位。南宋诗人程公许在《东川节度歌》中放歌高唱:"东川节度兵马雄,我尝闻之浣溪翁。五百年间人事纷变灭,惟有青山衮衮今古同。……更须度外广物色,纳纳万顷云梦胸。我歌东川节度兵马雄,歌声激烈轰丰隆。先一州兮后天下,风云呼吸龙虎从。画图麒麟铭鼎钟,牛头之城万古长穹窿。"从程公许的吟咏中,我们仿佛看到了梓州这座军政重镇的雄浑壮阔与高高飞扬的猎猎旌旗,还有从梓州坚固的城门里走出来的为守护祖国壮丽山河,万死不辞,描绘麒麟阁的一代代英雄豪杰、衮衮诸公。"东川节度兵马雄,我尝闻之浣溪翁",亦可见杜甫对梓州历史文化的深远影响。

杜甫在风尘之际选择避难梓州,一定是经过慎重考量的。自安史之乱以来,他一直在逃难,或在逃难的路上。梓州接纳了杜甫,杜甫也以他的残膏剩馥,滋养着梓州,滋养着三台,至今润物无声,源源不断。

杜甫为什么要选择梓州避难,我推测他至少有以下方面的慎重思考。

一是好友严武在梓州有根基、有人脉,在生活上能得到梓州州县各级官府更多的关照。至德二年(757),严武任绵州刺史,不久升任东川节度使。赴朝之前,严武权摄东、西两川,而此时主持东川节度使府工作的章彝曾为严武判官。绵州分别时,严武对杜甫定有交代,如遇不测,可往依之。

在送严武入朝的路上,杜甫即以他诗人特有的敏感,预言"空留玉帐术,愁杀锦城人"。明人袁卓《遁甲专征赋》云:"或倚其直使之游宫,或居其贵人之玉帐。"盖玉帐乃兵家压胜之方位,意思是说,主将在这个方位上设置军帐,则坚不可犯。如今,严武离开了成都,其"玉帐之术"还能趋避祈吉,镇压得住那些伺机作恶之人吗?"空留"二字,杜甫表示出了他心中大大的怀疑与隐忧。这次徐知道之乱,其"玉帐之术"岂不空留?

二是梓州距离徐知道叛乱中心成都相对较远,又是东川节度使驻节之地。761年,东川虽遭遇段子璋叛乱,叛军与官军大势剽劫梓州,但是叛乱毕竟已经被镇压,梓州的社会秩序正在逐渐恢复,其人身安全应该更有保障。

再说杜甫回成都,他担心的并不是自己有性命之忧,而是害怕像安史之乱留在长安的郑虔、王维等人一样被授予伪官,这样不仅玷污了儒士名节,而且可能犯下"变节、叛国"的杀头之罪。这对视忠义为大节的杜甫来说是绝不允许的。所以《新唐书·杜甫传》称赞他"数尝寇乱,挺节无所污,为歌诗,伤时桡弱,情不忘君,人怜其忠云"。

在成都时,他与时任剑南兵马使的徐知道有不少交道,曾经亲自跑到徐知道府上索要各种花木美化草堂。后来又为徐知道写过《徐卿二子歌》:"君不见徐卿二子生绝奇,感应吉梦相追随。孔子释氏亲抱送,并是天上麒麟儿。大儿九龄色清澈,秋水为神玉为骨。小儿五岁气食牛,满堂宾客皆回头。吾知徐公百不忧,积善衮衮生公侯。丈夫生儿有如此二雏者,名位岂肯卑微休。"徐知道急需杜甫这样的"名人",给他的成都"小朝廷"撑门面。

如今,徐知道造反了,杜甫一定会为此感到万分的羞愧与愤恨。

三是梓州人杰地灵,人文荟萃。初唐的杨炯、王勃、卢照邻等先后在梓州为官或游历,张九龄、岑参、苏颋等也与梓州有着不解之缘。梓州又是杜甫最为敬仰与崇拜的诗人陈子昂的故乡,这是一块文化的沃土、诗人的乐土。杜甫或许在这里能寻觅到更多的知音与朋友,何况他诗名卓著,早有"文章惊海内"呢,梓州当然欢迎这位直言敢谏的忠臣与诗人。

四是杜甫逗留绵州期间,巧遇了赴任梓州刺史的诸王孙李季真。在绵州送别李季真时,杜甫并没有去梓州一游的打算。如今形势所迫,杜甫不得不来梓州避乱。有了与李梓州的这一层渊源与情谊,杜甫来梓州,李梓州岂有不欢迎之理?

第五个重要原因是,此时汉中王、蓬州长使李瑀正作客梓州,这更坚定了杜甫奔赴梓州的决心。

杜甫旅食京华时期,与汝阳王李琎及其弟汉中王李瑀(当时为陇西公)交往密切。天宝十三年(754)秋,长安秋霖,六旬不止,道路积水,浐水暴涨,行旅不通。苦居家中的杜甫,因为不能面见陇西郡公李瑀和琅琊人王澈,自己感觉犹如鸟处樊笼,窘迫不安。于是作《苦雨奉寄陇西公兼呈王征士》,表达对陇西郡公李瑀的思念。

李瑀,是"让皇帝"李宪第六个儿子。《旧唐书》本传:"瑀早有才望,伟仪表。初为陇西郡公。天宝十五载,从玄宗幸蜀,至汉中,因封汉中王,乃加银青光禄大夫、汉中郡太守。"玄宗认为在王室多难、凶逆未诛之时,李瑀能助肃守位,镇抚黎民,匡扶社稷,勘定寇仇,所以行至汉中,封赠汉中王,并加以重用。李瑀临危受命,不负众望,上任伊始,即诛杀了逃入汉中郡境内的杨国忠之子杨晓,安定人心。唐玄宗离蜀还朝时,李瑀仍留任蜀中,可见玄宗对李瑀的信任与对稳定蜀中局势的期望。

《新唐书·三宗诸子》载,上元二年(675)十月,肃宗下诏收群臣马匹助战,李瑀与卫尉卿魏少游坚决反对。肃宗李亨勃然大怒,贬李瑀为蓬州长史(蓬州,治所在今四川省仪陇县大寅镇)。一般认为唐书所记有误,瑀以亲王,不应贬长使,当是刺史。魏少游贬渠州长使(渠州,治所在今四川渠县)。

杜甫自乾元元年(758)官贬华州,与汉中王一别已是五年。五年来,斗转星移,风雨沧桑,彼此都已年过半百,满头霜发,昔日风流倜傥的汉中王,如今久病不愈,形影消瘦,已然断酒不饮。然而前尘往事历历在目。而今眼目下,史朝义仍占据东都洛阳,继而边患迭起,党项、羌人作乱,蜀中有徐知道反叛,莫说故乡明月只能在梦中相见,就是连成都草堂也回不去了。

于是,杜甫乃作《戏题寄上汉中王三首》,寄往梓州,希望在梓州与汉中王相聚言欢。诗题原注说:"时王在梓州,初至,断酒不饮,篇有戏述。"

### 其 一

西汉亲王子,成都老客星。
百年双白鬓,一别五秋萤。
忍断杯中物,只看座右铭。
不能随皂盖,自醉逐浮萍。

### 其 二

策杖时能出,王门异昔游。
已知嗟不起,未许醉相留。
蜀酒浓无敌,江鱼美可求。
终思一酹酊,净扫雁池头。

### 其 三

群盗无归路，衰颜会远方。
尚怜诗警策，犹记酒颠狂。
鲁卫弥尊重，徐陈略丧亡。
空余枚叟在，应念早升堂。

首章首联"西汉亲王子，成都老客星"句，"用宾主对说，起便带戏意"（杨论语）。后汉严陵与光武同宿，而史占云："客星犯帝座。"杜甫以此典自言身在成都为"客星"。

第一首的大意是："汉中王，您是嫡亲王子，我却是流落成都的老客星。我与您华州一别已经五年，如今咱俩都是年过半百、两鬓斑白之人。如果见面相逢，总该喝上一杯吧？我却听说您偏偏忍心断了酒，天天盯着那戒酒的座右铭看。我可不能像您那样说戒就戒；那就让我这个浮萍漂泊之人，自饮自醉好了。"

第二首的大意是："拄着拐杖还能出门走一走，这个兴致，我还是有的。可是您汉中王的门前，已不是当年那样天天宾客盈门了。我知道您病不能饮，未必就不能对我以酒相留。蜀酒香浓，天下少有；江鱼鲜美，随处可求。有这样的美酒佳肴，何不开怀畅饮？我终想与您像过去一样，酩酊大醉一回。现在就请您把府上打扫干净，让我们痛饮一场，一醉方休。"

杜甫如此三番五次戏言汉中王款留索饮，亦见其往昔交情不浅。看来他俩不只是贵族和清客之间的这层关系，也是无拘无束的朋友。

第三首的大意是："史朝义之乱未平，边犯迭起；现在蜀中又有徐知道作乱，这使得我既回不了故乡，也回不了成都的草堂。哪里会想到，衰老之年的我们，会在远离长安的梓州见面。我还记得当年您喜欢我诗文中的一些精彩句子，那您也一定记得我酒后狂放的神情。您的皇亲地位非常显贵，我还记得开元十四年己丑，玄宗亲临宁王（李宪）府，与诸王宴饮，探韵赋诗，玄宗作'鲁卫情先重，亲贤尚转多'时的情景。可叹的是您曾经的宾客大都故去，就像当年曹丕在《与吴质书》中悲悼'徐（幹）、陈（琳）、应（玚）、刘（桢），一时俱逝'一样；又像当初的梁孝王，宾客众多，最后只剩下一个枚乘了。如今您当年的门下宾客，也只剩下一个我杜二了。如果您能念及我往昔登门陪宴的情分，就不会谢绝我来梓州与您赴宴共饮吧？"

清人仇兆鳌说："三首俱带索饮意，故曰'戏题'。"我以为还是陈贻焮先生分析得更有道理。陈先生说，杜甫"正当进退维谷、走投无路之际，哪能尽开玩笑，只顾缠着汉中王要酒喝？其实，不管'索饮'也好，'戏题'也好，只不过是一种较为风雅地表现方式，便于引起对方怀念旧情，便于试探对方是否愿在这兵荒马乱的时候接待自己。……可见这次投诗汉中王，确乎是'醉翁之意不在酒'，而想借酒为由头找个避难的靠山；不久他果真携家来此暂住，无论政治上的保护，还是经济上的资助，当得汉中王之力不少"（《杜甫评传》中卷）。

杜甫乘着那匹老马，终于来到了梓州。李梓州先安排他在州府客馆暂住。

到了梓州，杜甫第一个要见的人当然是汉中王李瑀，两人见面时的那种激动，与今昔对比的那种悲凉似可想象。

汉中王已经在梓州逗留了一段时间，他与杜甫相见后便要离开梓州，回到他的蓬州（今四川仪陇县南）任所。

汉中王临行前的一个晚上，一轮皎洁的明月将清冷的月光洒满梓州这座山水之城。月光下，涪江岸边，两个饱经苦难与沧桑的男人正襟危坐，他们的脸上没有喜悦，也没有忧伤，两颗心却有如秋月一样澄净透明，而又纤尘不染。这千年月光下的一幕，让我清晰地听到有这样一首歌在梓州的月夜里流淌：

    今夜，在水一方，有百灵歌唱
    风守在墙外聆听
    我坐在河岸，安静
    若一树菩提，一半在水里
    一半在天上
    是什么，让激动的灵魂沉醉
    又是什么，穿过飘逸的黑发
    进入心房

>歌声。从云端流泻，天使停下脚步
>青鸟生出翅膀
>芦苇苏醒了，河波在无边地荡漾
>清辉如许
>我们被月色笼罩
>忘却目的和意义
>心底的歌四起，如同来自天堂

夜风吹过，露气滋生，月亮的边缘忽然蒙上了一圈月晕。巴蜀的秋夜，顿时变得朦朦胧胧。民谚说："月晕而风，础润而雨。"如何才能化解这月晕呢？如何才能化解明日涪江上呼啸的秋风呢？

《淮南子》里有一段这样的记载，淮南王刘安将芦草灰撒在月光照射的窗台下，形成一个圆圈，在圆圈处留一缺口，第二天的大风天气就可以化解了。这时，杜甫也希望自己生出淮南王的本领，用一把芦灰化解明天的大风，那么汉中王的归程就能一帆风顺了。于是，他作《玩月呈汉中王》，表达与汉中王的缱绻别离深情：

>夜深露气清，江月满江城。
>浮客转危坐，归舟应独行。
>关山同一照，乌鹊自多惊。
>欲得淮王术，风吹晕已生。

这首诗语淡情深，写景抒情，情随境迁，又起伏照应，"炼字炼句，洵有神工，而一篇伤感离别之情，无枝可栖之慨，自在言外"（吴瞻泰《杜诗提要》）。

## 四、秋天不肯明

秋天的梓州，草木摇落，寒鸦乱飞。州城内酒肆茶舍，生意清淡，日影还未西斜，店家就早早打烊，市民则闭门不出。老百姓的生活多多少少还笼罩在段子璋东川之乱与花敬定纵兵大掠东川的恐惧之中。这次成都的徐知道叛乱，再一次给东川人民的心中蒙上了一层战乱的阴云。

刚来梓州的杜甫看到这种情形，又一次勾起了他对中原战场的回忆。特别是夜深人静的时候，只要一闭上眼睛，自己九死一生的奔逃情景，县吏吼叫着征兵、抓夫的情景，年轻夫妇的暮婚晨别、残老军人的无家可归、长安城里的刀光剑影、中原战场的血流漂橹……这些凄惨的、血腥的画面，就会浮现在眼前，让人赶也赶不走、抹也抹不掉。"丧乱死多门，呜呼泪如霰"，连续不断的战乱，大唐军民或死于寇贼，或死于官兵，或死于赋役，或死于奔窜流离，或死于寒暑暴露，导致唐帝国人口锐减。据有关资料统计，天宝十三年（754），全国户数达九百多万户，总人口五千二百多万人。到了广德二年（764），仅仅过去十年，唐朝人口就锐减至一千六百多万人，近三千六百多万的人口消失。

秋夜漫长，一些奇奇怪怪的问题，也总是在诗人脑际萦绕，富裕强大的王朝为什么如此不堪一击？到底是什么原因造成国家的动荡与迅速凋敝？仅仅是因为几个胡人作乱吗？老百姓流离失所、饿殍遍野，连杜甫这个朝廷官员也成天东躲西藏，四处逃难。哎！真是"五十白头翁，南北逃世难。疏布缠枯骨，奔走苦不暖。已衰病方入，四海一涂炭。乾坤万里内，莫见容身畔"。如今客中做客，难中逃难，寄居梓州这天涯之边。这样的日子，何时才是尽头？

在梓州，杜甫进一步了解到，761年，梓州刺史段子璋举兵造反，赶走了东川节度使李奂，攻陷绵州、遂州（治所在今四川省遂宁市区）等地，烧杀抢掠。

段子璋攻破绵州后，自称梁王，建元黄龙，是谓"黄龙梁王"，拉起了反唐大旗。

关于段子璋造反一事还得从头说起。段子璋（？—761），唐人，早年作战勇猛，被任命为军官。安史之乱时，护驾玄宗到达蜀地有功，即被玄宗任命为剑南节度使，后任梓州刺史。肃宗上元二年（761），东川节度使李奂奏请朝廷撤换飞扬跋扈的段子璋，由此招来段子璋的造反报复。段子璋举兵攻打李奂驻守的绵州。慌忙之中，李奂败逃成都，求救于剑南节度使崔光远。崔光远派部属西川牙将花敬定与李奂共同前往绵州镇压段子璋叛军，并擒杀段子璋于绵州。段子璋虽死，其残部却负隅顽抗。官军又转战梓州、遂州，平叛战争一直持续到秋天才宣告结束。

在这场平叛战争中，花敬定手下有一姓马的将军，在遂州城保卫战中不幸阵亡。这个噩耗，是杜甫来到梓州后才确知的。在成都，杜甫与马将军相识。当他得知马将军即将率领一支部队开往遂州，参与平叛段子璋部，急忙赶往锦江码头为马将军送行。他嘱咐马将军要像其先祖父东汉的伏波将军马援一样，英勇杀敌，平叛立功，他会在成都等着马将军凯旋。然而，不幸的是遂州干戈未定，马将军就壮烈牺牲了。

送别马将军的情景，不时在杜甫的脑际浮现。他独立江边，涪江呜咽，但见孤云犹在，却是物是人非。杜甫禁不住泪满胸襟，于是作《苦战行》以悼之：

苦战身死马将军，自云伏波之子孙。
干戈未定失壮士，使我叹恨伤精魂。
去年江南讨狂贼，临江把臂难再得。
别时孤云今不飞，时独看云泪横臆。

在围剿段子璋叛乱中奋力苦战、英勇捐躯的马将军，临行前告诉杜甫，他是东汉伏波将军马援的后人，在为国平叛的战场上，他也会像他的先辈一样,英勇杀敌,不惜马革裹尸而还。可是,战争还没有结束,马将军就英勇牺牲了,这真是让人悲叹、痛惜,伤精丧魂。

杜甫还清楚地记得,761年,马将军从成都出发去涪江之滨的遂州(遂州在涪江之东南方,亦在东川驻节之地梓州的东南方,所以杜甫说马将军是"去年江南讨狂贼")征讨猖狂的段子璋,他们两人在锦江边紧握双臂,深情告别的情景。可是,这样的情景再也不会重现了。杜甫抬起头来望着高远的天空,仿佛送别马将军时头顶的那片孤云至今犹在……想到这里,杜甫禁不住涕泪纵横。

761年秋天的讨段之战,遂州保卫战打得最为惨烈。叛军路过遂州时,遂州刺史、嗣虢王李巨急忙按属郡礼节迎接,却被段子璋杀害;守城将士仓促应战,皆苦战而死,无一生还。一年多时间过去了,遂州城外战士的尸体至今还无人收拾,冤魂野鬼,每夜啼哭;战火蔓延之处,无数老百姓也在这场战争中或者无端殒命,或者纷纷逃散,现在的遂州虽然还是大唐的江山,却几乎是一座空城。而那些曾经浴血奋战、英勇平叛的战士连姓名也没有留下,更没有人去想念他们、纪念他们。有感于兵灾给遂州老百姓、给年轻士卒的家人带来的巨大损失、痛苦和牺牲,杜甫又作《去秋行》:

去秋涪江木落时,臂枪走马谁家儿?
到今不知白骨处,部曲有去皆无归。
遂州城中汉节在,遂州城外巴人稀。
战场冤魂每夜哭,空令野营猛士悲。

史载,段子璋反在上元二年(761)四月,五月伏诛,杜甫诗却说"去秋涪江木落时"。宋人黄鹤怀疑杜诗云"去秋"恐怕有误,朱鹤龄也认为此诗首句与唐史不合,甚至怀疑杜甫的《去秋行》写的不是段子璋之乱。但是,清人仇兆鳌坚决否认黄、朱之说。他在《杜诗详注》中说:"唐史出于传闻,未可尽信。杜诗出于目击,不必致疑。史谓子璋平于五月,而诗云'去秋涪江木落时',盖至秋末而寇始削平也。且子璋反东川,陷遂州,地与诗合。其时月不符者,必属史传之误。"浦起龙也说:"而诗之所指,意子璋诛后，部曲尚有怙乱者，至秋始定耶？"浦虽有所怀疑，但后世专家学者认为他的推测是合理的，也是准确的。此时杜甫客居梓州，他说"去秋涪江木落时"这个时间节点，以及"遂州保卫战"的惨烈，不只是来自市井闲谈，一定是来自东川节度使幕府战事实录。

因此，这两首诗不仅可以补证史料之误，而且可以看出段子璋叛乱给东川人民带来的深重灾难。同时，诗中充满了对平叛战士的深切缅怀，对遭受战争灾难的老百姓的深切同情。杜甫虽然自己尚处于逃难之中，但是他"穷年忧黎元，叹息肠内热"的"人民性"却一刻也不曾改变过。所以，杜甫无愧于"诗史"，也无愧于"人民的诗人"的称号。

秋天在大多数世人眼里是一个悲凉的季节，所谓"自古逢秋悲寂寥"，但秋天同时也是一个五彩缤纷、充满希望、庆祝丰收的时节。如果你有一个孩子出生在秋天，即使这个秋天有些萧条、落寞，但是在父母眼里，在父母期待的目光中，也会幻化出大片大片沉甸甸的喜悦和希望。

杜甫的小儿子宗武就出生在秋天。他喜欢这个秋天出生的孩子。秋天的田园瓜果飘香，到处是一片丰收的景象，尤其是北方，放眼望去，天高云淡，山川霜色，江河碧透，给人以希望。

开元二十九年（741），杜甫从齐赵游归洛阳，筑室首阳山下，约在此时，与司农少卿杨怡之女结婚。杜甫虽然结婚较晚，但生育的孩子不少。他在《自京赴奉先县咏怀五百字》中说："老妻寄异县，十口隔风雪。谁能久不顾，庶往共饥渴。"杜甫爱他的妻子，爱他的孩子；孩子是杜家的希望，更是"奉儒守官，未坠素业矣"的传承者与继承人。可是，天宝十年（751）后，他不但仕途不顺、报国无门，胸中充满遗恨，而且连一家人的生活也常常陷入困顿，"饥卧动即向一旬，敝衣何啻联百结。君不见空墙日色晚，此老无声泪垂血"。为了养家糊口，他四处求人、"乞食"，最后不得不数次搬家，以对付日益暴涨的物价。但是生计还是越来越艰难，以致他幼小的孩子先后病死，甚至饿死。到成都后，家中就只剩下宗文、宗武和小女凤儿了。十口之家，变成了六口之家（包括同父异母的小弟杜占）。杜甫痛心不已，自责不已："所愧为人父，无食致夭折！"这是一个父亲悲天跄地的哀恸，也是他对现实社会的强烈控诉。

次子宗武是杜甫最喜爱的孩子，大约出生于天宝十二年（753）秋。宗武，小名骥子。杜甫为自己的孩子取名骥子，表明他对宗武这个孩子是给予了莫大的希望的。《北史·裴延俊传》记载："延俊从父兄宣明，位华州刺史，有惠政，谥曰简。二子景鸾、景鸿，并有逸才，河东呼景鸾为骥子，景鸿为龙文。"骥子、龙文，皆为骏马名，后来以"骥子龙文"比喻人才华出众，或赞誉别人子弟才能杰出。

杜甫说"骥子春犹隔，莺歌暖正繁。别离惊节换，聪慧与谁论""骥子好男儿，前年学语时。问知人客姓，诵得老夫诗"，又说"熊儿幸无恙，骥子最怜渠"。他说宗武还在牙牙学语的时候，就表现出了与众不同的灵敏与聪慧；刚学会说话，就知道打问家里来客的姓名，他的诗作，宗武好多都会背诵。总之，字里行间，充满了一个父亲对孩子的不吝赞许，以至于有人说老杜"有誉儿癖"。杜甫困顿于秦州时，曾借陶渊明以自嘲："陶潜避俗翁，未必能达道。观其著诗集，颇亦恨枯槁。达生岂是足？默识盖不早。有子贤与愚，何其挂怀抱。"实际上，杜甫对自己的孩子却充满了期许。天下哪一个父母不是这样呢？

可惜杜甫的孩子生长在一个动乱的年代，宗文、宗武到了上学的时候，却不能入学读书，不能接受良好的系统教育。

宗武的生日到了，杜甫找来笔、墨、纸、砚，一首《宗武生日》，从心底涌出，它倾注了一个父亲对儿子殷切的希望和浓浓的爱意：

> 小子何时见，高秋此日生。
> 自从都邑语，已伴老夫名。
> 诗是吾家事，人传世上情。
> 熟精文选理，休觅彩衣轻。
> 凋瘵筵初秩，欹斜坐不成。
> 流霞分片片，涓滴就徐倾。

杜甫诗末自注："宗武小名骥子，曾有诗'骥子好男儿'。"

诗的大意是："儿子啊，今天是你的生日。可是我在梓州，你在成都，不知道我们父子俩啥时才能相见。十年前的今天，你就是在这样一个美好的秋天呱呱坠地的。自从我写诗夸赞你乖巧、懂事，你的名字也就伴随我的诗句在成都流传，被人熟知。我不在家，你要坚持读书习文，诗是我们老杜家祖祖辈辈相传的事业，而不是普通人家强调的一般亲情。

习文作诗，首先要熟读《昭明文选》，撷其精华，精研其理。我不要你学一般世俗人家的所谓孝顺，更不要学老莱子，七老八十了，还穿着小娃娃的花衣服，在厅堂上跑来跑去，故意摔倒，像小孩子一样哭笑，来取悦父母。

我到梓州后旧病复发，身体衰微，不能喝酒，但是今天是你的生日，我还要给自己满上一杯，哪怕歪着身子斜靠在椅子上，也要慢慢地为你喝一杯生日酒。啊，这酒真是香美！仿佛仙人餐霞，彩云片片，我真有一点飘飘欲仙了。"

杜甫为什么说"诗是吾家事"呢？杜甫的远祖杜预是西晋名将，多才善战，懂法律、天文、工程等，还著有《春秋左氏经传集解》，可谓允文允武，是一个文武双全式的人物，是杜甫一生向往和崇拜的偶像。祖父杜审言，武后时官膳部员外郎，少年时就与李峤、崔融、苏味道被时人称为"文章四友"；其诗歌地位与稍后的宋之问、沈佺期齐名，是唐代"近体诗"的奠基人。明代胡应麟《诗薮》说："初唐无七言律，五言亦未超然。二体之妙，杜审言实为首倡。"杜审言的《和晋陵陆丞早春游望》一诗，写江南早春，历历如画，被誉为"初唐五言律第一"。难怪元初王义山说："少陵元是谁家数，衣钵当初自审言。"杜甫的父亲杜闲，曾官兖州司马，也应该是能诗的。

因此，杜甫家族有读书写诗的传统，长期以来"奉儒守官，未坠素业"，家族的写诗传统对杜甫影响很深。南宋赵蕃说："究其所源流，盖匪一日基。有如审言门，遂至杜拾遗。"杜甫自己也是"七龄思即壮，开口咏凤凰。九龄书大字，有作成一囊""往昔十四五，出游翰墨场。斯文崔魏徒，以我似班扬"。少年杜甫，成了不折不扣的"别人家的孩子"。而老杜也常以"吾祖诗冠古"自傲，所以晚年的杜甫教导他的儿子"诗是吾家事，人传世上情"，希望儿子们熟读经书，写诗赋文，发展仕途，让杜家薪火相传，家声不坠。

诗中的"文选"，是指《昭明文选》，又称《文选》，是由南朝梁武帝的长子萧统主持编撰、汇集前代优秀文章的一部经典著作。萧统死后谥

"昭明",文选故其名。《文选》共三十卷,主要收录了从先秦到南朝梁代八九百年间,上千位作家的诗文辞赋,可谓情义与辞彩并茂。在古代文人的眼中,《文选》一向被视为文学的教科书,是士子们必读的一部书,千余年来流传不衰。到了宋代,更有"文选烂、秀才半"的俗谚。

早在唐高宗显庆年间,就有了"文选学"研究,特别是在知名学者李善的推动下,"文选学"成为唐代的一门显学。唐人段成式在《酉阳杂俎》中说李白"前后三拟《文选》"。南宋建安人蔡梦弼说:"盖《文选》者,文章之祖也。……公诗大率宗法《文选》,摭其英华,旁罗曲综,嚼为我语,所以用之训子如此。"清人江湜也说:"唐朝进士科,习传文选学。"由此可见唐朝人崇尚《文选》之一斑。受时代思潮的影响,杜甫教育、要求他的儿子"熟精文选理,休觅彩衣轻",也就是要熟读《文选》,精研其理,取其精华,弃其糟粕,而不要追求物质享受。这既是杜甫自己的诗歌创作经验之谈,也是继承"奉儒守官"家风家教的价值内涵。杜甫读书万卷,广博精深,对前代的文学和学术有深刻的理解。黄庭坚说:"老杜作诗,退之作文,无一字无来处。"对于《昭明文选》他是烂熟于心,信手拈来,即成佳句。宋人郭思云说:"老杜学诗世人以为前无古人,后无来者。然观其诗,大率宗法《文选》,摭其精华,旁罗曲采,咀嚼为我语,所以用之训子如此。"

说到杜甫的家教家风,苏轼曾经把杜甫与韩愈做了一个比较。苏轼说:"退之《示儿》云:'主妇治北堂,膳服适戚疏。恩封高平君,子孙从朝裾。开门为谁来,无非卿大夫。不知官高卑,玉带悬金鱼。'又云:'凡此座中人,十九持钧枢。'所示皆利禄事也。至老杜则不然。《又示宗武》云:'试吟青玉案,莫羡紫罗囊。假日从时饮,明年共我长。应须饱经术,已似爱文章。十五男儿志,三千弟子行。曾参与游夏,达者得升堂。'所示皆圣贤事也。"

宗武也确实没有让老爹失望,他不到十五岁就懂得诗歌格律,开始琢磨作诗,为查找典故出处,常常打开书卷摊满一床,老杜高兴地夸赞宗武"觅句新知律,摊书解满床"。他希望儿子能成为像孔门弟子曾参、子游、子夏那样既孝顺又有文学才能的贤达之人。

唐人冯贽的《云仙杂记》中记载了这样一个故事:"杜甫子宗武,以诗示阮兵曹，兵曹答以石斧一具，随使并诗还之。宗武曰：'斧，父斤也，兵曹使我呈父加斤削也。'俄而阮闻之，曰：'误矣！欲子断其手。此手若存，天下诗名又在杜家矣。'"只可惜，杜宗武一生随父漂泊，居无定所，常常处于"失学"状态，没有系统接受正规教育的机会，也没有文章流传下来。这是一个父亲的遗憾，也是读者的遗憾。

通过杜甫的诗作《宗武生日》，我们是否可以在如何教育子女，如何让孩子从小树立正确的人生观、价值观和世界观，怎样才能扣好人生的"第一颗纽扣"的问题上受到一些启发与教育呢？

时光荏苒，杜甫客居梓州也有些时日了。妻子在成都，儿女们在成都，草堂在成都，杜甫回成都的愿望随着时间的推移愈发强烈。但是，他也知道，此时首恶毙命，叛乱渐平，代成都尹兼西川节度使的高适，正加紧收拾徐知道叛乱造成的西川残局。杜甫便写诗《寄高适》，婉辞试探他近期回成都是否相宜？诗曰：

楚隔乾坤远，难招病客魂。
诗名惟我共，世事与谁论。
北阙更新主，南星落故园。
定知相见日，烂漫倒芳尊。

高适（约704—约765），字达夫、仲武，唐渤海郡（今河北景县）人。少孤贫，爱交游，有游侠之风，以建功立业自期。高适是唐代著名边塞诗人，曾历任刑部侍郎、散骑常侍，封渤海县侯，世称"高常侍"。

开元十九年（731）至开元二十二年（734），杜甫北游燕赵期间与高适相识，后来他们同游梁宋，同登长安慈恩寺塔，并结下终生友谊。高适年长杜甫大约八岁，是盛唐著名的诗人，时人殷璠在《河岳英灵集》评价其诗"多胸臆语，兼有气骨，故朝野通赏其文"。杜甫不仅非常愿意与高适交往，而且对其诗文极其赞赏。他曾在《送高三十五书记》中说："常恨结欢浅，各在天一涯。又如参与商，惨惨中肠悲。惊风吹鸿鹄，不得相追随。"他又在《寄高三十五书记》中，对高适的诗才大为称道："叹惜高生老，新诗日又多。美名人不及，佳句法如何。"杜甫对高适的诗才推崇备至，后来又多次写诗赞颂，如《寄彭州高三十五使君适、虢州岑二十七长史参三十韵》说："海内知名士，云端各异方。高岑殊缓步，沈鲍得同行。意惬关飞动，篇终接混茫。"永泰元年（765）六月，杜甫听闻高适在长安去世，悲痛之中作《闻高常侍亡》，盛赞高适诗才，诗曰："独步诗名在，只令故旧伤。"亦可见杜甫对高适的崇敬和他们之间的友谊。

安史之乱后，高适随玄宗至成都。乾元二年（759）五月，出任彭州（今成都彭州市）刺史，第二年改任蜀州（今成都崇州市）刺史，直至代宗广德元年（763）初。杜甫居成都时，与高适交往密切，论时论诗都能敞开胸怀，一吐为快，这令杜甫十分开心。他在诗作《奉简高三十五使君》中写道："当代论才子，如公复几人？骕骦开道路，鹰隼出风尘。行色秋将晚，交情老更亲。天涯喜相见，披豁对吾真。"

杜甫《寄高适》前两句"楚隔乾坤远，难招病客魂"中的"楚"，即指成都。战国时，蜀本属楚。《杜臆》说："宋玉赋《招魂》者，楚人也。"此句意思是蜀地距离两京很远，不能北返，还得重归成都。第四、五句"北阙更新主，南星落故园"中的"南星"，指高适由蜀州刺史升任成都尹，因蜀州在成都之南，故称高适为南星（曾枣庄《杜甫在四川》）；"故园"，指浣花溪草堂。

全诗大意是："我难中逃难，不幸流落梓州，如屈平远谪于沅湘，不能与老朋友相见，也不知这病客之魂何日得招。如今在蜀中，我与您共享诗名，岂止诗名，就是当前国家大事，除了我，您还可以与谁慷慨谈论？现在朝廷已更换了新的主人，您也有了新的身份和职务，当我由梓州回到成都时，希望您这个成都的新主人也能降临我的浣花草堂。那个时候，我俩一定会无拘无束，尽兴而饮，共倒芳樽。"

长安汲引求官以来，杜甫的诗名已经传开，后又经历安史之乱，特别是经历"一岁四行役"之后，杜甫的诗歌艺术日益成熟。眼下的唐代诗坛，在杜甫看来，他的诗名已经可以与高适并驾齐驱了。《寄高适》中"世事与谁论"一句，确实写出了两人共同的性格特点。《新唐书·高适传》说："适尚节义，语王霸衮衮不厌。遭时多难，以功名自许，而言浮其术，不为缙绅所推。"而《新唐书·杜甫传》对杜甫好论时事，也有这样的记载："甫旷

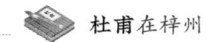

放不自检，好论天下大事，高而不切。"

杜甫给成都尹高适的这首《寄高适》（以诗代简）发出后，一直没有得到高适回应。而他自己不但没有回到成都，不久之后还把妻儿接来了梓州，这一住就是三个年头，这让杜甫再一次体会到了人生的艰难。由此也引发了后世对高、杜友谊的疑问。有人认为，严武离开成都后，高适与杜甫的关系也由亲密走向了疏远。

时光斗转，秋风渐起，独在梓州的杜甫思忧群盗纵横，吐蕃侵凌西蜀边境，便有了岁晚悲秋、远行凄怆之感。于是托人寄书家眷，述说自己暂时只身旅居梓州的缘由。同时作《悲秋》深叹战乱频仍，亲人阻隔，欲携眷出峡还京之臆想：

凉风动万里，群盗尚纵横。
家远传书日，秋来为客情。
愁窥高鸟过，老逐众人行。
始欲投三峡，何由见两京？

全诗大意是："悲凉的秋风从遥远的西北吹来，万里山河为之骚动；安史之乱未平，吐蕃又侵凌边境，蜀中还有徐知道之乱，眼下群盗纵横，国家安危实在堪忧。我托人带往成都的家信，充满了漂泊异乡的落寞；秋风落叶，更令我备感伤情。看着那高飞的鸟儿自由自在、南来北往尚有所适，我却只能拖着年老的病体随着逃难的人群四处颠簸。这次难中逃难，让我再次萌生了先东出三峡，再回'两京'的想法；可是路途遥远，战乱不断，囊中羞涩，我有什么能力回到日思夜想的长安和洛阳啊？"

悲秋思家，去留莫决，杜甫往往因此而通宵失眠。夜深人静，躺在客馆里，涪江的呜咽声就会从远处传来，风声伴着水声，如泣如诉，诗人实在难以入睡。他坐起身来，走到窗前，一轮残月照进客馆，清冷的月光透过窗幔侵入屋内。四周万籁俱寂，背井离乡、妻离子散的愁绪更加难以排解。他不禁打了一个寒战，头脑反而清醒了许多。于是，老杜踱步吟章而成《客夜》：

## 四、秋天不肯明

> 客睡何曾著？秋天不肯明。
> 入帘残月影，高枕远江声。
> 计拙无衣食，途穷仗友生。
> 老妻书数纸，应悉未归情。

给妻子的信刚刚寄出，就收到妻子的来信，催问啥时才能回家。一想到妻子，老杜有些惭愧。妻子杨氏是司农少卿杨怡的千金，她年轻漂亮，知书达理，聪敏贤惠，十九岁就嫁进杜家。婚后他们感情融洽，琴瑟和谐，二十多年相濡以沫，不离不弃。可是，妻子嫁入老杜家不久，父亲杜闲就去世了。父亲的去世，让杜家立刻显出衰微迹象。他自己又仕进不顺，生活日益穷困，可以说饥饿、贫穷、疾病、频繁的分离与担惊受怕，成了他们婚后生活的主要内容。但是妻子从不嫌弃、从不抱怨。多年来，她操持家务，抚育儿女，用自己弱小的肩膀支撑着这个颠沛流离的家庭。在奉先，她眼睁睁地看着自己的小儿子活活饿死；在鄜州，瘦弱的妻子一人要拉扯养活四五个儿女。即使在成都，也有上顿不接下顿的时候……这个女人是何等苦命，又是何等坚强！

"我为什么这样自私？为什么这样无能啊？！"杜甫陷入了深深的自责。

"愁人知夜长"，身在异乡本来就难，难中逃难，个中孤独、苦楚，只有置身其中的人才能体会。

躺在床上，杜甫辗转反侧，彻夜难眠，而秋日之夜偏偏又是如此漫长。更深月残，一束清冷的月光映照窗帘；夜静声远，江水仿佛从枕上流过。水声哗哗，清晰愁人。月影、江流，本是良宵美景，但对于此时的杜甫来说却是仓皇苦境。难怪明末清初学者黄生说，读此诗的人只晓得"入帘残月影，高枕远江声"这两句是描写秋夜月景，哪里晓得这两句字字是情啊！

长夜终明，一缕微弱的曙光透进客舍。杜甫披衣趿鞋向郊外走去。梓州城位于山峦起伏的蜀中丘陵山地，经过涪江千万年的冲刷、堆积，在这里形成了一处小小的冲积平原。宽阔的涪江从雪山奔腾而来，绕州城东北；凯江则由西南而来，在城南汇入涪江，然后一路浩浩汤汤，东流而

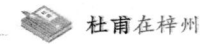

去。《通典》载，梓州"左带涪水，右挟中江，居水陆之冲要"。梓州在唐代时就享有"川北巨镇，剑南名都"之美誉，历为州、府、路、县之治所。

杜甫寓居梓州久了，对梓州的地形地貌、城市环境也熟悉了，也渐渐地爱上了这里，在后来的诗里，他亲切地称涪江中游的梓州城为"江城"。

晨风吹过，柳枝摇曳，间有黄叶飘落。在多愁善感的诗人眼里，自己不就是那水风飘转的落叶吗？无根无依，如果一阵狂风吹来，下一刻，自己不知又会飘转到哪里。杜甫看不清自己的未来，也不知道这样漂泊的日子何时是一个尽头。老杜禁不住吟咏起曹子建的句子："转蓬离本根，飘摇随长风。何意回飙举，吹我入云中。高高上无极，天路安可穷。类此游客子，捐躯远从戎。毛褐不掩形，薇藿常不充。去去莫复道，沉忧令人老。"曹子建的这首诗，写的不就是他杜子美吗？

杜甫一边吟诵，一边漫无目的地往前走着，不知不觉已是曙色明明，云开雾散。

杜甫做了一个深呼吸，长长地吐了一口气，多日的窒息、压抑、郁闷、愁苦，在这一次深长的吐纳中，终于得到了一次极大的舒缓，步履似乎也轻盈起来。他回到客舍，挥毫写下《客亭》：

秋窗犹曙色，落木更天风。
日出寒山外，江流宿雾中。
圣朝无弃物，老病已成翁。
多少残生事，飘零似转蓬。

清人汪灏说："客亭，非亭也，即公所遇梓州之邸。"宋元史学家胡三省也曾说："（汉以来）诸镇皆有客亭，以为迎送、宴饯之所。"此即梓州府署衙门招待所。

全诗大意是："宾馆卧室的窗户上，已经映照着晨光的熹微，推门而出，只见落叶被一阵大风吹上了高天，我不禁打了一个寒战。放眼远望，透着寒气的远山之外，太阳已冉冉升起；笼罩于夙雾中的涪江似乎还没有醒来，只是静静地流向远方。圣明时代，才无大小，皆能量才适用，哪里有被遗弃的人才？我之所以被朝廷忘记，是因为自己体弱多病，衰老成翁。遇到这样的'圣朝'，我还有什么可说的？这辈子只能如蓬草随风，老死他乡而已。"老杜一下子陷入了悲哀的深渊。

一读到杜公的"圣朝无弃物，老病已成翁"，不由得想起孟浩然"不才明主弃，多病故人疏"的诗句来。一生潇洒的孟夫子，讲得比杜甫更加直截了当，然而细味，其孤忿之深两者并无二致。邵子湘评此联："怨而不怒，见诗人忠厚。"

看来，初来梓州的杜甫，哀愁与痛苦，总是如影随形，挥之不去，无论白天还是黑夜。

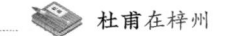

## 五、九日意无穷

时间如白驹过隙,转眼之间,已是九九重阳节了。重阳节,自汉唐以来已经成为中华民族的一个重要节日。《西京杂记》有这样的记载:"在宫时,九月九日佩茱萸,食蓬饵,饮菊花酒,令人长寿。"重阳节这一天,人们都要与亲人、故旧,登高饮酒、佩戴茱萸囊,或折茱萸房,插头插冠,当然,饮宴也是这个节日期间必不可少的重要活动。南朝梁宗懔《荆楚岁时记》云:"九月九日,四民并藉野饮宴。"乾元元年(758),杜甫在华州做司功参军时,曾作《九日蓝田崔氏庄》,记述重阳节这天,自己与同僚、朋友相约到蓝田县崔氏庄园会饮之事:

老去悲秋强自宽,兴来今日尽君欢。
羞将短发还吹帽,笑倩旁人为正冠。
蓝水远从千涧落,玉山高并两峰寒。
明年此会知谁健?醉把茱萸仔细看。

被贬华州的杜甫虽也是满腹忧情,这首诗却以壮语写出,慷慨旷达,哀而不伤,读来别有情趣。

四年后,流寓梓州的杜甫过的这个重阳节就真的有些凄凉惨淡了。这一天,他独自一人登上梓州城北的山头,醉眼蒙眬中,弟妹、朝廷、兵戈……一时涌来眼底。

重阳,还是九日的重阳;酒,还是从前的黄花酒,而白发却比往日更多。追欢逐趣，腿脚已经大不如前；相同的是，每年都在这个时候，登高望远。弟弟妹妹天涯一方，远隔千里，只能在悲歌里寄托无尽的思念；乾坤疮痍，不忍面对，只可付之一醉，暂时忘却眼前的痛苦。战争不息，关塞不通，羁身异方，诗人当日的悲伤真是无穷无尽啊，作《九日登梓州城》曰：

> 伊昔黄花酒，如今白发翁。
> 追欢筋力异，望远岁时同。
> 弟妹悲歌里，乾坤醉眼中。
> 兵戈与关塞，此日意无穷。

元朝诗人、诗论家方回在《瀛奎律髓》中评论此诗说："老杜此诗悲不可言，唐人无能及之者。"

徐知道的叛军，虽然在八月下旬就被高适组织的武装力量击溃，徐知道也被其部将李忠厚杀死，但是由于叛军作乱伊始就"西取邛南兵，北断剑阁隅"，直到宝应元年（762）秋末还是"剑门犹阻北人来"，朝廷援军不能入川合力平叛，所以重阳之时，被召还朝的严武仍然被叛军残余阻于巴山途中，迟迟不能走出巴山蜀水。重阳节这一天，杜甫又作《九日奉寄严大夫》，表达对严武的挂念与问候：

> 九日应愁思，经时冒险艰。
> 不眠持汉节，何路出巴山？
> 小驿香醪嫩，重岩细菊斑。
> 遥知簇鞍马，回首白云间。

杜甫在诗中说："九九重阳之日，严大夫您还艰难地行进于道路险峻的巴山栈道中，一定愁坏了自己。为早日赶赴朝廷，多少个夜晚，您紧握符节，遥望夜空，彻夜不眠。而这个时候，您想得最多的，就是怎么才能选择最近、最安全的道路，走出苍苍莽莽的大巴山。今年的重阳节，您暂住的山中驿站，虽然也有新酿的香醪，但是我不在身边，您一定会举而不饮；那连绵山崖上斑斓的细菊，虽然开得灿烂，您定然也无心欣赏。然而在这个'每逢佳节倍思亲'的日子里，可以想象，您对我肯定会特别思念。您一定会驻马山头，在随行人员的簇拥中，回望我于白云之间。"

收到了杜甫的"重九"寄诗，严武被杜甫的缠绵情谊深深打动，立即作《巴岭答杜二见忆》，回复杜甫：

卧向巴山落月时，两乡千里梦相思。
可但步兵偏爱酒，也知光禄最能诗。
江头赤叶枫愁客，篱外黄花菊对谁？
跋马望君非一度，冷猿秋雁不胜悲。

对于杜甫的关切、思念，严武做了详细的回复，同样表达了对客居梓州的杜甫的刻骨思念之情。严武在诗中说："我在巴山深处歇息时，总是要等到月亮落下才能入睡，可是一入睡就会梦见千里之外的你。我知道你像阮籍一样嗜好喝酒，也晓得你像谢庄一样擅长写诗。涪江之畔的枫叶红了，那是因为在为客居梓州的你发愁；成都草堂篱笆外的菊花开了，你不在家，有谁会去欣赏？我一路上摇辔马衔，让马儿停下来回望你，可不是一次两次了，看到的只是秋雁南飞、冷猿哀啼，心中不胜凉悲。"

王嗣奭说："读此二诗，见二公交情之厚，形骸不隔，故知欲杀之诬也。"

新、旧《唐书》都记载了这样一件事，说有一次严武邀请杜甫到自己的官署宴饮。杜甫喝醉了酒，爬上严武的座椅，两眼直瞪瞪地盯着严武说："严挺之竟然有这样了不起的儿子！"严武虽然性情暴躁，但当时也没有觉得这是对自己的忤逆，却在心里记下了这笔账。严武实在忍受不了这样的侮辱，不久的一天，在节度使门前召集大小官员集合，想趁机杀掉杜甫和章彝。幸亏旁人赶紧报告了严武的母亲，严母及时赶到才救了杜甫的性命。王嗣奭认为读了杜甫与严武的奉答之诗，就知道这样的史传或传说是对严武、杜甫两人友情的污蔑。

话说上元元年（760）杜甫在成都时，正好有一位姓段的朋友去桂林就任功曹参军。杜甫便写了一首题为《寄杨五桂州谭》的诗，托段功曹带给时任桂州（今广西桂林市）刺史的杨谭，表达思念之情。杨谭，弘农华阴（今属陕西）人，是杜甫在长安的老朋友。天宝十一年（752），杨谭任剑南节度使从事兼监察御史，后来赴任桂州刺史。

宝应元年（762）秋，段功曹出使蜀地，杨谭专门捎信给杜甫，表示问候，还嘱咐段功曹一定要把书信亲自交到杜甫手中。到了成都一打听，段功曹才知道，杜甫因避徐知道叛乱，眼下正避乱梓州。于是，他又专程来到梓州，寻找杜甫。交谈中，杜甫也才晓得，杨谭已由桂州刺史调任广州（今广东广州市）长使，而段功曹也随杨刺史调任广州功曹参军。

"受人之托，忠人之事"，何况是自己顶头上司的嘱咐。段功曹辗转来到梓州，在梓州逗留几日，便要回到广州。杜甫于是作《广州段功曹到，得杨五长史谭书，功曹却归，聊寄此诗》，以诗代简作复，仍请段功曹带给杨谭。诗说：

> 卫青开幕府，杨仆将楼船。
> 汉节梅花外，春城海水边。
> 铜梁书远及，珠浦使将旋。
> 贫病他乡老，烦君万里传。

这里有一个问题：杨谭由下都督府的桂州刺史调任中都督府的广州长使，是贬官了吗？其实，唐朝都督府的职能偏重于军事管理，尤其在国家动荡的时候。朝廷规定，管理十州以上，为上都督府；不满十州，满二万户，为中都督府；不满二万户，为下都督府。都督府与属州是上下级行政关系，并对属州有监督和军事管理职权。桂州是下都督府，下州刺史正四品下。广州属中都督府，中都督府长使正五品；边郡长使掌握一州兵马大权，职责也是很重大的。

杨谭在剑南节度使幕府工作过，有从军的履历，他由主政一方的刺史到广州中都督府任长使，应该说他在军事方面的权力更大、更重了，由此可见朝廷对广州边城的重视。所以，此诗首联杜甫即以大克匈奴后，被汉武帝拜大将军于幕府中的卫青和出豫章下横浦的楼船将军杨仆相称许杨谭，勉励并希望朋友杨谭能安定边陲，为国立功。

杜甫在诗中说："您手持节符驻守大庾岭外的广州；那是一座气候温暖

如春的海域边城。现在，您的信使段功曹即将返回广州，我托他从千里之远的梓州带信给您。"《舆地纪胜·潼川府路·潼川府》："铜梁，在郪县。邑人游乐之要路。"诗中的"铜梁"与"珠浦"均是名胜之地，代指梓州与广州地域。

诗的尾联"贫病他乡老，烦君万里传"，是杜甫自述目前苦状，既是对段功曹的请托，也是对杨长史说的，大意是："我在异乡因贫病交加而日渐衰老，就麻烦你替我万里传书，传达我对杨长史的问候。"此等话语，充满了杜甫对自己当下流落无依、漂泊生活的无限感慨。

从梓州到广州，三千多里的路程，段功曹须数月才能到达。杜甫又作《送段功曹归广州》：

> 南海春天外，功曹几月程。
> 峡云笼树小，湖日落船明。
> 交趾丹砂重，韶州白葛轻。
> 幸君因旅客，时寄锦官城。

诗的大意是："段功曹从梓州顺江而下，入长江，经三峡，过洞庭，越韶关，归广州，要走几个月的路程；当段功曹回到广州的时候，已经是明年春天了。这回程的路上，经过的三峡，山高水险，云雾笼罩，树影渺茫；而洞庭湖则波光粼粼，湖上的太阳更加明媚。岭南交趾出产的丹砂质量很好，韶州的夏布又白又轻，希望你托付过往的商旅，及时帮我带到成都草堂。"

杜甫初到梓州，总以为成都的动乱很快就能平息，自己很快就会回到草堂，所以诗末他叮嘱段功曹将岭南特产丹砂、白葛等，让广州贾客带到成都草堂，方便他到时收取。

几乎在收到杨谭来信的同时，杜甫又收到了岭南节度使判官张叔卿捎来的问候。广州差使将打道回府时，杜甫同样以诗代简，作《得广州张判官叔卿书，使还，以诗代意》，表达了对张叔卿的深情思念：

> 乡关胡骑远，宇宙蜀城偏。
> 忽得炎州信，遥从月峡传。

> 云深骠骑幕，夜隔孝廉船。
> 却寄双愁眼，相思泪点悬。

张叔卿，鲁郡（今山东兖州）人，早年不得志，隐居兖州。此时张叔卿任岭南节度使判官，后来因事获罪流放桂州。杜甫称其诗文"遣词工于猛健放荡"，《全唐诗》载其诗两首。

张叔卿来信询问杜甫为什么千里迢迢翻山越岭来到了蜀中，而今又因避徐知道之乱来到了更加偏远的梓州城。要回答这些问题，真是一言难尽。于是，杜甫便以"乡关胡骑远"一言以蔽之。

老朋友托差使越岭穿峡，从遥远的广州捎来问候，一片深情让杜甫深深感动，寄诗中杜甫将幕府中的张判官比作汉之骠骑将军霍去病，又将其才识洞见比作晋代孝廉张冯（凭），只可惜"云深""夜隔"不得相见促谈，唯有相思之泪长挂腮边。

眼看秋天就这样过去了，李忠厚残部继续在成都烧杀掠抢，剑门关继续被叛军盘踞，杜甫便愈发思念居于成都草堂的妻儿。国事、家事简直如一团乱麻，这样的日子何时才是尽头？他愈加思念浣花溪草堂的家小而作《秋尽》：

> 秋尽东行且未回，茅斋寄在少城隈。
> 篱边老却陶潜菊，江上徒逢袁绍杯。
> 雪岭独看西日落，剑门犹阻北人来。
> 不辞万里长为客，怀抱何时得好开？

诗的大意是："这次东行梓州，转眼之间已将近三个月。秋天将尽，冬季即将来临，成都仍然不见安宁，可是我的妻儿还寄托在浣花溪水之滨，真叫人担忧啊！秋天将尽，我栽种在草堂竹篱边的菊花，恐怕已经叶落干枯了吧。坐在涪江边的官船上，梓州主人虽然待我如上宾，可是我哪里有开怀畅饮的心情啊！每到黄昏，我常常独自一人翘首遥望西边的雪山，因为成都有我的妻子、有我的儿女。我也常常转头北望，蜀道剑门还被叛军占据着，朝廷的军队还被阻挡在剑门关以外，蜀中之乱难平。迟暮之年，却不能摆脱万里作客的命运，我愁苦的心情什么时候才能怡然开朗起来？"

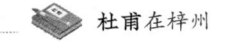

秋天过去，长冬来临。思之再三，杜甫决定冒险回一趟成都，将妻子、儿女接来梓州安住。

杜甫有了这个想法，李梓州便在梓州城东草堂寺旁，寻找了几间茅屋，供杜甫一家老小居住。

这个地方紧邻涪江，距离东津渡口不过三四里，距离梓州城北的府署也不过三里左右。茅屋周围是一片开阔的河滩地，土地肥沃，渗水性好，只要稍加整理，就可以开垦出一片菜园与药圃。对于定居梓州的杜甫一家来说，有了菜园和药圃，就可以种植生活必需的蔬菜和养病所需的药材，这样既可以供一家人食用与养生，多余部分出售后还可以补贴家用。这里虽然比不上成都浣花溪草堂，但也基本满足了杜甫"茅屋买兼土，斯焉心所求"的一惯性卜居要求。

有了梓州城东的简朴茅屋，杜甫在梓州便有了一处稳妥的安居之所。自此以后，他在东川一年零八个月的所有生活轨迹都是以梓州为中心展开的。对于杜甫定居梓州的大体经过，《新修潼川府志》是这样记载的："宝应元年，西川兵马使徐知道反，因入梓州，冬复归成都，迎家至梓。十二月，往射洪南之通泉。广德元年在梓州，春间往汉洲，秋往阆州，冬复回梓州。是岁，召补京兆功曹，不赴。二年春，复自梓州往阆州，严武再镇蜀，春晚遂归成都。"

杜甫虽暂居梓州避乱，他并没有放弃重回成都的想法，所以他带着必需的生活用品和生活资料离开成都，把草堂屋舍、鸡鸭鹅禽、药圃水槛，悉数托付邻居照管。

一切安排妥当，杜甫立马冒着严寒，带着家小风雨兼程奔梓州而来，"偶携老妻去，惨淡凌风烟"。从成都到梓州二百六十余里，出了成都平原，跨沱江进金堂，便进入了蜀中丘陵山区，走巴蜀官道，也都是陡峭的山路。好在全家人都有由秦入蜀的经历，这点崎岖山路，当然算不得什么。

人困马乏之时，杜甫一家老小终于到达梓州所属玄武县（今四川中江县）。到了玄武县，离梓州治所郪县也就不到百里路程。杜甫决定在此停息两日，家人仆从都需要休整。

玄武县城东二里有玄武山，此山有两座峰峦，看似二山，实为一体。左侧山形蜿蜒如蛇，右侧山形盘缩似龟，故名"玄武"。山上有一名观，曰"玄武观"，始建于东晋。乾元二年又在山上建乾昌寺。

玄武山及其玄武观，历来为梓州名胜，其山六屈三起，有玄武之象，玄武山因其山形而得名，玄武观则耸立于龟形灵峰之上。观因山名，山因观显。总章二年（669）春，王勃因《斗鸡赋》事件被斥出沛王（李贤）府。在杨炯等一批文士的鼓励下，同年五月，二十一岁的王勃从长安出发，开始了他两年半的入蜀之游。六月抵达绵州，小住后，即往梓州。九月，时任新都县（今成都市新都区）尉的卢照邻得知王勃正在玄武县，立刻赶来看望他。九月九日这天，王勃、卢照邻、邵大震三人同登玄武山，旅眺眼前美景，思念远方亲人。三人即席赋诗，王勃写下了"九月九日望乡台，他席他乡送客杯"的千古名句。

杜甫追随前辈诗人的足迹，骋目流眄。虽是初冬时节，玄武山头却是苍松翠柏，松风唱响，圣泉喷溅，乘岩泌涌，庙宇宏丽。远望则崇峦接翠，丹崿万寻，碧潭千顷，云帆风影，沙堤迤逦。真乃终南山韵，人间妙境。

饱览了山川风光，在禅师的引领下，杜甫来到禅房，仔细欣赏禅房壁画。只见禅师屋壁有一精美图画，画面生动，云雾缭绕，林木森森，白鹤翱翔，似向远山苍麓飞去。又见一轮红日，生于海天，青云浩渺，江河行地，鸥鹭翩然，似可乘杯渡河，一结佛缘。杜甫不禁抚膺击掌惊叹："这不就是顾虎头的技法吗？！"

三十年前，杜甫漫游金陵，曾去瓦官寺看过顾恺之所绘维摩诘壁画图像，留下的印象极为深刻。他曾在一首忆旧诗中谈到当初观画的心情说："看画曾饥渴，追踪恨渺茫。虎头金粟影，神妙独难忘。"

今天的玄武山之游，让杜甫几个月来抑郁的心情豁然舒朗，在与禅师的交谈和观画过程中，他不仅看到了玄武禅师的高情雅趣，同时也勾起了他的归隐之思。

应禅师之请，杜甫挥毫在玄武禅师的禅房屋壁上，写下了著名的《题玄武禅师屋壁》：

何年顾虎头，满壁画瀛洲。
赤日石林气，青天江水流。

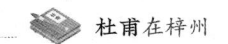

>　　锡飞常近鹤，杯渡不惊鸥。
>　　似得庐山路，真随惠远游。

　　诗中的"锡飞""杯渡"之典，皆出自《高僧传》。《高僧传》载：舒州潜山最奇绝，山麓尤胜。志公与白鹤道人欲得之，同谋于梁武帝，帝以二人悉具灵通，俾各以物识其地，得者居之。道人云："我以鹤止处为记。"已而鹤先飞去，至麓将止，忽闻空中锡飞声，志公之锡即插于山麓。道人不悦，然以前言不可食，遂以各于所识处筑室居焉。又载：刘宋时，杯渡者，不知姓名。常乘木杯渡水，无假风棹，轻疾如飞。明末清初的顾宸说，杜公借这两件事合为一句，用来描写画境之妙。"虽画中未必有此，然可见山麓之奇，能使志公、白鹤相争；水势之远，一任杯渡狎鸥游戏。"描写形容真是亦真亦幻，惟妙惟肖。杜甫引用志公和白鹤道人两位高僧的事迹，也有称赞玄武禅师禅道不凡之意。

　　诗的尾联亦用《高僧传》事迹。惠远，东晋高僧晋太元九年（384）入庐山居东林寺。净土宗推为初祖。彭城刘遗民、豫章雷次宗等，并弃世遗荣，依惠远游止。

　　禅师领着杜甫看了壁画，杜甫哪里想得到，玄武庙中竟然有如此绝妙的画作。他不禁感叹道："什么时候著名画家顾恺之来过梓州啊？在玄武禅师的屋壁上，留下了这么精美绝伦的山水画。画中，红日照耀下的石林，云气蒸腾，恍若仙境；青天白云倒映江海之中，随波逐流。壁画上山前之鹤、水中之鸥，不由得让人想起《高僧传》中志公、白鹤道人斗法和杯渡者的禅宗故事。沉浸于这幽美的画境，好像知道了通往庐山的路径，我真希望此时能跟随慧远大师一起去庐山游历。"

　　杜甫的题画诗，一般都不直接赞美画图的逼真，而是把画中之境当作生活现实，强调画中事物对观画者的感染力。对于杜甫的这首即兴题壁诗作，浦起龙说："通首总就题画命意。……盖睹此沧州远趣，忽如身与禅师一齐度世。既使此画此师，双超绝顶，而于己羁栖之愁，亦片时消释。"（笔者："瀛洲"，一作沧州）可谓有得。

　　玄武山除了玄武庙，山中有一处圣泉也让人流连忘返。王勃《玄武山圣泉宴（并序）》说："玄武山有圣泉焉，浸淫历数百年。"杜甫应该是赏玩过了，只可惜没有诗句留下来。

家人团聚，梓州可居，杜甫心情大好，他的人情交往也就多了起来。一天，杜甫收到梓州府署严二别驾邀请他去严府做客的请柬。杜甫十分开心，自从来到梓州，自己给严二别驾添了不少麻烦。

别驾，又称"从事"，是州刺史的佐吏；刺史巡查州县工作时，另乘驿车随行，故称"别驾"，相当于现在的政府秘书长或办公室主任。因此，杜甫梓州寓居期间，别驾应该是他接触得最多的衙署官员。杜甫一家人生活上周济，或参与梓州幕府迎来送往的陪侍活动安排，应该都是严二别驾在协调与安排。

严二别驾，梓州本地人，为人豪爽俊逸，喜交名士，一身剑术功夫相当了得。

黄昏时刻，杜甫如约而至。侍立已久的仆人，从杜甫手中接过衣帽，拂去灰尘，接着又有小厮牵走骑行的青骡，并用粟米喂饲。杜甫是一个见多识广之人，这类豪门家宴，当年在长安也见得多了，但是严别驾的盛情还是让流亡梓州的杜甫非常感动。宾主见面，相谈甚欢，不一会儿就成了一见如故的老友。

大红灯笼、银光粉烛，把偌大的严府照得灯火通明。宴会开始，宾主入座，宾朋满屋。侍宴仆佣环坐而立，紫衣者负责走菜，绯衣者负责侍奉斟酒，宴饮场面既殷勤又排场。酒酣耳热之际，严二起身离席，来到厅堂中央，手持双剑而舞。大厅寂然，但见蛟龙出水，行走四身，严别驾时而点剑而起，身轻如燕；时而快闪如电，落叶纷纷；时而屏声静气，万籁俱寂；时而铿然作响，虎啸龙吟。屏气收剑，清光凝结，过了好长时间，厅堂里忽然响起雷鸣般的掌声。

唐人爱剑、好诗、喜琴、任侠，这是普遍的社会现象。这一场兴会空前的夜宴，让潦倒穷愁中的杜甫逸兴遄飞，诗兴大发，一首《相从歌赠严二别驾》，便挥毫而就：

> 我行入东川，十步一回首。
> 成都乱罢气萧飒，浣花草堂亦何有？
> 梓中豪俊大者谁？本州从事知名久。

把臂开尊饮我酒，酒酣击剑蛟龙吼。
乌帽拂尘青螺粟，紫衣将炙绯衣走。
铜盘烧蜡光吐日，夜如何其初促膝。
黄昏始扣主人门，谁谓俄顷胶在漆。
万事尽付形骸外，百年未见欢娱毕。
神倾意豁真佳士，久客多忧今愈疾。
高视乾坤又可愁，一躯交态同悠悠。
垂老遇君未恨晚，似君须向古人求。

这首诗的题目有多种版本，有作《相逢歌赠严二别驾》的，有作《严别驾相逢歌》的，有作《相从行赠严二别驾》的，此处依萧涤非先生《杜甫全集校注》题作《相从歌赠严二别驾》。特此说明。

这首诗可以分三个层次来赏读。从前四句得知，杜甫参加严二别驾的夜宴之前，确实回了一趟成都。成都徐知道之乱虽然已经平定，但是乱军焚毁后的成都人气萧瑟，浣花草堂一带也未能兵燹幸免。成都实在是不宜再居住下去了，杜甫只能一步十回头，依依不舍地把妻儿带到梓州。

浣花草堂毕竟是杜甫花了两年多时间、穷尽心血、刚刚建成的居所啊！"我行入东川，十步一回首"，怎么舍得就这样无奈离开呢？梓州为东川节度使治所，故云"入东川"。说明杜甫带着全家暂入梓州定居，不仅得到了李梓州、严别驾等州府官员的赞同，而且也得到了东川节度使留后章彝的支持与帮助。

接下来的八句，描写严二别驾对杜甫的盛情款待，杜甫说："我早就听说梓州境内有一位才智杰出、大气豪放、特立独行的人，就是本州从事先生您呀。酒宴一开始，您就亲密地握住我的手臂，一杯接着一杯和我开怀畅饮；喝到尽兴之时，您又抽出宝剑临席而舞，以抒激昂之情。宝剑飞舞，寒光闪烁，剑声嗖嗖，如龙吟虎吼；舞罢从容，收剑拂袖，轻轻掸去乌帽上（旧注：青螺粟，冒之纹也）的灰尘，别驾大人是多么潇洒！盛宴重开，穿着紫衣绯衣的筵席侍从穿梭往来，频频为客人送来美味佳肴。宴会厅的烛台上，蜡烛在熊熊燃烧，把偌大的厅堂照得如同白昼。《诗经》里说'夜如其何？夜未央。庭燎之光'，大概描写的就是今天晚上宴会的情景吧。虽然夜色已深，这样美好的夜晚，我们正好促膝谈心。"

　　最后十句是杜甫的无限感慨，他说："天色黄昏，我才叩响主人的家门，谁曾料到，一会儿时间我俩的关系已如胶似漆，这样开心的时刻，心中所有的悲伤、痛苦与惆怅都可以抛诸身外，尽情享受这百年难得的无尽欢乐。严别驾胸怀开阔，豁达大度，让我一见倾心，真堪称'佳士'也；我这个久客异乡之人往日的忧愁、满身的疾病，一下子全没了。然而俯仰天地，四海之内，一死一生，一贫一富，相知相交，情同一人者又有多少呢？我在垂暮之年能遇交严别驾这样的朋友，怎么会遗憾我们相识太晚；严别驾风姿详雅，交契豁达的品格意气，现在是找不到啰，如果真要找，也只能到古代的君子中去寻求。"

　　严二别驾对杜甫的真诚相待，也代表了梓州人民对杜甫的热情欢迎与接纳。他为杜甫在梓州生活注入了新的希望和亮色。从此以后，杜甫便融入了梓州，并开启了诗人以梓州为中心的游历生活与诗歌创作的新旅程。

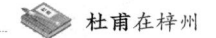

## 六、激烈伤雄才

安顿好家人，置办完必需的家什用具，已是仲冬。杜甫便前往州南射洪、通泉两县游览。到射洪、通泉凭吊陈子昂、郭元振等前辈先贤，是杜甫入蜀以来的一个夙愿。

射洪县（唐治在今四川省射洪市金华镇）在梓州东南六十余里，是初唐文学家、诗人陈子昂的故乡。境内有金华名山。射洪旧县志记载，金华山，"其山贵重而华美，故名"。山上有一座道观，名曰"金华观"。陈子昂《晖上人房饯齐少府使入京府序》中说："永淳二年四月孟夏，……嗟呼！朝廷子入，期富贵于崇朝；林岭吾栖，学神仙而未毕。"可知陈子昂第一次进京考试落第后，曾于金华山居家学仙。金华观后有陈子昂读书学堂（今金华山玉虚阁所在地。由著名历史学家、文学家缪钺先生于1988年春题写的"陈子昂读书台遗址"石碑）及卢藏用祭文碑刻。距离射洪县城不远的涪江东岸东武山下，还保存着陈子昂的老屋故宅。

杜甫在绵州时，遇李季真赴任梓州刺史，曾嘱咐李梓州到射洪检查工作时，代自己去金华山凭吊陈子昂。他说："君行射洪县，为我一潸然。"如今他携家居梓，游历州县，自然要首选射洪县游览，踏寻先贤遗迹，表达深深的悼念之情。

从梓州郪县到射洪县，可以选择坐船顺涪江而下，也可以走陆路顺江而行，都是不费力的行程。农历仲冬，霜风渐起，一天比一天寒冷。杜甫来到射洪，在城边极目远眺，位于县城之北、涪江西畔的金华山蟠伏三蜀大地，山川绵延，直与越嶲（今川西凉山州广大地区，越嶲郡治在今凉山彝族自治州西昌市）相连；奔腾东流的涪江，一泻千里，散向巴渝，汇通三峡，流向荆楚五溪地界。收目环顾，一只孤鹤正在崖岸凄然飞舞，似有羁栖，又见数只乌鸦盘旋，呱呱嘶叫，仿佛向人乞食。这一舞一啼的情景让诗人顿生悲悯。当此之时，有谁携来射洪美酒，一解心中忧愁？于是，杜甫乘着这满怀的心绪写下《野望》，表达自己极目伤神，天涯孤客的忧伤意气：

> 金华山北涪水西，仲冬风日始凄凄。
> 山连越嶲蟠三蜀，水散巴渝下五溪。
> 独鹤不知何事舞，饥乌似欲向人啼。
> 射洪春酒寒仍绿，极目伤神谁为携？

诗中"三蜀"，东晋常璩《华阳国志·蜀志》云：益州以蜀郡、广汉、犍为为三蜀，土地沃美，人士俊乂，一州称望。"五溪"，《水经注》载：武陵有五溪，谓雄溪、樠溪、㵲溪、酉溪也。也有人说是雄溪、蒲溪、西溪、沅溪、辰溪；还有人说是酉、辰、巫、武、沅五溪。朱注："涪水至渝州与岷江合，至忠涪以下，五溪水来入焉。此云'下五溪'，盖约略大势言之。"

顾宸说，此诗次联描写"山水怀抱，陆尽蜀界，波连楚界，包举弘阔"。又说："曰'连'，则势甚长；曰'蟠'，则又蓄缩；曰'散'，则势甚分；曰'下'，则又合流。四字中山水之远近皆见。"

在杜甫的眼里，梓州山水寥廓、壮丽。远景、中景、近景、特写，镜头摇曳，秩序井然，格律高雅，而他自己天涯孤旅，无所依附之形状也如在目前。

一日晴好，杜甫便乘坐一只小船溯流而上，来到金华山脚下。这一次，他是专程来游览金华观，瞻仰陈公学堂的。

金华观位于金华山前山，道观坐北面南，依山取景，层叠而上，崔嵬高大，气象葱茏。相传东晋宁康二年（374），方士陈勋学道山中，结庐为庵，梁武帝天监年间正式修建了金华观。宋代曾改名玉京观。观中至今供奉有唐明皇所铸老君像。陈子昂因逸回乡后，游历金华山观，作《春日登金华观》赞云："白玉仙台古，丹丘别望遥。山川乱云日，楼榭入烟霄。鹤舞千年树，虹飞百尺桥。还疑赤松子，天路坐相邀。"一千多年过去了，金华山道观仍然是川中四大名观之一。

云开雾散，天空蔚蓝，冬日的阳光拥抱着金华观的琼楼玉宇。艄公把船系于陡峭的崖壁脚下的绝壁，杜甫拄着拐杖沿着曲折盘旋的山路向山顶攀登。上到山顶，举目四望，仲冬时节，百草干枯，树木凋零，在阳光的照耀下，涪右高山，紫翠不凡，佳气葱茏，涪江一下子比先前开阔了许多。道观里善男信女焚香跪拜，虔诚恭敬。香烟缭绕之中，偶尔进出的青袍道士，好似雾里仙人。

出得道观，略向西北而行，拾阶而上，就是陈子昂读书学堂了。陈公学堂在寒风中萧索凄然，很是破败，石柱已经倾斜，上面布满了青苔。看到这种景象，杜甫心中一片悲凉，他深深地为雄才大略的陈子昂生不见用、含冤殒命而伤悼。

"人事有代谢，往来成古今。"看穿人事代谢，明白往来古今，就算一切走远，又有什么可遗憾的呢？是日，杜甫乃作《冬到金华山观，因得故拾遗陈公学堂遗迹》。诗曰：

涪右众山内，金华紫崔嵬。
上有蔚蓝天，垂光抱琼台。
系舟接绝壁，杖策穷萦回。
四顾俯层巅，淡然川谷开。
雪岭日色死，霜鸿有余哀。
焚香玉女跪，雾里仙人来。
陈公读书堂，石柱仄青苔。
悲风为我起，激烈伤雄才。

陈子昂（661—702），字伯玉，梓州射洪人。出生于富豪之家，自幼爱文好武，一心想成为一名侠士。后因击剑伤人，受到家父的严厉责罚，乃入乡学，慨然立志，断门谢客，专心读书，数年之间学问精进。高宗调露元年（679），怀揣经纬之才的陈子昂下渝州，出三峡，北上京都国子监学习。第二年参加科举考试落第后，回金华山继续研读经史百家，两年后，再次入京应试，再次落第。一日，他徘徊长安街头，忽见一老者沿街吆喝："胡琴，上好的胡琴，有知音者快来买啊。"陈子昂上前仔细察看、端详：这确实是一把好琴。便询问卖琴人："要多少钱？"卖琴人索价百万，围观的人面面相觑。陈子昂继续讨价还价，围观的人越来越多，于是陈子昂用一百万钱买下了这把古色古香的胡琴，并当众宣布："明天我在宣阳里酒楼备下薄宴，为大家弹琴献艺。"

第二天，众人云集宣阳里酒楼，一边饮酒，一边听陈子昂弹琴。正当大家沉浸在优美动听的琴声里时，突然，琴声戛然而止。只见弹琴者昂然起身，登台抱拳说道："诸位明公，在下陈子昂，西蜀梓州人士。多年来熟读经书，学涉百家，犹善属文，至今已有诗文策论百余篇，却无人赏识，而手中这把木匠粗活却价值百万。这把琴和在下的百篇策论诗文相比，这琴又算得了什么？！"

说罢，陈子昂将琴高高举起，狠狠摔下；手起琴碎，众人惊愕。他将早已准备好的诗文分送大家，并激昂慷慨地说："只有人才和诗文，这才是国家和社会的无价之宝！"

有了这次宣阳里酒楼的"摔琴"之举，一时间，陈子昂在京城名声大噪。

文明元年（684），二十四岁的陈子昂进士及第，擢麟台正字。永昌元年（689），补右卫胄曹参军。长寿二年（690），擢右拾遗。延载元年（694）九月，陈子昂以军中参谋之职随武攸宜征讨契丹。然武攸宜不晓军事，又无谋略，初战即前军陷没。陈子昂谏武攸宜严立法度，以长攻短，并请求"乞分麾下万人以前驱"，出战沙场，为国立功。武攸宜谢而不纳。过了几天，陈子昂再次进谏，因此激怒武攸宜，被降为军曹。满腔抱负的陈子昂孤独地徘徊于燕北大地。他登楼远眺，感乐生、燕昭之事，泫然涕流，作《登幽州台歌》，悲歌慷慨："前不见古人，后不见来者。念天地之悠悠，独怆然而涕下！"他追述古人，感慨现在，然而像燕昭王那样求贤若渴、礼贤下士的古人已经不在，全诗充满了一种英雄无路的宿命感与孤独感。

杜甫被前辈用事于国的情怀深深感动。然而现实政治却是如此黑暗。东征之后，陈公辞官回乡，结果被县令段简害死狱中，年仅四十二岁。今日凭吊，金华山陈公学堂石柱倾斜，长满青苔，一片荒凉。穷冬烈风，落木萧萧，杜甫临风而立，壮怀激烈，他为陈子昂壮志难酬、最后竟死于小人之手的悲惨命运潸然泪下，"悲风为我起，激烈伤雄才"。子美之伤，何止于子昂，也是伤他自己啊！这或许才是杜甫作此诗的"本旨"。

为纪念"一代文宗"陈子昂，唐代宗大历六年（771），东川节度观察处置等使、户部尚书兼御史大夫鲜于叔明为陈子昂立旌德碑于学堂前（此碑今移立于梧岗山陈子昂"古读书台"大门前）。中唐以后，政局混乱，战争频仍，陈公学堂衰废。宋代射洪县令庞子明在陈公学堂遗址上修建拾遗亭，明初毁坏，成化时，县令郭镗立感遇亭，至清初，上述建筑全部坍塌毁坏。现在金华山陈子昂读书台基本保持清光绪六年（1880）的建筑规模和格局。2006年，陈子昂读书台被国务院公布为"全国文物重点保护单位"。

"文化大革命"前，金华观山门外尚有杜甫手迹石刻华表一对。华表高约五米，右侧华表内侧刻有杜甫手书《冬到金华山观，因得故拾遗陈公学堂遗迹》，外侧刻有《春望》；左侧华表内侧刻有陈子昂《春日登金华观》，外侧刻有《酬晖上人夏日林泉》诗。是为杜甫宝应元年（762）仲冬来射洪留下的亲书手迹。《永乐大典》载，唐僖宗光启三年（887）牛峤入蜀至金华山，作《登陈拾遗书台览杜工部留题慨然成咏》，诗中有云："步出县西郊，攀萝登峭壁。行到蕊珠宫，暂喜抛火宅。……北厢引危槛，工部曾刻石。辞高谢康乐，吟久惊神魂。"牛氏记录了自己在登陈子昂读书台途中，一处靠近悬崖边的石壁上，看到的杜甫手书石刻。站在石刻前，弃官入蜀的牛峤反复吟咏杜甫的诗句，更为杜甫的精湛书法艺术而惊讶、激赏。

石刻字迹瘦硬，笔力苍劲，历史学家范文澜观赏石刻拓片后，确认是"杜甫手迹"，并编入《中国通史》第四卷。1962年，《文物》杂志曾登载该拓片。1976年，香港《书谱》杂志第八期刊载梅萼华《杜甫和书法》一文，附有拓片全件。可惜，这一珍贵的诗碑文物在"文化大革命"初始的1966年被毁。

杜甫游历了金华山陈子昂读书堂的第二日，又来到武东山下，瞻仰陈子昂故宅。据《大清一统志·潼川府》载："陈子昂故宅，在射洪东武东山下。"《方舆胜览·潼川府路》又载："东武山，在射洪县东十里，唐《陈伯玉集》云'陈方庆好道隐于此'有唐朝道观遗址。"此东武山应为"武东山"，陈子昂有《梓州射洪县武东山故居士陈君碑》。武东山在射洪东十里，陈子昂高祖陈方庆好道，得《墨子五行秘书》《白虎七变法》，遂在此隐居修道，其后辈便世居于此。

　　冬日的阳光从天空投射下来，武东山烟霏云敛，寒烟惨淡，陈子昂故居就坐落于此。当年，陈公虽然官止于右拾遗，爵卑位低，但是能谏武后为王之事，其诗文之才，上继《骚》《雅》，明哲之匠亦不敢与之比肩并立。虽然他与扬雄、司马相如处于不同时代，但其名不减，一样可与日月同辉，而与伯玉同游之士，多为当时掌持辅佐大权之人。

　　杜甫目睹陈公故宅尚还洁白的壁照上，当年赵彦昭、郭元振同游陈府的留题草书，依然翩若惊鸿，宛若银钩；而郭元振、赵彦昭他们后来都做了皇帝的肱股之臣。可怜的陈伯玉，却因诋毁武后、"指斥乘舆""无人臣之礼"等罪名下狱，最后被射洪县令段简害死狱中。

　　杜甫再一次陷入深深地悲痛与思索之中。回到客馆，他的心情仍然不能平静，提笔写下了《陈拾遗故宅》诗。诗作对陈子昂的文学成就和政治胆略给予高度评价和赞扬，并预言其诗文必将与日月同在，其儒道"忠义"必将千古共仰：

拾遗平昔居，大屋尚修椽。
悠扬荒山日，惨淡故园烟。
位下曷足伤，所贵者圣贤。
有才继骚雅，哲匠不比肩。
公生扬马后，名与日月悬。
同游英俊人，多秉辅佐权。
彦昭超玉价，郭振起通泉。
到今素壁滑，洒翰银钩连。
盛事会一时，此堂岂千年。
终古立忠义，感遇有遗篇。

　　前四句大意："陈公的故居，屋宇高大，依然完好如昔。荒山寒日，陈公故里弥漫着萧索惨淡的气氛。"描写陈公故园荒山、景色惨淡，为下文俱伤陈子昂命运营造出萧瑟悲凉的气氛。

接着六句称赞陈子昂才名过人："陈子昂的官位虽然低下（右拾遗，从八品下），但是对他来说这并没有什么影响，因为他实践了儒家的生命价值观，对社会和历史做出了贡献，具有历代圣贤的高尚品德和超凡才智。他的诗文继承了《诗经》《楚辞》的优良传统，就是一些负有盛名的同时代作家，也不能与他比肩而立，并驾齐驱。陈公虽然出生在扬雄、司马相如之后，但是其才名同他们一样，与日月同辉，名垂不朽。"卢藏用在《陈子昂别传》中说："（子昂）经史百家，罔不该览，犹善属文，雅有相如子云之风骨。初为诗，幽人王适见而惊曰：'此子必为文宗矣。'"《新唐书·陈子昂传》也说："唐兴，文章承徐、庾余风，天下祖尚，子昂始变正雅。初为《感遇》诗三十八章，王适曰：'是必为海内文综。'"

陈子昂的诗文理论及其革新求变的精神，在新的历史时代，仍然值得含弘光大。2020年，陈子昂被评选为四川第二批历史名人，杜甫对陈子昂"名与日月悬"的评价，成为了历史的谶语。

陈子昂所结交的，都是才智卓越、俊乂超群、执掌权柄的重要官员。拾遗在故乡时，常与赵彦昭、郭元振交往，入京后，则与朝中大臣、诗人陆余庆、王无竞、房融、卢藏用等成为好朋友；他们可都是美玉韫椟、待价而沽的优秀人才。陈拾遗故宅屋壁上至今保留有赵彦昭与郭元振的草书留题，翰墨挥洒，银钩牵连。陈贻焮："《碑目》载陈子昂故宅有赵、郭题壁。这题壁据老杜的描绘'洒翰银钩连'，知是草书。"

赵彦昭，字焕然，甘肃张掖人。少豪迈，风骨隽爽，及进士第，调为南部（今四川省南部县）尉。中宗景龙中，累迁中书侍郎，同中书门下平章事。后因参与平息太平公主叛乱有功，迁刑部尚书，封耿国公。郭元振，以通泉〔元世祖至元二十（1283）年并入射洪县〕尉起家，受武后赏识，历官凉州都督、安西大都督护、太仆卿，官至宰相。后因诛杀太平公主有功，进封代国公。真可谓"谈笑有鸿儒，往来无白丁"也。赵、郭二人与子昂同游，并登府题壁，应该是二人分别担任南部和通泉县尉时。

最后四句是诗人面对遗迹的感慨："盛事已往，此宅终将会在历史的烟云里湮灭，但是陈子昂先生的忠肝义胆必将矗立千古，以《感遇》篇等为代表的诗文著作，一定会百世流芳，代代相传。"

明末清初思想家、诗人李子德说，此诗乃"悲壮之篇，足为陈公吐气"。此言不差，作为文学家，陈子昂在《修竹篇序》中大声疾呼："文章道弊，五百年矣。汉魏风骨，晋宋莫传。"他反对齐梁以来的华靡诗风，是他让齐梁宫体诗进入末路，开启了唐诗绚丽、辉煌、大气的帷幕。他创作的《感遇》三十八首和其他名篇，大多词意激昂，风格高峻，或讽喻现实、批评时政，或感伤身世、抒发豪情，具有强烈的时代感和鲜明的政治倾向。他的诗歌创作的理论与实践，为盛唐诗歌的发展清除了路障，开辟了道路，对李白、杜甫、韩愈、白居易等一大批著名诗人产生了重要影响。所以杜甫称赞他"有才继骚雅""感遇有遗篇"，韩愈更言："国朝盛文章，子昂始高蹈。勃兴得李杜，万类困陵暴。"（《荐士》）

由于陈子昂在武周朝为官，又有《上大周受命颂表》《大周受命颂》和《请追上太原王帝号表》，被指斥为"诡诞不经""不知世有节义廉耻"的"小人"，连《新唐书》本传也认为陈子昂"说武后兴明堂太学"等建言是"以王者之术勉之，卒为妇人诎侮不用，可谓荐圭璧于房闼，以脂泽污漫之也。瞽者不见泰山，聋者不闻震霆，子昂之于言，其聋瞽欤"。

我作为陈子昂的家乡人，从小听到的顺口溜，也是对陈子昂的不尊重，这一定是基于上述原因。而一千多年前，杜甫通过实地走访，参读陈子昂著作，对其做出了"终古立忠义"的旷世评价，在当时可谓振聋发聩，胆略过人。伟哉，杜甫！大哉，杜甫！

杜甫在射洪期间，还慕名去拜访了上方寺高僧文公。据光绪《潼川府志》记载，射洪县北门外有上方寺，"唐有释氏文公颇知名，杜甫尝谒于此，赠之以诗"。现在，射洪市金华镇北门外的上方寺仍然古庙犹存，香火缭绕。

唐代佛、道并重，佛教、道家发展兴盛，文人士子，颇亲佛、道。杜甫生活的时代正是佛教发展的巅峰时代，各宗各派独立发展，高深大德辈出。杜甫从小耳濡目染姑姑拜佛诵经，一生倾心佛教，且颇具佛缘，喜欢游寺访僧，求法参禅。少年时代游历吴越，在江宁结识了旻上人，一段时间，他与旻上人作诗下棋、寻竹泛船。在长安时，与大云寺住持赞上人交契深厚，入蜀后几乎有寺必访，并且只要时间许可，僧侣不拒，他总是愿意走进佛堂听法诵经，梓州的牛头寺、惠义寺、兜率寺等等寺庙都留下了他的足迹。晚年的杜甫虽未皈依佛门，但常常用佛教来协调其生活与心理。

文公虽然名不见经传，但也是当地一位得道高僧。杜甫便挑选了一个良辰吉日，专程拜谒。拜谒文公后，他作《谒文公上方》诗，这是一篇体现杜甫佛教思想的重要诗篇：

野寺隐乔木，山僧高下居。
石门日色异，绛气横扶疏。
窈窕入风磴，长萝纷卷舒。
庭前猛虎卧，遂得文公庐。
俯视万家邑，烟尘对阶除。
吾师雨花外，不下十年馀。
长者自布金，禅龛只晏如。
大珠脱玷翳，白月当空虚。
甫也南北人，芜蔓少耘锄。
久遭诗酒污，何事忝簪裾。
王侯与蝼蚁，同尽随丘墟。
愿闻第一义，回向心地初。
金篦刮眼膜，价重百车渠。
无生有汲引，兹理傥吹嘘。

此诗前八句状写上方寺的景象，"为文公生色"（汪灏语），颇有敬意。大意为："步出县城，远远望去，上方寺隐没于生长着高大乔木的山野之中，庙宇依山而建，僧房高低错落。来到巨石筑成的山门前，只见日色照耀，赤霞萦绕，回旋飘逸。沿着石阶向上攀登，山风吹拂，道路两旁长长的藤萝纷纷舒卷摆动，上方寺显得幽深邈远。眼见猛虎卧庭之处，文公的禅房庐舍便到了。""庭前猛虎卧"，用《高僧传》中庐山西林寺高僧惠永驯虎的典故，比喻文公的法力神通。

接着八句称赞文公德业高深，心地渊洁："站在文公的庐舍前俯视，邑里万家，尘世烟火与山寺庭阶相连。上方寺与尘世近在咫尺，但文公专注讲经说法，天雨诸花，已经十多年不下山化缘了。即使有善施长者，布金延请，文公依然安居禅室，不为所动。文公的禅心、心性如摩尼宝珠，即使投之浊水也仍然光洁清净，不为垢秽所染；又如满月当空，圆明长夜。"

末十二句抒写诗人拜谒之后的悔悟以及皈依佛门的意愿："我杜甫居无常地，东西南北四处漂泊，心灵杂芜丛生又缺少耕耘，况且长久以来嗜酒好吟，遭受诗酒的污染，也没有能力忝列于士大夫之列。不过人生在世，无论你贵为王侯，还是贱如蝼蚁，最终都会同归于一抔黄土。因此，我愿意听闻佛教最上最深的妙理，发心修行，重拾初心。让佛法的金篦刮去我昏愚无知的眼膜，只要能找回光明，它的价值就比百车的宝玉还要珍贵。要领会佛教生灭变化、众生虚妄之真理，还望文公从旁开导、吹拂相助，或许能成正觉。"这一大段用了许多佛教典故，乃杜公独步也。

宋代苏轼对诗中"王侯与蝼蚁，同尽随丘墟。愿闻第一义，回向心地初"甚为称道，并以此推知，"乃知子美诗外尚有事在也"，赞叹杜甫不只是一个单纯的诗人，而且有政治家的眼光。而王嗣奭则认为苏东坡是浅陋之见，"王侯与蝼蚁同尽，不过袭庄列语；'愿闻第一义'，亦禅门常谈"，又说"余读公诗，见道语不一而足，而公亦不自知也，非以学佛得之。平生饥饿穷愁，无所不有，天若有意锻炼之；而心动忍性，天机自露，如铁以百炼而成钢，所存者铁之筋也，千年不磨矣"，强调杜甫对人生哲理的领悟主要得益于他自己人生的历练与挫折，而不是源于学佛。

射洪城北二里有一处石镜寺，杜甫多次游览，并作《经石镜寺》以记之：

> 昔日朱轮守，经过野寺家。
> 壁间留墨迹，泉下隔年华。
> 云去空雕树，风来卷碧沙。
> 江山虽似画，每到动吁嗟。

《古今图书集成·职方典·潼川州部》记载："石镜寺，在射洪县北二里。"嘉庆《四川通志》说，石镜寺建于唐代，经历坎坷，几经兴废。宋淳熙年间复建，明成化三年（1467），僧继圆于草莽中拾到一块古碑，文字大半漫灭，唯存一诗（即此诗）。《古今图书集成·职方典·潼川州部·艺文三》和近年巴蜀书社出版的《三台诗词全集》均收录了这首杜诗。

宝应元年（762）仲冬，杜甫在射洪期间，还结识了一位他尊敬的长者李明甫。李明甫，家族排行老四，杜甫称他"李四丈人"。初次见面，杜甫便被李老先生开朗豁达的性格和爽直的为人所吸引，两人很快成了意气相投、无话不说的好朋友。逗留射洪期间，杜甫常到李老先生家做客。他们一起感叹国家的承平与战乱，一起感伤个人命运的蹭蹬。杜甫还开诚布公地向李四丈人谈起了自己准备挂席东征的打算与烦恼："眼下战乱未平，路途遥远，也无川资路费，再说现在下峡，谁又能保证一家人的安全呢？"杜甫的苦恼，李四丈人十分理解，也表示十分同情。

临别时，杜甫作诗《奉赠射洪李四丈》，向李四丈人辞别。诗说：

> 丈人屋上乌，人好乌亦好。
> 人生意气豁，不在相逢早。
> 南京乱初定，所向邑枯槁。
> 游子无根株，茅斋付秋草。
> 东征下月峡，挂席穷海岛。
> 万里须十金，妻孥未相保。
> 苍茫风尘际，蹭蹬骐骥老。
> 志士怀感伤，心胸已倾倒。

诗题原有诗人自注："李四，字明甫。"诗题中的"丈"，即丈人，这是古时候对老年男子的尊称。孔颖达曰："丈人，谓严庄尊重之人。"

这首诗前四句如歌谣谚语，叙述二人相见虽晚，却一见如故，意气相投的情形。诗的开头，杜甫就有了一个"爱屋及乌"的典故，表达对李老的喜爱。次叹徐知道之乱，成都草堂不能再居，只有付之秋日荒草；欲出三峡，又苦无十万川资的苦愁。诗尾四句：处在无边无际的苍茫风尘之中，诗人以蹭蹬失势，且日渐衰老的"骐骥"自喻，以壮志在胸的"志士"谓李四丈人。一蹭蹬，一感伤，怀感同志之情，故二人一见而心已倾倒，依照应"人生意气豁，不在相逢早"。

# 七、此行叠壮观

为了排遣客愁、凭吊先贤，杜甫在射洪勾留了一段时间后，并没有立刻返回梓州，而是只身去了通泉县（治所在今四川省射洪市洋溪镇）游览。

通泉县，始设于萧梁时期，属西宕渠郡；西魏恭帝时，改西宕渠郡为涌泉郡，通泉县改名涌泉县，为郡治。隋开皇三年（583），又为通泉县。元世祖至元二十年（1283），通泉县因"兵后地荒"，并入射洪县，隶属潼川府。

杜甫的纪行诗《早发射洪县南途中作》，详细地叙说了自己衰病穷困之年跋涉道路的艰苦，对射洪到通泉沿途的风景也进行了较为仔细的描述：

> 将老忧贫窭，筋力岂能及。
> 征途乃侵星，得使诸病入。
> 鄙人寡道气，在困无独立。
> 俶装逐徒旅，达曙凌险涩。
> 寒日出雾迟，清江转山急。
> 仆夫行不进，驽马若维絷。
> 汀洲稍疏散，风景开怏悒。
> 空慰所尚怀，终非囊游集。
> 衰颜偶一破，胜事难屡挹。
> 茫然阮籍途，更洒杨朱泣。

杜甫从射洪县到通泉县，没有选择走涪江水路坐船顺流而下，而是选择了走陆路，跟随一帮人一起早起赶路。他不是非要做一名老年"背包客"，或者做一名时尚"驴友"，而是囊中无钱，穷难自立，只好整理行装，搭伴而行。年轻的时候，他畅游吴越放荡齐赵，不需要考虑这个问题。老之将至却要为贫穷焦虑起来，关键是精力也大不如当年。这大冬天，星星还挂在天上就要赶早出发，冒犯霜露，最容易使各种疾病乘虚而入。披星戴月启程，在天快亮的时候，一路人已经冒险走过了一段艰难的路程。

浓雾不散，太阳迟迟不能出来；涪江随山而转，湍急的江流奔腾远去。挑担的仆夫已累得走不动了，蹩脚的马儿像被人捆住了双腿，停滞不前。这路真是难走啊！

终于云开雾散，道路平坦，看见江中洲渚，开阔空旷，这美丽的风景让人心情舒畅。游山玩水，吟风弄月，本是诗人的喜好，如今体衰人老，眼前的美景只能换来对他一时的慰藉；这样的行旅终归不能与从前的游兴相提并论，不过也可以使老杜满面的愁容偶然一破。只恐怕这样的胜景，以后难以常常见到；如今诗人身在困途，以致东西南北，居无定所，杨朱泣路，岂能免乎？

末句"茫然阮籍途，更洒杨朱泣"，兼用两典。《晋书·阮籍传》载，阮籍"率意独驾，不由径路，车迹所穷，辄恸哭而返"。《淮南子》："杨子见逵路而哭之，为其可以南，可以北。"又《荀子·王霸》："杨朱哭衢途曰：'此夫过举跬步而觉跌千里者乎。'哀哭之。"可见此时的杜甫已陷入穷途末路、不知所适的极度苦楚之中。

射洪县到通泉县八九十里的路程，可以坐船顺江而下，也可以走旱路，沿江而行下。我的老家就在涪江之滨，记得小时候上三台、下射洪一般都不坐船，喜欢沿江而行，虽然道路崎岖难行，但沿途风景可嘉，止息自由，痛并快乐着，也是一种人生体验。

杜甫骑了一匹蹩脚驿马到通泉（凭着杜甫与李梓州的这层关系，射洪县令对杜甫的这个小小要求，应该满足的），有仆从跟着，射洪县衙门对他也是够照顾的了。

"鸡声茅店月，人迹板桥霜"。古人习惯早起赶路，杜甫也是天刚蒙蒙亮就起床整理行装，随着早起赶路的人流，爬坡上坎，渡河涉险，直到中午时分，江雾才完全散开，眼前汀州开阔，冬景亦佳，始得一展愁容，沉郁的心情也才略有好转。

射洪去通泉，路虽不远，但道路曲折崎岖。中午过后，杜甫才到达距离县城大约十五里的通泉驿。此处有佳山水，俗号"沈家坑"。《太平寰宇记》载，通泉县有通泉山，东临涪江，绝壁二十余丈，水从山顶涌出，下注入涪江，风景优美。

县城近在眼前，人困马乏，就地就餐休息。杜甫便驻马驿站，欣赏山水。轻烟缭绕的江畔，城郭隐约可见。远山寂寞，奔流的涪江河水，在冬日的照耀下，润泽漫延，闪着金光。这夕阳下的美景，让山川顿时显得绮丽壮观。面对异方的佳山丽水，杜甫忽然又动了乡关之思，作《通泉驿南去通泉县十五里山水作》：

> 溪行衣自湿，亭午气始散。
> 冬温蚊蚋集，人远凫鸭乱。
> 登顿生曾阴，欹倾出高岸。
> 驿楼衰柳侧，县郭轻烟畔。
> 一川何绮丽，尽日穷壮观。
> 山色远寂寞，江光夕滋漫。
> 伤时愧孔父，去国同王粲。
> 我生苦飘蓬，所历有嗟叹。

诗的大意是："一大早抄小路沿溪而行，衣服被浓重的雾气浸润得湿漉漉的，直到中午，雾气才渐渐散去。蜀中气候温暖，仲冬时节，道路两旁、枯草丛中成团的蚊虫飞来飞去；这里人烟稀少，溪边、洲渚的各种水禽，见有人经过，仿佛受到了惊吓，扑棱着翅膀乱成一片。

路随江转，爬坡上坎，河岸忽高忽低，崎岖难行。直到层层阴云散尽，才终于看到驿站小楼。走近一看，驿楼矗立在一片衰柳的旁边，远处郊郭之畔轻烟缭绕，缥缥缈缈。临江而立的通泉山，绝壁悬崖，高二百余丈，一泓瀑布从山顶凌空而下，直入涪江，气势恢宏，绮美壮观，涌泉县（后为涌泉郡治）便由此得名。一日的旅程，真是穷尽了涪江冬季各种各样的壮丽景色啊！

纵目远瞻，远山悠然；夕阳映照，波光粼粼。感伤时局，顿生孔子叹凤泣麟之悲；触景伤情，乃有王粲去国远游之念。我这一辈子，命苦漂泊，所经所历，总是叫人无比忧伤与感叹。"

看来，绮丽壮美的山川，并没有舒缓杜甫的感时忧国与居无定所的惆怅心情。如今，渐入老境的他衰病漂泊，其心境如这冬日的涪江之水，漫漶、冰冷。无限江山，孤身一人，心中的悲苦又能向谁倾诉？唯有一声长叹。

到达通泉县后，杜甫向姚通泉报了到，在客馆里住了下来，闲暇无事就四处游览、参观。

杜甫这次来通泉县，大概是专程为拜谒代国公郭震而来。郭震，字元振，魏州贵乡（今河北邯郸大名县）人。少有大志，十六岁入太学，十八岁举进士，为通泉尉。为人任侠使气，武后受元振右武卫铠曹，进奉宸监丞。睿宗继位，郭元振征拜太仆卿，加银青光禄大夫，一直做到同中书门下三品。先天二年（713）七月，参与玄宗诛杀太平公主立下大功，被封代国公兼御史大夫，持节为朔方大总管。郭元振著《定远安边策》并流传后世。

郭元振是杜甫心目中遇事能当机立断、关键时刻敢于挺身护主的英雄豪杰。半个多世纪过去了，通泉县衙仍然保存着郭元振做县尉时住过的老屋，杜甫就前往凭吊。他对代国公卓尔不群、肃清萧墙之乱的政治眼光与卓著功勋赞叹不已，回到寓所，作《过郭代公故宅》：

豪俊初未遇，其迹或脱略。
代公尉通泉，放意何自若。
及夫登衮冕，直气森喷薄。
磊落见异人，岂伊常情度。
定策神龙后，宫中翕清廓。
俄顷辨尊亲，指挥存顾托。
群公有惭色，王室无削弱。
迥出名臣上，丹青照台阁。
我行得遗迹，池馆皆疏凿。
壮公临事断，顾步涕横落。
高咏宝剑篇，神交付冥漠。

这首诗,前四句写郭元振早年的脱略不拘。《新唐书·郭震传》载,郭元振行为特出,十六岁与薛稷、赵彦昭为太学生。有一天,家里给他送来了生活杂费,这时,恰巧有一个身着缞服的人前来敲门,自称家里五代人都没有像样地安葬过,希望郭元振能借钱给他办理丧事。郭元振倾囊相助,把钱全部借给了他,连字据姓名也没有留下。薛稷等太学同学被他的举止吓了一大跳,并对其豪迈慷慨的行为叹服不已。又载,他担任通泉县尉时,任侠使气,不拘小节,曾经盗铸钱币,贩卖人口,以所得财物馈赠宾客。则天皇后得知此事,把他召入宫中诘问,交谈之中,论及时政,出言不凡,武则天甚为惊奇,便叫他拿出自己的文章来看,于是郭元振呈上《宝剑篇》。则天皇后看后,大加赞赏,诏示李峤、阎朝隐等人传阅,并破格提拔郭元振为右武卫铠曹参军,进奉宸监丞。所以,杜甫以"豪俊""脱略""放意",写代国公未遇之时的率性行为。

接下来十二句陈述郭元振一生的重要功绩。代国公这样的稀世俊杰,岂是你我之辈以常情所能预料得到的?其一旦登朝为官,正气森严,气势激荡,奋发有为。他出使吐蕃,献缓兵离间之策,稳定边疆。长安元年(701),任凉州都督、陇右诸军州大使。中宗神龙年间,迁左骁卫将军、兼检校安西大都护,睿宗立,召太仆卿。景云二年(711),进同中书门下三品,即为宰相。先天二年(713),为朔方军大总管,筑丰安、定远城,以强边防。神龙以来,太平公主擅宠结党,谋废玄宗,朝中大臣皆阿谀顺从,唯有郭元振廷争不受。先天二年(713)七月,元振参与玄宗诛杀太平公主,亲自率兵保护睿宗,在中书省宿卫十四夜。诗中以"俄顷辨尊亲""群公有惭色""王室无削弱"等句写代国公的果断决绝和霹雳手段。他廓清王室、重振朝纲的功绩,远超同时代名僚,他的丹青画像,当然有资格悬挂于凌烟阁上,供后世敬仰。

杜甫顾步于郭公遗址,抚摸、辨识着纪念馆里的一草一木,一砖一瓦。他一边走,一边看,一边回想着郭代公忠贞智勇的壮士气魄,不禁感慨万千。

"君不见昆吾铁冶飞炎烟,红光紫气俱赫然。良工锻炼凡几年,铸得宝剑名龙泉。龙泉颜色如霜雪,良工咨嗟叹奇绝。琉璃玉匣吐莲花,错镂金环映明月。……何言中路遭弃捐,零落飘沦古狱边。虽复尘埋无所用,犹能夜夜气冲天。"杜公用他苍凉、战栗的中原音腔，高声吟诵着郭震的《宝剑篇》，仿佛冥冥之中与心投意合的英雄在亲切交谈。

在射洪，杜甫带着我们认识了"一代文宗"陈子昂，在通泉他又让我们认识了一位特立独行的官员郭元振。接下来，就让我们跟随杜甫的脚步，去鉴赏唐代画家、书法家薛稷的书画珍品吧。

薛稷，字嗣通，蒲州汾阴（今山西万荣县）人。隋朝著名诗人薛道衡的曾孙。因其官至银青光禄大夫、礼部尚书，封晋国公，加赠太子少保，故人称"薛少保"。他的外祖父魏征家藏有不少虞世南、褚遂良的书法珍品。他精勤临仿，遂以擅书法名满天下，其画亦堪称绝品。后人把他与欧阳询、虞世南、褚遂良并称为"唐初四大书法家"。同时，他善绘画，长于人物、佛像、树石、花鸟，画鹤尤为生动，时称一绝。

在游览通泉县的惠普寺时，杜甫见到了薛稷题写的"惠普寺"三个大字匾额，又仔细欣赏了佛寺墙壁上薛少保画的西方诸佛画像。兴奋之余，作《观薛稷少保书画壁》：

少保有古风，得之陕郊篇。
惜哉功名忤，但见书画传。
我游梓州东，遗迹涪江边。
画藏青莲界，书入金榜悬。
仰看垂露姿，不崩亦不骞。
郁郁三大字，蛟龙岌相缠。
又挥西方变，发地扶屋椽。
惨澹壁飞动，到今色未填。
此行叠壮观，郭薛俱才贤。
不知百载后，谁复来通泉？

杜甫在诗中说："我过去读薛少保的'陕峡篇'，就知道他的诗自然质朴，沉郁哀伤的音调中，透露出一种隽爽刚健，古风犹存。令人遗憾的是，少保大人明知太平公主与窦怀贞潜结凶党，密谋政变，而知情不报，招致不测之祸，功名违忤，被赐死于万年狱，时年六十五岁。实在是可惜他功名不终，如今只有书画作品还得以流传。

我此次游览梓州东南涪江岸边的通泉县惠普寺，看到了薛少保的书画真迹。他的画作保留在佛寺墙壁上，当年的题字高悬于黄金装饰的寺庙门额。抬头仰望，'惠普寺'三个大字，文采郁郁，字的笔体结构如蛟龙相缠；其劲瘦媚丽，如悬针而势，而婀娜之态又如浓露之垂。几十年过去了，不骞不崩，还完好如初。

进入庙堂，我又欣赏了薛少保挥毫泼墨所作的西方诸佛变相画。壁画自地而起直到屋椽，占据了整整一面墙壁。虽然庙堂里光线暗淡，但是仍能看到画面栩栩如生，有飞动之势；时至今日，变相图画粉壁墨绘，颜色未填。"

最后，诗人由衷感叹："这回通泉之行，既目睹了郭震故宅，缅怀了先辈的丰功伟绩，又观赏了薛稷的书画作品，真可谓精彩迭出，蔚为壮观。试想，再过一百年，还有谁再来通泉凭吊先贤？他们即使来到这里，还看得到这些前代书画遗迹吗？"身处乱世，诗人难免多愁善感。

在通泉县，让杜甫大饱眼福的还有署衙后屋壁薛稷所画《群鹤图》。薛稷画鹤的成就很高，影响也很深远。《历代名画记》载，薛稷犹善画鹤，"屏风六扇鹤样，自薛始也"。"样"，即画图的范本。薛稷能创立出为社会和画界广泛接受的范本，足以证明他在画史上的重要地位。薛稷的鹤画作品有《啄苔鹤图》《顾步鹤图》《戏鹤图》等，都是卷轴画，另有画鹤壁画多处，如唐秘书省、尚书省考功员外郎厅、成都府衙院两厅、通泉县署等，皆精妙绝伦。

下面，我们就从杜甫诗作《通泉县署屋壁后薛少保画鹤》中一赏薛稷的《群鹤图》吧：

> 薛公十一鹤，皆写青田真。
> 画色久欲尽，苍然犹出尘。
> 低昂各有意，磊落如长人。
> 佳此志气远，岂惟粉墨新。
> 万里不以力，群游森会神。
> 威迟白凤态，非是仓鹒邻。

>　　高堂未倾覆，常得慰嘉宾。
>
>　　曝露墙壁外，终嗟风雨频。
>
>　　赤霄有真骨，耻饮洿池津。
>
>　　冥冥任所往，脱略谁能驯？

晋《永嘉郡记》：沐溪野，去青田九里，有一对白鹤，年年生子，幼鹤长大便离开，只余父母一双在原地，精白可爱，多云神仙所养。所以仇兆鳌说："（老杜）此从画壁生慨。壁经风雨，在画鹤终当灭迹。然看赤霄冥举，即真鹤有时遁形。凡物皆当旷观矣。"

杜甫仔细观赏着薛少保的壁画，不禁感叹："薛公所画的这十一只鹤，都是青田的仙鹤写真啊！其成画的年代虽然久远，画面的颜色几乎曝落殆尽，但苍茫的壁画仍然超凡脱俗。壁画中这十一只鹤栩栩如生，情态各异，它们或低首阔步，或振翅欲飞，仪态英奇，每一只都似仪表俊伟的君子。少保所画之鹤，超凡脱俗，志气高远，欣赏者怎么会在乎粉墨的新丽啊！"

接着又说："仙鹤之翔，万里之遥，对它们来说毫不在乎；一旦结伴而游，则森然会神。它们翩然飞翔的仪态，就像传说中的白色凤凰，绝对不是叽叽喳喳的黄鹂鸟可与之相提并论的。"

最后说："通泉县最初的署衙厅堂已废弃不用，少保画鹤的屋壁尚未倾覆，鹤图犹存，常常让前来观赏的贵宾一饱眼福。可是，壁画长年累月露于墙壁之外，日晒雨淋，这令人十分担心；担心有一天这一群青田仙鹤，耻于渴饮污泥浊水，一飞冲天，消失于云霄之外。不过，那幽远无际的天空，才可以任它们自由翱翔；其脱略不羁的秉性，又有谁能使它们拘束、顺从？"

杜甫从壁画群鹤之"凤态""真骨"和"脱略"不驯的异常神韵和性格中，仿佛看到了自己的影子。南宋学者蔡梦弼说："甫为朝廷斥逐，泛泛然任其所之，岂非群鹤脱略尘俗之比乎？"杜甫在诗中"赤霄有真骨，耻饮洿池津。冥冥任所往，脱略谁能驯"的感叹，不仅仅是为画中之鹤感叹，也是在为自己的不幸命运感叹，为天下所有的落拓之士感叹。

杜甫这次梓州东南行，不只是周游览胜，更主要的是为凭吊先贤、观赏真迹而来，可谓收获颇丰。他在射洪凭吊了陈公子昂遗迹，见到了郭元振、赵彦昭的题壁；在通泉参观了郭元振做通泉县尉时的旧居，欣赏了薛少保的书、画真迹，真可谓"此行叠壮观"。

杜甫游历通泉期间，正值年末岁尾，恰巧王侍御到通泉县对官员们进行一年一度的官箴政绩考课、纠举。到了唐代，中央政府对各级、各职官员已经形成了一套相对完备的考核与奖惩制度，一般是一年一小考，四年一大考。考核结果与官员的增奉、升官、赐爵、休假或者降奉、贬官、免官、治罪挂钩。

王侍御即杜甫在成都的朋友王抡。王抡，籍贯不详。初为县尉，天宝中，任监察御史、大理司直。大历元年（766），卒于彭州刺史任上。

上元二年（761），王抡曾经跟高适数次携酒到浣花溪草堂看望杜甫，与之共饮、赋诗。两年以后，他还将与杜甫一道供职严武幕府中。

王侍御刚到通泉，杜甫即被姚通泉邀请参加县衙在通泉城东东山野亭为王侍御举行的欢迎宴会。

在风光如画的东山野亭，杜甫不知是想起了去年冬蜀州刺史高适领着王侍御携酒到草堂来看望生病的自己，三人海阔天空畅谈时事、饮酒赋诗于草堂的情景，还是因为面对江水东流，触景生情，顿觉时光抛人，漂泊之感、乡关之思油然升起，于是作《陪王侍御宴通泉东山野亭》：

> 江水东流去，清樽日复斜。
> 异方同宴赏，何处是京华？
> 亭景临山水，村烟对浦沙。
> 狂歌遇形胜，得醉即为家。

全诗大意是："涪江之水不停地东流而去，酒宴上的时间过得真是快，转眼之间又是夕阳西下了。我们虽一同宴饮赏乐，却身在异乡；举目山河，何处才是我日思夜想的京华圣地？野亭景致依山临水，浦沙对岸炊烟袅袅，面对这样的良辰美景，我就应该开怀畅饮，放声歌唱；只要能让我欢歌一醉的地方，就是我可爱的家乡！"

结尾句"得醉即为家"，赵汸说："结以旷达自释，盖羁旅之极感也。"不过，我还是觉得王嗣奭分析得好，他说："'得醉即为家'是苦语,因无家而发,与'何处是京华'相应。"诗人异乡漂泊的苦楚、无家可归的愁怨,尽在其中;当然这里也有诗人的一种暂时的自我慰藉。谁又能说酒不能浇愁呢?

王侍御在通泉期间,杜甫不仅陪酒陪宴,好多时候还要陪王侍御四处观光游览。

考绩工作结束前,王侍御在通泉县风景名胜东山举行答谢宴(买单的人,当然是姚通泉),感谢多日来姚通泉对考核组一干人员的盛情款待与工作配合。杜甫也在应邀之列。后来,他将自己参加这场答谢宴的所见所感,俱汇于一首《陪王侍御同登东山最高顶宴姚通泉,晚携酒泛江》的诗中:

姚公美政谁与俦?不减昔时陈太丘。
邑中上客有柱史,多暇日陪骢马游。
东山高顶罗珍羞,下顾城郭销我忧。
清江白日落欲尽,复携美人登彩舟。
笛声愤怨哀中流,妙舞逶迤夜未休。
灯前往往大鱼出,听曲低昂如有求。
三更风起寒浪涌,取乐喧呼觉船重。
满空星河光破碎,四座宾客色不动。
请公临深莫相违,回船罢酒上马归。
人生欢会岂有极,无使霜露沾人衣。

杜甫在通泉期间承蒙姚县令的接待,自己又无力答谢,自然要对姚县令多多美言。所以,诗一开头就夸耀姚通泉政绩突出,当今县令无人能比,其行事作风堪比作修德清静,让老百姓安居乐业的东汉地方官陈太丘长(即东汉名士陈寔)。又把"邑中上客"王侍御,比作东汉景帝时期不畏强权,敢于秉公执法,常乘骢马出行的桓典。

这一场答谢宴,规格之高,排场之大,筵时之长,恐怕在通泉县的接待史上也算绝无仅有吧。

全诗大意:"东山高宴,珍馐美味,罗列席间,大快朵颐;下瞰城郭,清江落日,满眼风光,可消忧愁。东山顶上的宴会结束,主人、宾客又'复携美人登彩舟'，下山去到江潭边。笙簧曼舞，歌姬婀娜，浪笑取乐之声让三更寒浪哀怨悲愤；舞裙飞动，曼妙连绵，忸怩之态使满河星光摇曳破碎。直到夜深人静，满船宾客还兴致甚高，毫无倦意。

在座各位大人，请不要违背了'孝子不登高，不临深'的古训，还是赶快掉转船头回家吧。人生欢乐的聚会，是没有终极的！不要因为沉湎游宴而招致祸端。"

杜甫之所以被称为"圣"，除了其集大成的诗歌艺术成就之外，他自己在任何时候都能恪守为官为人底线也是一个重要因素。唐朝对各级各类官员有一套基本的规范要求，也是考核其"德、能、勤、绩"的基本标准，这就是"四善二十七最"。"四善"，一曰德义有闻，二曰清慎明著，三曰公平可称，四曰恪勤匪懈。"二十七最"，有"一曰献可替否，拾遗补阙，为近侍之最；……三曰激浊扬清，褒贬必当，为考校之最；……十四曰礼仪兴行，肃清所部，为政教之最……"等二十七条。最后根据各条各款的考核打分，综合确定官员年度或者任内等次，一最四善为上上，一最三善为上中，以此类推，背公向私，职务废阙，为下中，居官饰诈，贪浊有状，为下下。朝廷根据考核结果进行褒奖提拔，或者革职查办。

从杜甫的这首应酬之作中，我们可以看到安史之乱后，唐朝社会封建官场的腐败与吃喝玩乐之风十分盛行，这大概也是李唐王室逐渐式微的原因之一吧。

# 八、"戏为绝句"创新体

在射洪、通泉盘桓了一些日子,眼见又是岁末,杜甫便回到梓州与家人团聚,准备迎接新年。

刚回梓州,剑外便传来了自己的超级偶像李白"遇赦东还",目前正在当涂养病的消息。

李白,字太白,号青莲居士,唐代伟大的浪漫主义诗人。李白主要生活在玄宗、肃宗两朝,思想上儒道相糅,侠义纵横兼而有之,"安社稷""济苍生""功成身退"是他的终极政治理想并为之奋斗了一生,但是,最终也未能实现其理想抱负。

天宝三年(744)四月,在东都洛阳为"义姑"服丧完毕的杜甫,与刚被玄宗"赐金放还"的李白在洛阳的某个社交场所相遇相识了。这一年,李白四十四岁,杜甫三十三岁。而此时的李白早已诗名远播,光芒四射,"白也诗无敌,飘然思不群。清新庾开府,俊逸鲍参军"。杜甫对李白名声与诗才的仰慕如长江之水,奔涌而来。

对于8世纪两个不朽灵魂的相遇,闻一多先生是这样为我们再现的:"我们应当品三通画角,发三通擂鼓,然后提起笔来蘸饱了金墨,大书而特书。因为我们四千年的历史里,除了孔子见老子(假如他们是见过面的),没有比这两个人的会面更重大,更神圣,更可纪念的。我们再逼紧我们的想象,譬如说,青天里太阳和月亮走碰了头,那么,尘世上不知要焚起多少香案,不知有多少人要望天遥拜,说是皇天的祥瑞。如今李白和杜甫——诗中的两曜,劈面走来了,我们看去,不比那天空的异端一样神奇,一样有重大意义

吗？"（《唐诗杂论·杜甫》）

　　李白的仙风道骨，清狂坦诚，天真可爱，让杜甫十分着迷。"李侯金闺彦，脱身事幽讨。亦有梁宋游，方期拾瑶草"，于是，两人相约同游梁宋（这年秋天，又与大诗人高适相遇）。多年以后，杜甫在夔州写作《遣怀》，再一次回忆起他与李白、高适梁宋之游的美好时光："忆与高李辈，论交入酒垆。两公壮藻思，得我色敷腴。气酣登吹台，怀古视平芜。"

　　第二年，他又跟着李白同游齐赵，一起找仙人、采仙草、炼仙丹；一起骑马射猎、狂歌痛饮；一起谈时事、论诗文。

　　天宝四年（745）秋，年轻耿介的杜甫主动要求结束这场恣纵、放浪的游历生活。他赠诗给李白说："秋来相顾尚飘蓬，未就丹砂愧葛洪。痛饮狂歌空度日，飞扬跋扈为谁雄？"他向李白袒露心迹，他要继承祖志，参加明年的"制举"考试，谋取官职；他要养家糊口，回家看望妻子。李白理解杜甫，他在风景如画、秋波渺渺的曲阜石门山为杜甫送行饯别，为这段美好的友谊举杯共饮。从此，中国历史上两位伟大的诗人，再未相见。

　　安史之乱后，李白怀着一腔用事济世热情，误投永王李璘幕府，后来因此被捕入狱。大概肃宗要让这个敢于让贵妃研墨、高力士脱鞋、"天子呼来不上船"的家伙体验一回什么叫"夜郎自大"。乾元元年（758）春，李白以"附逆罪"被流放夜郎。

　　从李白被捕的那一天起，杜甫就一直为李白的性命与倔强担忧，他对李白的思念也与日俱增。在秦州时，杜甫就老是担心李白可能被肃宗杀头，经常做梦梦见李白，"故人入我梦，明我长相忆。恐非平生魂，路远不可测。君今在罗网，何以有羽翼？"一觉醒来，李白仿佛又还在眼前，"落月满屋梁，犹疑照颜色"。到成都后，或在绵州，也一直没有李白的确切消息，而种种传闻又时常令杜甫坐立不安，"不见李生久，佯狂真可哀。世人皆欲杀，吾意独怜才。敏捷诗千首，飘零酒一杯。匡山读书处，头白好归来"。他希望肃宗爱才惜才，给李白一条活路，放他回到蜀中，回到家乡，叶落归根。如果李白真的回到蜀中，他们或许又能像从前一样开怀畅饮，重与论文。

　　寓居梓州的杜甫，一遍一遍地回忆着他与李白交往的每一个细节，一遍一遍想着李白传奇的一生。

兖州一别，已整整十六年！十六年的相思，奔来眼底。杜甫一气呵成《寄李十二白二十韵》，倾诉他对李白的一片真情：

  昔年有狂客，号尔谪仙人。
  笔落惊风雨，诗成泣鬼神。
  声名从此大，汩没一朝伸。
  文彩承殊渥，流传必绝伦。
  龙舟移棹晚，兽锦夺袍新。
  白日来深殿，青云满后尘。

  乞归优诏许，遇我宿心亲。
  未负幽栖志，兼全宠辱身。
  剧谈怜野逸，嗜酒见天真。
  醉舞梁园夜，行歌泗水春。

  才高心不展，道屈善无邻。
  处士祢衡俊，诸生原宪贫。
  稻粱求未足，薏苡谤何频。
  五岭炎蒸地，三危放逐臣。
  几年遭鵩鸟，独泣向麒麟。

  苏武元还汉，黄公岂事秦。
  楚筵辞醴日，梁狱上书辰。
  已用当时法，谁将此义陈？
  老吟秋月下，病起暮江滨。
  莫怪恩波隔，乘槎与问津。

  杜甫的这首诗，饱含深情，正气浩然又寓意深长，表达了对李白的一片深情。

诗篇开头即追述李白两入长安的传奇经历，对其诗歌艺术成就进行热情歌颂。开元十八年（730），李白初入长安，贺知章慕名而访，惊奇于李白的潇洒飘逸，于是让李白出示其诗文。李白拿出《蜀道难》以示之，贺知章读而未竟，"称叹者数四，号为'谪仙'，解金龟换酒，与倾尽醉，期不见日，由是称誉光赫。贺又见其《乌栖曲》，叹赏苦吟曰：'此诗可以泣鬼神矣。'故杜子美赠诗及焉"（孟启《本事诗·高逸》）。李白对自己能被文名颇著的贺秘书监赏识与推崇，颇为得意，写下："四明有狂客，风流贺季真。长安一相见，呼我谪仙人。"（李白《对酒忆贺监二首·其一》）从此，李白扬眉吐气，名满天下。

天宝元年（742），李白被玄宗召入宫中，玄宗"征就金马，降辇步迎""以七宝床赐食，御手调羹以饭之"（李阳冰《草堂集序》），授以供奉翰林，出入宫中，拟文告、作乐章。《新唐书·文艺传》载，一日"帝坐沉香亭，意有所感，欲得白为乐章，召入，而白已醉，左右以水泼面，稍解，授笔成文，婉丽精切，无留思。帝爱其才，数宴见"。

诗中，杜甫如实叙李白因文章婉丽精切而独"承殊渥"的经历。"龙舟移棹""兽锦夺袍"也皆用李白故事。范传正《李翰林新墓碑》载，玄宗"泛白莲池，公不在宴，皇欢既洽，召公作序"。此时，李白正醉卧翰林院，"乃命高将军扶以登舟"。李白激赏摇笔而就，玄宗大悦，赐御衣之。《李白外传》也说："白作乐章，赐锦袍。"宫廷中一批文士官员追随其后，而李太白则是鹤入青云，追随者乃如尘埃在后。在杜甫的诗中，一个风流倜傥、飘逸豪放的"谪仙人"呼之欲出，如在眼前。

接着杜甫追叙自己与李白同游梁、宋、齐、鲁结下的深厚情谊。天宝三年（744）春，李白因谤而被赐金放还，不期在洛阳与杜甫相遇，两人一见如故。在杜甫看来，李白被赐金放还、离开长安，既没有辜负隐幽之志，又能在宠、辱之不同境遇中保全自己，都是一种幸运。他说："剧谈怜野逸，嗜酒见天真。醉舞梁园夜，行歌泗水春。"李白很理解杜甫的纯朴、野逸、放达不羁；而杜甫更喜欢太白先生喝酒后的坦荡胸襟，他永远忘不了畅游齐鲁、醉舞梁园的美好时光。

第三段叙述故人才华未展而流放夜郎的不幸遭遇。杜甫在诗中说："李白才华横溢,却不被见用;道德高尚,却无人理解。他如东汉处士祢衡一样,'淑质贞亮,英才卓砾',但是难逃孔丘弟子原宪一样穷愁的命运。他误入永王幕府,不过是为生活所迫,有人却诬陷他得了永王的重赂。这不就是东汉奉命征伐交趾的马援,'载薏苡种还,人谤之以为明珠大贝'吗?伏波将军马援本来就不是贪财之人啊!(杜甫极力为李白入永王幕府开脱)可怜的太白先生被流放于夜郎那个炎天暑热之地。几年来,李白真是如贾谊一样交了厄运,又像孔子一样自伤途穷。"

杜甫极力为李白辩诬,同时表达自己诚挚的关怀与劝慰。他在诗中说:"苏武心向汉室,一刻也不曾动摇,所以无论他滞留匈奴多久,终究是要还归大汉。夏黄公这样的人,怎么会效力暴秦?李白忠于朝廷,他也跟苏武、夏黄公一样,不会真心附逆。穆生能辞别楚王刘戊,李白也能够自尊自重,主动离开永王;他一定会像邹阳一样狱中上书,为自己的清白辩护。然而朝廷已用当时三等定罪之法,坐成流放的冤案,朝官却无人理会,以致李白有冤不能伸。"安史之乱起,李白求仕不得,报国无门,便隐居庐山,此时正值永王李璘奉玄宗诏节度江陵,率军东下,路过浔阳。于是李白怀着"扫胡尘""救河南"的匡时济世志向,加入永王幕府,却不知不觉地卷入了肃宗于永王权力之争的矛盾旋涡。所以,杜甫说"稻粱求未足,薏苡谤何频",李白受聘于李璘幕府不过是为混一口饭吃,有人说他得了永王的重贿,纯属诽谤。

诗的最后说:"你以垂暮之身沉吟于惨淡的秋月之下,久病初起徘徊于暮色苍茫的长江之滨。你不要责怪没有沾到皇帝的恩泽,我将乘槎问津,声达天庭,为你辩白申冤。"

患难见真情。作为李白的"铁粉",杜甫真是够"铁"的了。山东大学所编《杜甫诗选》说:"唐肃宗宝应元年(762)七月,杜甫送严武入朝,由绵州转赴梓州,不久返成都接家属来梓州。大约在此时获知李白近几年来的情况,回忆起过去两人的友情,于是写了这首二十韵的排律寄赠。"

李白到底还是生还了,杜甫的心总算安稳了些。他写成此诗后,搁下毫笔,反复吟咏,郑重地缄封,然后迈着轻快的步子,向梓州邮驿馆走去,他希望这首诗能早日送达李白的手中。

## 八、"戏为绝句"创新体

王嗣奭说:"此诗分明为李白作传,其生平履历备矣。"李白才高而狂,缺乏保身之哲,杜甫因此为他剖白,如"未负幽栖志,兼全宠辱身"及"楚筵辞醴""梁狱上书"数句,刻意辨明,总是不想让李白这样的一代旷世奇才含冤千载。清人卢世㴶也认为杜甫《寄李十二白二十韵》,是"天壤间维持公道,保护元气文字"。

李白的《临路歌》仿佛让我们看到其对自己一生的总结,诗曰:

> 大鹏飞兮振八裔,中天摧兮力不济。
> 余风激兮万世,游扶桑兮挂石袂。
> 后人得之传此,仲尼亡兮谁为出涕?

唐肃宗宝应元年(762)十一月,一代"诗仙"李太白,化作一只大鹏向九天飞去。一代诗仙这临终的歌声,将永远回荡九霄;其深沉悲怆的余音将穿越历史,千载不绝!

其实李白与梓州还有一段不解的渊源。旧《潼川府志》说:"白,彰明人。隐居大匡山,尝往来旁郡,依潼江赵征君蕤,岁余而去。白在淮南,有《卧病书怀寄赵征君》诗。"

李白十八岁时,怀着匡时济世之志,慕名从绵州彰明来到梓州郪县,拜赵蕤为师,学习剑术与功名之道。赵蕤,梓州盐亭人,唐代杰出的道家与纵横家,有奇书《长短经》传世。当时赵蕤正隐居于梓州郪县城北的长平山下一处洞穴(今天的三台人将这处至今犹存的遗址称为"赵岩洞"),潜心编著他集儒家、道家、法家、兵家、杂家和阴阳家之大成的巨著《长短经》。赵蕤见到李白这位少年侠客喜不自胜,便收下了他,师徒二人朝夕相处,谈经论道。相处一年有余后,赵蕤知道这位少年终非池中之物,便劝其仗剑出蜀,谋求更加宽广的人生道路。就这样,师徒便在梓州依依惜别。

开元十五年(727),出蜀东游至吴会之地的李白在扬州病倒了。是时,李白功名未就,光阴荏苒,卧病异乡,心如乱麻,深感"故人不可见"的孤独与惆怅,于是作《淮南卧病书怀,寄蜀中赵征君蕤》,寄往蜀中,表达自己的思乡怀友之情。

蜀地腊月，阴冷潮湿，冬天也不烧炕，体感的寒冷胜于长安，杜甫只能窝在家中。不过，他的这次梓州南行，特别是拜谒了一代文宗陈子昂后，再一次引发了他对有唐以来的诗文创作现象和重大理论问题的思考。

唐王朝建立一百余年来，由于开明的君主和政治家们励精图治，苦心经营，帝国空前繁荣。到了开元、天宝年间，经济高度发展，社会政治比较安定，文化、教育特别是诗歌创作一派欣欣向荣，产生了"初唐四杰"、陈子昂、李白、孟浩然、王维、高适、王昌龄等一大批各具特色的诗人，创作了难以计数、风格各异、气象万千的诗歌作品。然而，由于突如其来的安禄山、史思明叛乱，国家的政治、经济、军事、财政等遭受重创，战火不熄，国无宁日，生灵涂炭，盛极一时的文学艺术也陷入了困境。著名边塞诗人、"七绝圣手"王昌龄，至德二年（757）途经亳州，被刺史间丘晓杀害；上元二年（761），有"诗佛"之称的著名山水田园诗人王右丞，在长安去世；著名边塞诗人高适自安史之乱以来，忙于军务、政事，此时已少有诗兴；而大诗人李白受永王谋逆案牵连，心力交瘁，病起暮江……一批杰出的诗人或相继辞世，或远离诗歌创作，加之一直以来潜在或公开的对前代文学遗产妄加讥评的不良文学倾向渐成风气，可能误导今后的文学创作，特别是诗歌创作的发展方向。

历经繁华与坎壈的杜甫，一边翻阅着好友元结根据自己的文学主张和审美标准编辑的《箧中集》，读着沈千运、王季友、孟云卿等人的诗歌作品，他们的诗作词苦调悲，风格高古，绝去雕饰，"独挺于流俗之中，强攘于已溺之后"（元结《箧中集序》），可谓独弹别调；一边思考着当前一些诗歌创作现象，诗人们似乎对于贞观年间以来诗歌创作上提倡的气势、兴寄、词采、声律方面的成就与主张汲取不够，导致他们的诗歌艺术成就不是很高。而在诗歌创作上，一些轻薄后生（这是杜甫对他们的称呼）对南北朝的领军人物、诗人及辞赋家庾信等，妄加指责、讥刺；更有人对初唐以来的前辈诗人轻薄讽刺，妄以风、骚、汉、魏自命，以致一些人走向了"好古遗近"的极端。

面对这种文学思潮，杜甫思虑已久，总觉得有话要说。思之再三，他便结合自己的创作经验，提出了自己的文学史观（诗论），写出了《戏为六绝句》，在嬉笑怒骂中阐述自己的诗歌创作观点。也就是在这不经意之间，"集大成者"的杜甫，开启了以诗论诗的文学评论先河，书写了中国文学批评史上崭新的一页。

我国著名教育家、古典文学家郭绍虞先生在《杜甫戏为六绝句集解》一文中指出："此《六绝》主旨，昔贤均谓为论诗，惟黄鹤以为论文；宗廷辅以为第一首论赋，第二首论文，第三首始论诗，以下诸首则汇而论文。"又说："须知杜甫《六绝》意在针砭后生，庾信、四子不过借以发意，无论论诗论文，正不必拘泥求之。且即使杜甫本意以第一第二两首为分指赋予文而言，亦未尝不可窥其论诗宗旨与诗学所诣。盖论体虽别，究理则通也。故解此《六绝》，与其着眼于所论之体，无宁注意于其作之之动机。……杜甫作此《六绝》之动机，或诚不免因于蚍蜉撼树之辈好为谤伤，有所激发，遂托于庾信、四子以寓其意，则对于后生之轻侮老成自不禁有深恶痛绝之辞。因指斥而又告诫之，教诲之，则于指点之中，而论诗宗旨亦自然流露矣。"

现在，我们逐一评赏《戏为六绝句》的具体内容。

其一曰：

> 庾信文章老更成，凌云健笔意纵横。
> 今人嗤点流传赋，不觉前贤畏后生。

庾信（513—581），字子山，南阳新野（今河南新野市）人。历仕梁、西魏、北周，官至骠骑大将军、开府仪同三司，世称"庾开府"。他自幼随父亲庾肩吾出入宫廷，后来与徐陵一起任萧纲的东宫学士，成为宫体文学的代表作家。其前期诗作辞文绮艳，与同期的徐陵，号为"徐庾体"；后期经历社会动乱，诗歌风格转为萧瑟苍凉，其特殊的经历与心境，加上成熟的文学创作技巧的运用，形成了一种全新的诗歌风格，其代表作有《哀江南赋》《枯树赋》《拟咏怀》等。

早在贞观年间，唐太宗和他的大臣们就多次提出反对绮靡文风的主张，号称"初唐四杰"的王勃、杨炯、卢照邻、骆宾王,他们有着相似的审美追求,都反对绮靡的文风,追求刚健的骨气,革新除弊,诗歌题材从宫廷扩大到江山朔漠,但是受齐、梁浮靡余风的影响仍然很严重。等到武后垂拱年间的陈子昂,高举文学革新大旗,针对风行文坛的"绮错婉媚"的"上官体"和晋宋以来的"彩丽竞繁"的"文章道弊",极力鼓吹继承和发扬《诗经》的"兴寄"传统与建安、正始的"汉魏风骨",为盛唐诗歌的高涨扫清了障碍,涌现出了李白、杜甫、王维、高适、岑参等名家大家。所以,杜甫在射洪瞻仰陈子昂读书学堂和故宅后,特别赞颂了陈子昂的文学业绩,说他"有才继骚雅,哲匠不比肩。公生扬马后,名与日月悬。……终古立忠义,感遇有遗篇"。这样高度的赞扬,甚至超过了他对自己祖父杜审言的评价。因此,重风雅、轻六朝也就成了当时文坛声的主导思潮。

虽然陈子昂的文学理论与创作实践使盛唐诗歌充满理想精神和浪漫主义色彩(即所谓"盛唐之音"),但是其理论也有严重的缺陷,那就是他只注意到了先唐诗歌优秀传统中的一个部分,却忽视了更为重要的反映时代、社会的写实传统。而杜甫的文学(主要是诗歌)理论主张,则是对前辈的发展与超越。所以杜甫开篇就要为庾信鸣不平,"庾信文章老更成,凌云健笔意纵横"。

庾信究竟有什么地方令杜甫如此折服呢?明朝博学家杨慎在《丹铅总录》里做了很好的回答:"庾信之诗为梁之冠冕,启唐之先鞭。史评其诗曰'绮艳';杜子美称之曰'清新',又曰'老成'。绮艳清新,人皆知之;而其老成,独子美能发其妙。余尝合而衍之曰:绮多伤质,艳多无骨,清易近薄,新易近尖。子山之诗绮而有质,艳而有骨,清而不薄,新而不尖,所以为老成也。……不然,则子美何以服之如此。"清人吴见思在《杜诗论文》中也说:"庾信之才老而更成,其高峻则笔势凌云,其阔大则意思纵横也。"黄生说:"'老成',字本相连,插一'更'字,便见少作固佳,晚作益进。"

杜甫在他后来的《咏怀古迹》第一首中又进一步说:"庾信平生最萧瑟,暮年诗赋动江关。"庾信早年在文学创作上已经成熟,后来亲身经历了战乱和梁亡的大变故,对社会现实有较清醒、较深刻的认识,又屈仕西魏、北周，位望虽然通显，却常有身世之感、乡关之思，因而后来以《哀江南赋》为代表的文学作品风格苍劲悲凉、气势凌云、意蕴纵横。杜甫对战乱带来的颠沛流离尤其感触深刻，可见他说"庾信文章老更成，凌云健笔意纵横"，是看到了"平生最萧瑟"的生活经历对文学创作有着重大决定作用。可是当今的一些人却对庾信等六朝作家流传下来的诗、赋作品不分时代背景、不分青红皂白一概加以指责、讥笑和肆意贬低，这种现象不由得让先贤也觉得"后生可畏"，真是令人寒心啊！

其二曰：

> 杨王卢骆当时体，轻薄为文哂未休。
> 尔曹身与名俱灭，不废江河万古流。

杨、王、卢、骆，指初唐的杨炯、王勃、卢照邻、骆宾王四位诗人。《旧唐书·文苑传》说："炯与王勃、卢照邻、骆宾王以文词齐名，海内称王、杨、卢、骆，亦号为'四杰'。"这就是后世所说的"初唐四杰"。杨炯（650—693？），华阴（今陕西华阴）人。10岁时举神童，后应制举及第，补校书郎，迁詹事司直。武后时，因受牵连贬梓州司法参军，后改任盈川（在今四川筠连县）令。世称"杨盈川"。其诗多为律体，其中写边塞征战的作品豪迈雄放，气势不凡。王勃（650—676），字子安，绛州龙门（今山西河津）人。王勃聪颖早慧，未及冠，应制举幽素科及第，授朝散郎。其诗多离别怀乡、登山临水之作，其骈文词采华赡，气势奔放。卢照邻，生卒年不详，字升之，幽州范阳（今北京附近）人。初为邓王府典签，后任新都尉。卢照邻擅长七言歌行体，虽未脱尽宫体诗痕迹，但"一变而精华浏亮"。骆宾王，生卒年不详，婺州义乌（今浙江义乌）人。初在道王府任职，后拜奉礼郎，因事被贬戍边。唐高宗时，为侍御史，又被诬下狱。后任临海县丞，也称"骆临海"。光宅元年（684），参加徐敬业讨伐武则天行动，兵败后，下落不明。骆宾王擅长七言歌行。明代胡震亨说他"富有长情，兼深组织"。

他们四人有着相似的审美追求。首先，他们都反对绮靡的文风，追求刚健的骨气；其次，他们咏史咏物、抒情言志，创作上体现了现实主义精神，诗歌题材较前人大大拓宽；他们的辞赋虽还存有六朝旧习，但措辞熨帖，境界开阔，气势充沛，具有新的时代特色。

"初唐四杰"都曾先后游历蜀中，并留下了大量诗歌辞赋，其中不少篇什或作于梓州，或与梓州有关，如王勃《蜀中九日》《梓州慧义寺碑铭》等，杨炯《送梓州周司功》《郪县令扶风窦兢字思谨赞》《梓州惠义寺重阁铭》，卢照邻《送梓州高参军还京》《宴梓州南亭得池字》，以及骆宾王的《忆蜀地佳人》等。

王、杨、卢三人中，杨炯做过五年的梓州司法参军，卒后葬于梓州。684年，杨炯伯父杨德干的儿子杨神让，跟随徐敬业在扬州起兵讨伐武则天。兵败后，杨德干父子被杀，杨炯受到株连，于垂拱元年（685）由弘文馆学士贬为梓州司法参军，直到天授元年（690）秩满回到洛阳，与宋之问分直习艺馆。

杨炯因族弟造反株连被贬斥偏远的梓州，恐此生再难回到京都，于是将家眷一并徙居梓州，即使秩满回京，家眷仍留梓州生活。公元693年，杨炯卒于盈川令任上，死后归葬梓州长平山。"既卒，还葬潼，因家焉"（元费著《成都氏族谱》）。引文中的"潼"，即潼川、梓州、三台。王象之《舆地纪胜》也说："杨炯墓在（梓州）长平山。"清人陈谦《长平山访杨炯墓》云："诗得三唐盛，名高四杰班。盈川移令后，郪水载家还。"

寓居梓州的杜甫将人们习惯的王、杨、卢、骆排序，在此诗中改为"杨、王、卢、骆"，大概是因为杨炯曾做官梓州，后又归葬梓州，而《戏为六绝句》又在梓州所作，于是心中有戚戚焉。

"初唐四杰"都是杰出的诗人，他们才华出众，个性突出，特别是杨炯，恃才傲物，不容于时。唐代冯贽《云仙杂记》载："唐杨炯，每呼朝士为麒麟楦。或问之，曰：'今假弄麒麟者，必修饰其形，覆驴之上，宛然异物。及去其皮，还是驴耳。无德而朱紫，何以异是？'"从此以后，人们就以"画麒麟""麒麟楦"来比喻那些徒有其表而无真才实学的人。另外，宋人赵次公注杜诗因唐人所著《玉泉子》说，王、杨、卢、骆有名文，但当时人议论、批评他们"'杨好用古人姓名，谓之点鬼簿；骆好用数对，谓之算博士',此正时人讥哂之证。唐史载裴行俭语称'勃等虽有文才而浮躁浅露',此又四子立身为文不免轻薄之证"。这些小疵,绝非大病。杜甫不因当时一些人对"四杰"的指斥、嘲笑而一叶障目,他从文学发展史的高度指出"杨王卢骆当时体"。"当时体"三字,是说各代文章别有体裁。初唐时期,"四杰"的文体虽然还带有六朝骈俪余习,但是"前辈飞腾入,余波绮丽为。后贤兼旧制,历代各清规"。"后贤兼旧制,历代各清规",杜甫很懂得文章流变与时代的关系,我们现在也说评介一个作家的作品,要考虑其时代背景。

诗末两句大意:"那些后生、轻薄之人,你们就不要喋喋不休讥笑前辈为文之瑕疵了。随着岁月的流逝,你们这班尔曹的肉身与时名将淹没于历史的烟尘,而'四杰'及其诗文却如奔腾不息的江河一样万古流传!"

杜甫的前两首诗意在指斥、说服轻薄后生,指出文学的发展有它的时代性、局限性,我们不能苛求前人,而要全面地、历史地看待文学创作的发展与进步。杜甫为"四杰"辩护,意犹未尽,复作其三曰:

纵使卢王操翰墨,劣于汉魏近风骚。
龙文虎脊皆君驭,历块过都见尔曹。

"纵使"二字,直承上首。杜甫认为卢、王等"四杰"的诗文创作,即使不及汉魏名家那样接近国风和楚辞,可他们都是才具过人的名家,就像龙文、虎脊之骏马一样,能为君王所用,驰骋文场,跨越一切障碍,而日行千里,过都国犹如跨越一小土块那样轻松自在。相形之下,那些只知拾人牙慧、侈谈往昔的人,谁优谁劣高低自会立显。郭绍虞先生说:"陈子昂云:'汉、魏风骨,晋、宋莫传'。……推尊汉魏是唐初复古者之论调。大抵当时后生拾其唾余,奢谈往昔,诋诃并时,故杜甫以是为言耳。"

"龙文""虎脊",都是毛色斑驳的骏马。《汉书·西域传赞》:"蒲梢、龙文、鱼目、汗血之马充于黄门。"又《汉书·礼乐志》引《天马歌》:"虎脊两,化若鬼。"杜甫用"龙文""虎脊",比喻卢、王等"四杰"才具过人。"初唐四杰"都是官小而名大、年少而才高的诗人。他们力图冲破齐梁遗风和"上官体"的牢笼,把诗歌从狭隘的宫廷转到广大的市井,从狭窄的台阁移向广阔的江山和塞漠,开拓了诗歌的题材,丰富了诗歌的内容,赋予了诗歌生命力,提高了诗歌的思想意义,展现了诗歌新的方向,推动了唐诗沿着健康的道路向前发展。他们在文学史上起到了承前启后、继往开来的作用。

接着,杜甫又总括前三首,作其四以递论当时文坛:

才力应难跨数公,凡今谁是出群雄?
或看翡翠兰苕上,未掣鲸鱼碧海中。

前三首分论古人,这一首论及今人。"数公"应指庾信、"初唐四杰"等古人。杜甫说:"论作诗的才力,前辈的文学情才,一般人是难以超越的,在当今文坛上,特别是在你们中间,谁堪称是出类拔萃的人物?当然,像翡翠集于兰苕之上那样清丽的作品间或也能看到,可惜能够碧海掣鲸,具有浑涵汪洋、气势磅礴的鸿篇巨制却很少。"这里,杜甫表明了一个诗歌创作的重要观点:有如翡翠戏于兰苕之上的小景清丽、文采鲜妍之作固然有其可取之处,但是笔力雄健、体魄伟丽的大气之作更是时代的呼唤。

当然,杜甫并不是要有意贬低与他同时代的一大批诗人,而是针对那些讥哂前贤的轻薄后生所发的愤激之论。严格地说,盛唐诸家,不止李白、杜甫,就是王维、孟浩然、高适、岑参、王昌龄等,其文学成就大多高出庾信和"初唐四杰"。

杜甫对当今文坛的估价并不是要否定盛唐诗歌创作的成就,显然是针对轻薄后生而言。面对这种状况,该怎么办呢?怎样才能处理好继承与发展的关系呢?杜甫怒气渐消,转而心平气和,正面引导,作其五曰:

不薄今人爱古人,清词丽句必为邻。
窃攀屈宋宜方驾,恐与齐梁作后尘。

杜甫说:"诗歌创作要取得成功,既要善于从屈原、宋玉和庾信等古人的诗歌辞赋中吸取营养,也要向'四杰'等今人学习,只要是清词丽句之作,都有可取之处,都要与之亲近,多多学习。假如想要暗中追攀屈原、宋玉那样的文学高峰,又担心自己步齐梁绮靡文风的后尘,那么就要百川细流,广学博取,无不容纳。"

首二句是杜甫的创作经验之谈,也是对后生们的教导之言。郭绍虞先生认为这是"杜甫论诗宗旨","其意盖言今人以爱古人之故,嗤点庾信之赋,讥哂四子之文,矫正一时风气,其意原不可薄。但建安以来清词丽句,自有不废江河者在,并非侈言宗古,便可卑视齐、梁也。大抵时人论诗,自陈子昂始言'齐、梁间诗,彩丽竞繁,而兴寄都绝'。李白继之,亦言'自从建安来,绮丽不足珍'。于是后生从风,发为狂言,附远谩近,是古非今,故杜甫作之箴之耳。然又恐其后生辈随人脚跟,本无主见,误会杜甫之意,以为古不足慕,故其下语极有分寸。且又正告之曰:所谓清词丽句云者,只宜如初写《黄庭》,恰到好处。屈、宋之文惊采绝艳,足以衣被词人,故欲攀与方驾,故不欲其如涂涂附,愈趋愈下,以作齐、梁后尘也"。

接着杜甫又在其六中进一步对后生指出学诗的不法二门,曰:

未及前贤更勿疑,递相祖述复先谁?
别裁伪体亲风雅,转益多师是汝师。

杜甫告诫那些轻薄后生:"你们肯定是赶不上屈原、宋玉,乃至庾信,以及王勃、杨炯、卢照邻、骆宾王那样的前代有成就的作家,这是无可怀疑的!古今作家相互学习,一代一代地沿袭、继承,为诗歌的发展做出了不同的贡献,用不着分出谁先谁后,或者谁的贡献大谁的贡献小。你们要是真想区别、裁汰文学遗产中虚伪浮华的诗风,就必须学习、亲近以'国风''二雅'为代表的传统与精华;古往今来,一切有成就的作家都是最好的老师,都值得去研究、去学习。"

其六是《戏为六绝句》的宗旨,它简明扼要地阐明了杜甫的文学史观。黄生说,《戏为六绝句》大旨在篇末"转益多师"一句,"言博取自益,乃为善学,嗤点前贤,徒为轻薄耳"。又曰:"以上数诗反复较论,以明前贤之不可及,而终之曰'别裁伪体''转益多师',以此质前贤,亦当心服;以此折后生,定自气平。公殆以身说法者。"

综上所述,这六首诗都是杜甫文学思想的表述,是他对整个文学史及当时诗坛风气观察、思考的理论总结,不仅仅是他个人的创作经验之谈。

对于第三句中的"伪体"的解释,历来歧说纷纭。我赞成莫砺锋老师的看法,杜甫并未明言"伪体"的内涵,后人不宜随意引申。"杜诗说'别裁伪体亲风雅',可见'伪体'必是与'风雅'相对的,也就是背离了《诗经》优良传统的那些诗歌(当然,多半包括齐梁在内)"(莫砺锋《杜甫评传》),都可以视为伪体。

"别裁伪体亲风雅,转益多师是汝师"。杜甫强调学习继承前人的文学遗产还要善于区别、裁汰文学遗产中的糟粕,同时要广泛地借鉴文学遗产中的一切精华。有破有立,这就是杜甫对文学遗产采取的既有批判又有继承的态度的理论表述。与他崇拜的前辈陈子昂相比,他的胸怀更博大,视野更广阔。杜甫从小聪明好学,对诗歌有特别的敏感和灵感。"七龄思即壮,开口咏凤凰",少年杜甫就在诗坛崭露头角,并得到当时前辈诗人崔尚、魏启心、李邕和王翰等的称赞,让年轻的杜甫对人生充满着希望和幻想。他读万卷书,行万里路,坚持"语不惊人死不休"的锤炼功夫,形成了精微细致、沉郁雄浑、律切精深的艺术风格,造就了炉火纯青的老成境界。元稹在《杜工部墓系铭》中高度评价了杜甫的诗歌,说他"上薄风骚,下该沈宋,言夺苏李,气吞曹刘,掩颜谢之孤高,杂徐庾之流丽,尽得古今之体势,而兼昔人之所独专"。秦观在《韩愈论》中则进一步指出:"杜子美之于诗,实积众家之长,适其时而已。昔苏武、李陵之诗,长于高妙;曹植、刘公干之诗,长于豪逸;陶潜、阮籍之诗,长于冲淡;谢灵运、鲍照之诗,长于藻丽。于是杜子美者,穷高妙之格,极豪逸之气,包冲淡之趣,兼俊洁之姿,备藻丽之态,而诸家之作所不及焉。然不及诸家之长,杜氏亦不能独至于斯也。"一句话,就是说杜甫在诗歌创作上,无论是内容题材,还是艺术风格、艺术手段,都充分吸收前人的创作营养,并使它们相互渗透、融合,从而做到了兼收并蓄。冯至先生在

《"诗史"浅论》中指出:"杜甫的诗是真实地继承了并发扬光大了《诗经》、汉乐府的优良传统,同时也吸取了六朝以来山水诗的艺术成就。"杜甫之所以能成为伟大诗人,除了他不限门户、广泛学习前贤,善于批判地借鉴文学遗产,精益求精地艺术追求、艺术创新外,另一方面,他所处的时代和他特殊的人生经历,也为他准备了丰富的诗歌创作题材,所谓"国家不幸诗家幸,赋到沧桑句便工"。诚哉斯言!

寒冬腊月,老朋友韦赞善经梓州回故乡,杜甫抱病相送。回到家中,伤感友归而己不得归,于是作《赠韦赞善别》,尽诉羁栖之苦:

> 扶病送君发,自怜犹不归。
> 只应尽客泪,复作掩荆扉。
> 江汉故人少,音书从此稀。
> 往还二十载,岁晚寸心违。

"赞善",官职,是赞善大夫的省称。此官职始设于唐,在太子宫中掌侍从、讲授。杜甫说:"我强撑着多病的身体,送您踏上回乡的归程,只是可怜我自己却不得而归。我客中送客,看着您的背影远去;我独自回到家中,只是不停地流泪。

流寓蜀中,朋友本来就少,您走之后,我就会更加孤独;我们彼此相隔遥远,音书往来也必然更加稀少。没有想到我们二十多年的交往,到了晚年,却连聚首之乐这样的心愿也不能实现,真的有说不完的万般苦楚。"

相对于成都,梓州的确要偏僻得多,杜甫与外界的联系、交往也就少得多。好不容易与阔别多年的老友相见,又是匆匆别离,多愁善感的诗人怎么会不伤心落泪?

全诗通篇叙情,前四句写送别之意,后四句写别后自己的羁栖之苦。王嗣奭说此诗:"语多婉转,无限感伤,真堪一字一泪。"

再说自安史之乱爆发以来,朝廷的平叛战争就一直没有停止过。宝应元年(762)十月,以雍王李适为天下兵马元帅,统领河东、朔方及诸道行营、回纥等十万兵力会师于陕州,进讨史朝义。不久,雍王率领的官军到达洛阳北郊，分兵攻取怀州，列阵衡水；仆固怀恩在西原迎敌，大破叛军。史朝义悉发十万精兵来救，在北郊昭觉寺一带布下阵营。官军趁敌军立脚未稳发动进攻，虽然敌军伤亡很大，但阵地坚固，岿然不动。镇西节度使马璘见敌阵久攻不陷，如果官军就此撤退，必然招致惨败。马璘请求雍王说："我愿意单枪匹马突入敌阵，如果突入成功，敌人一定会惊慌失措，阵脚大乱，各营趁机向敌人发起进攻。"一切安排布置妥当，马璘横刀立马冲入敌阵，夺下敌人两块盾牌，突入万众之中，左右冲杀，所向披靡，敌阵一时大乱。官军乘之而入，矢箭如雨，刀枪铁骑，杀声震天，叛军大败。此一战役，斩敌人首级六万，俘虏敌人两万。史朝义带着数百轻骑向东逃窜。

十一月，邺郡节度使薛嵩献出相、卫、洺、邢四州，向陈郑、泽潞节度使李抱玉投降。接着，恒阳节度使张忠志以赵、恒、深、定、易五州降于河东节度使辛云京。洛阳收复，史朝义已是穷途末路。消息传到梓州，杜甫倍觉精神振奋，于是以大唐胜利者的口气，针对安史叛军写下了《渔阳》这首劝降书似的诗作：

渔阳突骑犹精锐，赫赫雍王都节制。
猛将飘然恐后时，本朝不入非高计。
禄山北筑雄武城，旧防败走归其营。
系书请问燕耆旧，今日何须十万兵。

"渔阳"，古郡名，战国时燕国所置。唐朝渔阳郡，治所在今天津蓟县。《后汉书·吴汉传》："渔阳、上谷突骑，天下所闻也。""突骑"，谓骁锐可冲突敌阵的骑兵。尾联的"系书"，指鲁仲连约矢射聊城之事。《史记·鲁仲连传》："齐田单攻聊城，岁余，士卒多死而聊城不下。鲁仲连乃为书，约之矢以射城中，遗燕将。……燕将见鲁仲连书，泣三日，犹豫不能自决。欲归燕，已有隙，恐诛；欲降齐，所杀虏于齐甚多，恐已降而后见辱。喟然叹曰：'与人刃我，宁自刃。'乃自杀。聊城乱，田单遂屠聊城。"

诗人首先颂赞雍王节制得人，英勇善战。他说："虽然安史巢穴渔阳的突击轻骑还算精锐，可是怎敌得了由赫赫威名的雍王统领的各路大军。"接着他讽劝燕北叛党不要负隅顽抗，早日归顺朝廷才是正确选择。他说："河北的薛嵩已经幡然悔悟，率领四州之众归降朝廷；张忠志也生怕落后，带领五个州的兵马回到了大唐旗下。我劝那些还在迷途上挣扎的叛军将士，你们再不归降本朝，绝不是高明之举，那样会坐失良机。安禄山当初野心勃勃，在范阳北修筑起高大的雄武城，屯兵聚粮，作为兵败退守的最后堡垒，可是如今王师势如破竹，坚固的雄武城还有什么用？请你们（指不朝之将）问问燕地父老乡亲，还记得战国时期齐国人鲁仲连'约矢射聊城'之事吗？现在平叛战争的大局已定，你们该没有安禄山的雄武城吧？现在官军要攻打你们，哪里还需要十万雄兵！"

杜甫虽然身在梓州，但是他始终心系朝廷，对北方战局还是很了解的，对雍王为天下兵马元帅统领的十万大军直到叛军巢穴充满了必胜的信心。在杜甫看来，只要河北叛军归顺朝廷，朝廷方面处置得当，贞观、开元至太平安定的局面就会重新出现。真是"公局外忧心，如烛照龟卜"（汪灏语）。

## 九、还乡梦成空

　　转眼之间就到了正元新年。在唐代,正元,也叫元旦、元日,是新一年的第一天,就是我们现在说的春节。此时,官员们可以享受七天长假。正元这一天,皇帝要在皇宫正殿朝会文武百官,称"大朝会",接见各地前来汇报工作的"朝集使"和各国使节,即所谓"天颜入曙千官拜,元日迎春万物知"(杨巨源《元日观朝》);并举行"大陈设",将收藏的历代宝玉、舆辂以及宫县之乐等象征国家最高级别的礼器陈设出来,以彰显大唐帝国的国体。民间百姓正元期间要在家门上挂仙木或桃符(那时还没有贴春联的习俗)、举行有趣的"大傩"表演,以驱鬼去疫。当然除夕之夜的团圆饭,节日期间的走亲访友、相互邀宴肯定是少不了的。

　　剑南春早,涪水欢笑;川水静涌,流向三巴。沙洲之上水鸟嬉戏,田野山间,间或有三朵两朵黄的、白的花儿在风中摇曳,播送着春天来临的喜讯。

　　广德元年(763)的春天似乎要比往年来得早些,初春的阳光洒在梓州大地,明媚而温暖;目之所及,开阔而安闲。杜甫漫无目的地徘徊于郊外,东风吹暖,竹风连野,景色如此迷人。涪江岸边,江水轻轻拍打着沙岸,唰唰有声;层层水波涌向岸边,在沙滩之上留下一道道白色的泡沫。抬头望去,沙洲之上的桤木树,虽然经历霜冬,枝枯叶黄,斑斑点点,但并没有掉光,淡绿的杨柳已在风中招摇,早春的鸟儿叽叽喳喳,穿梭其间,有一种说不出的、淡淡的喜悦在杜甫的心中荡漾。

　　七天大假已过。一早,杜甫去了一趟节度使府,一来是春节还在,应该到州县衙门走走，给幕府及府署诸友拜个晚年。既然仗友而生，有事没事到节度使府、梓州州府、郪县衙门这些地方走动走动，躬身给认识与不认识的诸位官人拱个手、作个揖、道声好，与官府上上下下闲杂人等混个脸熟，是很有必要的。二来是在衙门里能听到更多的关于长安和北方战事的消息，让自己的脉搏与时局一起跳动，身在江湖，心忧朝廷，这是杜甫终其一生也不曾忘怀的初心。

杜甫刚一走进衙门，就听到大家正在议论着去年十月，以雍王为天下兵马大元帅，统兵十万，大败史朝义，薛嵩、张忠志、李怀仙等伪使投降朝廷，幽州失地可能很快就会收复的消息。每个人的脸上都挂着掩饰不住的喜悦与笑容，各位官人似乎比平时对待杜甫更加热情，又是让座，又是高声地道着祝福。北方战事的消息，杜甫虽然在年前已经知道了，但是今天再一次听到，觉得更加真实可靠。

这些好消息，虽然还只是传闻，但是杜甫今天走出梓州府的步子，的确比往日显得轻盈而有力。不知不觉，他来到了距离自己东城门外离茅屋不远的菜园和药圃。

自从杜甫把妻子接到梓州定居后，便在离家不远的涪江河边滩涂上，开垦出一垄田地，种些瓜果蔬菜。他还特地留出一块，扎起篱笆，种植药材。药材收成后，除了用于自身保健、调养病体，多出的部分可以出售赚钱，补贴家用。况且，卖药的营生获利丰厚，也有一股子仙道之气。对于采药、种药、制药、卖药这项活路，杜甫和他的妻子、儿女们早已是轻车熟路。在梓州种药、卖药比在秦州、成都更有优势。唐朝时期，梓州的药材交易市场已具雏形，到了中、晚唐时期，梓州已成为西南地区海内外药材交易集散地，药材生产与药材加工业空前活跃，梓州也因此成为"中国药市"发源地。可惜的是，我们看不到杜甫在梓州卖药的记录，只能凭借他《远游》诗中一句"种药扶衰病"，知道他寓居梓州时，确实在这里种植过药材。

古代的文人大都兼学医理、药理，杜甫也是懂医药的。严武在《寄题杜拾遗锦江野亭》中就曾讪笑杜甫说："腹中书籍幽时晒，肘后医方静处看。"杜甫很早的时候对种植、侍弄中药材就很有兴趣，他困居长安时，靠种药、卖药的收入补贴家用，维持全家温饱。安史之乱爆发后，他带着家人逃奔秦州，身体也逐步衰弱多病，日子过得更艰难。他又重操旧业，并且发动家儿老小一起种药、采药、制药、卖药，谋生度日，正所谓"晒药能无妇？应门亦有儿"。种药、晒药，一家老小齐上阵，苦中有乐。到成都后，他也在草堂附近围栏种药，到梓州安居后，种药、吟诗已成为杜甫打发闲暇时光和排解忧愁的一种生活方式。

来到自家药圃，杜甫蹲下身子仔细察看药苗的长势，他扒去地埂边刚刚发芽生长的蒿草，见药苗长势良好，于是满意地朝着东门的草堂走去。他一边走一边吟咏《远游》：

贱子何人记？迷方著处家。
竹风连野色，江沫拥春沙。
种药扶衰病，吟诗解叹嗟。
似闻胡骑走，失喜问京华。

诗的尾联说："似闻胡骑走，失喜问京华。"宝应元年（762）十一月，史朝义战败，北渡黄河，率兵来战，又败走，诗所谓"胡骑走"也。杜甫身在梓州，传闻未确，故曰"似闻"。然而诗人仍然抑制不住内心的喜悦，要打听京城的情况。"失喜"，犹云失声失笑。着一"失"字，从前之揣摩忧虑，当日之惊疑踊跃，栩栩如生，尽在其中。

对于安史叛军败走的消息，虽然还不敢确信，但杜甫似乎已感觉到流浪的日子即将结束。

怀着胜利的喜悦和归家的期盼，杜甫开始了他在梓州生活的第一个春天。这是一个充满着无限希望的春天，也是一个让他极其失望的春天。

几天后，确切消息传来：763年正月，史朝义的部将"田承嗣以莫州降，李怀仙以幽州降。朝义败走广阳，缢死于林中，怀仙斩其首级以献"（《资治通鉴·唐纪》）。幽州、蓟州等诸州安史叛军全部投降，北方的大片土地又回到大唐王朝手中，延续七八年的安史之乱宣告结束，老百姓将重新回归和平、安宁的社会生活环境。

虽然诗人在这之前已经听到了史朝义节节败退的消息，但是一旦确知多

年梦寐以求的愿望终于变成事实时,杜甫仍然感到喜出望外,欢喜欲狂,冲口吟出"生平第一首快诗"《闻官军收河南河北》:

> 剑外忽传收蓟北,初闻涕泪满衣裳。
> 却看妻子愁何在,漫卷诗书喜欲狂。
> 白日放歌须纵酒,青春作伴好还乡。
> 即从巴峡穿巫峡,便下襄阳向洛阳。

此时,饱尝安史叛乱动荡之苦的杜甫,必须用他的如椽巨笔,记录下这个激动人心的时刻。

身处梓州的杜甫突然听到官军收复河南河北的消息,眼中的热泪如倾盆之雨滚滚而下。诗人多年漂泊,备尝艰苦,兄弟分散,各奔东西,久无消息,都是因为安禄山、史思明的叛乱所致。如今"忽传收蓟北",这巨大的惊喜,一下子冲开了诗人积郁已久的情感闸门,诗人心中悲喜交加,波涛翻滚。"蓟北"已收,战乱止息,乾坤疮痍,黎民疾苦,都将得到救治。诗人感时恨别,颠沛流离的苦日子,总算熬到了尽头。然而痛定思痛,回想八年来熬过的重重苦难,又不禁悲从中来,无法压抑,喜极而泣,以致"涕泪"打湿了衣裳。这是喜悦的泪水,这是激动的泪水,这是辛酸的泪水,这是积压了八年悲苦的泪水。

八年的悲苦在心中翻滚。八年流离失所,八年辗转道路。八年啊!无数年轻生命在战火中毁灭、在战火中枯萎。八年啊!大好河山流血漂橹,白骨填壑。八年啊!大唐基业地动山摇,风雨飘飘。

随着激情的宣泄,杜甫颤抖、激动的心稍微平静了些。他定了定神,环视屋子,原来妻子、孩子还有弟弟都在身边,他们个个喜形于色,往日的愁云早已消失得干干净净。诗人喜不暇整,随手、胡乱地收拾起书案上到处散乱的诗稿、书籍。清人陈醇儒说:"漫卷者,随手散漫卷展,不自知之意也。写喜欲狂景最逼真,非缓之之谓也。"南宋刘辰翁也说:"写喜意真切,愈朴而近。"

此时,一个积压内心深处多年的念头从诗人的口中喊出:"我要回家！我要马上启程回到故乡！我有田产在洛阳，我要回老家安居乐业；我的政治理想在长安，我还可以干一番事业。"（诗尾原注："余有田园在东京。"）

杜甫越想越兴奋，他叫妻子快快拿酒来，他要为这场期盼已久的胜利开怀畅饮，纵情高歌，他要为这场春天的旅程举杯壮行。

诗人继续描写他那狂喜的心情——"白日放歌须纵酒，青春作伴好还乡"。"白日""青春"，是多么富于想象与展望的字眼。安史之乱爆发后，诗人一直生活在战乱之中。他四处逃难，艰辛奔走，如丧家之犬；生活像严冬的寒云压在心头。如今河南、河北诸州收复，妖氛尽扫，阴霾尽除，全是一片丽日当空。杜甫长期抑郁的心情顿时如阳光灿烂，多年熄灭的希望火花又重新燃烧起来。"放歌""纵酒"，也都是明快、果断的语言，用它们来描写那种极端喜悦而豪迈的心情，再恰当不过了。黄生说："'青春作伴'四字犹妙，盖言一路花明柳媚，还乡之际更不寂寞。"

马上出发吧，"即从巴峡穿巫峡，便下襄阳向洛阳"。从梓州郪县出发，沿涪江顺流而下，"从巴峡""穿巫峡""下襄阳""向洛阳"，这条回家的路线，杜甫已不知在心中规划过多少遍、在归乡的图纸上涂画过多少遍。诗人将回乡的这四个必经地点，用"即从""穿""便下""向"这些表示快速的字眼将它们串联起来，其急切回家的心情跃然纸上。

读着这样的诗句，我们仿佛看到诗人已经行走在回家的路上。路途春光灿烂，花草树木，欣欣向荣，鸟儿欢唱，花儿微笑，还有路上的挑夫、城里的市民、田间的农人，个个都是那样的精神抖擞，笑容可掬，连巫山峡谷也都是那样的豁然开朗。

王嗣奭评论说："此诗句句有喜跃意，一气流注，而曲折尽情，绝无妆点，愈朴愈真，他人决不能道。"

安史之乱的平息，是整过唐王朝历史上的盛事。在这场庆祝盛典上，杜甫的《闻官军收河南河北》不仅是一曲旷世绝唱，也是诗人"生平第一首快诗"。

然而战乱年代，失望总是比希望更多。不知道是什么原因，杜甫还乡洛阳的愿望，竟成了白日做梦。

## 九、还乡梦成空

回不了洛阳，也回不了成都！763年，这一年，杜甫仍然要在梓州度过。这是杜甫的悲哀，也是时代的悲哀。

春日渐浓，诗人羁旅不归之感亦愈深沉。一日，杜甫独自登上梓州城楼，见江水绕城，新燕双飞，衔泥筑巢，不禁又勾起了他的思乡之情。虽然中原战乱初定，然而故乡终不能回归去。此情此景，与建安九年（204）秋，王粲在荆州登上麦城城楼的情景何其相似？触景生情，杜甫便吟诵起王粲的《登楼赋》："登兹楼以四望兮，聊暇日以销忧。览斯宇之所处兮，实显敞而寡仇。挟清漳之通浦兮，倚曲沮之长洲。背坟衍之广陆兮，临皋隰之沃流。北弥陶牧，西接昭丘。华实蔽野，黍稷盈畴。虽信美而非吾土兮，曾何足以少留！"

王粲也是生逢乱世，长年客居他乡，一身才能与抱负得不到施展，而思乡怀国之念愈是一往情深。历史为什么总是如此惊人地相似？于是，杜甫作《春日梓州登楼二首》，一意两诗，皆抒发羁旅阻归之感。

其一曰：

> 行路难如此，登楼望欲迷。
> 身无却少壮，迹有但羁栖。
> 江水流城郭，春风入鼓鼙。
> 双双新燕子，依旧已衔泥。

自从乾元元年（758）六月诗人离开长安去华州，乾元二年（759）又辞官移居秦陇，最后不得已奔逃蜀地谋生以来，到如今中原战事虽平，然而重回故乡的愿望终不能实现。诗人抚胸自问："为什么我逃难与归乡之路，竟如此曲折、如此艰难？登上高楼，举目四望，心中更加迷茫。这一辈子再也没有少壮时那样充沛的精力了，剩下的行迹，只能是漂泊到哪里就暂且寄居哪里吧。涪江、凯江，二水环绕城郭缓缓向东奔流；春风骀荡，仿佛是陇右边地送来的战鼓声声。城楼檐角，新燕双双，飞来飞去，自由自在，仍然像往年一样来此故地衔泥筑巢。可是，我回家的路又在哪里？何时才能踏上归乡的旅程？"

这首诗前四句抒情，后四句写眼前之景。大好春光依旧，人生之路却迷离恍惚,不知所归。

其二曰:

> 天畔登楼眼,随春入故园。
> 战场今始定,移柳更能存。
> 厌蜀交游冷,思吴胜事繁。
> 应须理舟楫,长啸下荆门。

诗的前半部分大意是:"登上这远在天涯的高楼,我这双眼睛,也就跟随着明媚的春光进入了故乡的家园(杜甫《闻官军收河南河北》诗末自注云'余田园在东京')。洛阳地区战事已平,我屋前之移柳还在否?"诗中"移柳"句,朝鲜李植说:"庾信《哀江南赋》:'钓台移柳,非玉关之可望。'此句本此意。"许遗民校点清代倪璠《庾子山集注》,"移",一作"杨"。崔豹《古今注·草木》:"杨杨,亦曰移柳,亦名蒲移。"移柳,乃是杨柳之一种。杜甫此诗中的"移柳",当是移柳之意,而并非移种、移栽之柳。后半部分大意是:"蜀中朋友稀少,交游冷淡,加之世乱身衰,真叫人厌烦。因而,我常常追思青年时畅游吴越胜迹、企慕古代先贤的往事。趁着这大好的春光,我还是应该抓紧准备远行的船只,只要条件一旦成熟,或可一声长啸,扬眉吐气,奔荆门而去,重游吴越胜地。"

杜甫入蜀以来,常思重游吴越。自来到梓州,他就一直筹划此事,如今中原战乱已平,去蜀之志更加坚定。"长啸下荆门",其感情色彩十分强烈。

两首诗写景抒情,登楼寄兴,"首篇是他乡之春,次首是故乡之春,合读甚惨"(吴农祥语)。

或许真的是交游冷淡,又特别是在这样一个喜忧参半的春天,百无聊赖的老杜便回想起在通泉游览的时候,有幸认识的一位或辞官或休沐回乡而居的郝姓官员。这位回乡官员,杜甫称他为郝使君,由此可知这位郝姓老友曾经做过刺史一类的州官。

中年以后的杜甫,生活艰辛,仕途失意,但是他毕竟是士人阶层,又有诗名，走到哪里总能受到当地名士的宴请与礼遇。通泉县的郝使君自然是当地名人，他为人豪爽，意气凌云，重友好饮，风流潇洒，杜甫与他很是谈得来，没几天就成了称兄道弟的好朋友。杜甫游历通泉县期间，每有欢娱的宴饮，或者外出游玩，郝使君总忘不了把他叫上。郝使君如果外出登临游览，俱是骏马开路，美人相伴；欢宴时，歌姬起舞，红颜侍宴，惬意畅快。虽时隔数月，仍历历在目，仿如昨天。想到这里，老杜就来了精神，忍不住以诗代简，要调戏调戏这个风流潇洒的郝老头儿。于是提笔作《春日戏题恼郝使君兄》：

使君意气凌青霄，忆昨欢娱常见招。
细马时鸣金騕褭，佳人屡出董娇饶。
东流江水西飞燕，可惜春光不相见。
愿携王赵两红颜，再骋肌肤如素练。
通泉百里近梓州，请公一来开我愁。
舞处重看花满面，樽前还有锦缠头。

全诗大意是："郝使君啊，我是真心佩服您好客重友、豪气冲天的那股劲头。回想去年我在通泉时，每逢有高兴的事，您总是要把我叫上。出游时，总有名马、美女相伴。眼下春光明媚，燕子西飞，江水东流，您和我却是两地相隔，这么美好的春天我们不能相见，是多么令人遗憾！我希望您赶快带着王、赵两位美姬来梓州作客，让她们再一次尽情展示那洁白的肌肤与曼妙的舞姿。通泉到梓州不过百多里的路程，您不要嫌路程太远；请您一定要来，用歌舞宴乐消解我寂寞孤独的春日忧愁。到时候，我们一边喝酒，一边欣赏两位美女的花容月貌；您老兄可不要生气哦，我打赏她们的罗锦'缠头'早已备好了。"

全诗共十二句，四句一换韵，一韵一层意思，结构章法极为严谨。第一层重在一个"忆"字。回忆在通泉郝使君招饮的情景，表明诗人对此念念不忘。第二层重在一个"惜"字。诗人自通泉回到西边的梓州，可惜在这明媚的春光里，既见不到郝使君，也没有歌舞美人。第三层点出诗题中的"戏""恼"二字。"通泉百里近梓州,请公一来开我愁",这是戏语,但老杜真心想再次一睹王赵二伎的舞姿花容,却是真实的;其实他也很清楚,这个春愿实现的希望很小很小,不过是自己故作姿态,强意赋愁,故而烦恼。

正所谓"试上高楼清入骨,岂如春色嗾人狂",杜甫的目的主要是以"戏言"调侃一回风流的郝使君,顺便让自己开心一下。看来杜甫也是俗人一个,不然他怎么写得出"态浓意远淑且真,肌理细腻骨肉匀"的句子来,连苏轼也嫉妒他的"清狂野逸之态"(《东坡题跋》)了。

人都有两面性,我们不能老是以悲天悯人、愁容满面的方式来读杜甫。其实杜甫也是幽默感很强,且爱开玩笑的人,他以"戏"为题的玩笑诗就写得很是不少。他曾在成都的社交场中认识了一个姓焦的校书和一个姓王的司直。焦校书自夸能骑没有经过训练的生马驹,结果从马背上摔下来,不仅把嘴唇磕破了,连门牙也磕掉了。而王司直喜欢冒险逞强,一次在雨中骑马,驽马受惊狂奔,王司直从马上摔下来,折断了左臂。杜甫觉得这两个喜欢夸海口的朋友可笑可叹,就故意要取笑他们一回,于是就给焦校书与王司直一人戏赠了一首诗,标题就叫《戏赠友二首》。

其一取笑焦校书说:"元年建巳月,郎有焦校书。自夸足膂力,能骑生马驹。一朝被马踏,唇裂版齿无。壮心不肯已,欲得东擒胡。"

其二当然是取笑王司直的:"元年建巳月,官有王司直。马惊折左臂,骨折面如墨。驽骀漫深泥,何不避雨色?劝君休叹恨,未必不为福。"

读后让人忍俊不禁,特别是两首诗的首句"元年建巳月",一上来就郑重其事地记年记事,这岂不是"戏"吗?杜甫也是喜欢拿人"开涮"的人,他的诗集中以"戏题""戏为""戏作"为诗的作品不少,只是这回事他又拿郝使君玩笑了一把。

梓州的春天说来就来。前日才见几树春梅绽放,没有想到几天工夫,房前屋后的柳树已长出新芽。长长的柳枝迎风摇曳,拖垂到地;嫩绿的柳叶在春风的吹拂下开启了一年中新的生命历程;紫燕翻飞,黄鹂深藏,到处弥漫着春天的气息。对于时光的流逝,诗人似乎特别敏感。杜甫睹物感时而作《柳边》,就寓含了时光流逝之悲:

## 九、还乡梦成空

> 只道梅花发，那知柳亦新。
> 枝枝总到地，叶叶自开春。
> 紫燕时翻翼，黄鹂不露身。
> 汉南应老尽，霸上远愁人。

末句"汉南""霸上"，谓汉南、霸上之柳也。"霸上"，在长安东，亦以柳多见称。此以"霸上"代指长安。诗的结尾，诗人借"柳"写自己久客异乡的思归之情。庾信《枯树赋》说："昔年种柳，依依汉南。今看摇落，凄怆江潭。"又《晋书·桓温传》载，当年桓温第二次北伐羌族姚襄，途经金城时，见到自己作琅琊郡内史时种下的柳树已长至十围那么粗壮，便情不自禁地走到一棵自己亲自栽种的柳树下，拉着一条柳枝，凝视良久而泫然泪下，感叹道："树犹如此，人何以堪？"

春天总归是美好的。一日，杜甫来到城中，他被梓州城的花海深深地吸引，一片片、一团团、一树树、一朵朵，万紫千红，花团锦簇。他多么希望这美丽的花儿长盛不败，贤俊高才都能见用于世。于是作《花底》，记其所见所感：

> 紫萼扶千蕊，黄须照万花。
> 忽疑行暮雨，何事入朝霞。
> 恐是潘安县，堪留卫玠车。
> 深知好颜色，莫作委泥沙。

全诗大意是："紫色的花萼托起无数的花蕊，嫩黄的花须照耀万朵之花。花瓣湿润迷蒙，花色亮丽鲜明，我忽然怀疑它们是行于暮雨之中；一眨眼的工夫又进入了朝霞之内。

莫非我来到了遍种花木的潘安县？这花团锦簇的世界，真是让人流连忘返。如此美色，世间少有，人们应该加倍珍惜才是，千万不要让它零落成泥，糟蹋了这美丽的春天。"

这首诗，首联即以互文见义的技法写花形之美。颔联以"暮雨"，描写花气之滋润；以"朝霞"，赞美花色之鲜明。颈联以人喻花，手法独特，耐人寻味。潘安，即潘岳，字安仁。《世说新语》载："潘岳妙有姿容，好神情。"又《语林》："安仁至美。每行，老妪以果掷之满车。"他是中国最早的"花样美男"。潘安做河阳县令时，令全县遍种桃树，甚得百姓遗爱。因此，杜甫以"潘安县"写梓州州城花之多。卫玠，字叔宝。风神秀异，"总角乘羊车入市，见者以为玉人，观之者倾都"。接着，又以"卫玠车"写花之美，看花之人久久不愿离去。尾联写诗人惜花之情，感叹韶华已逝，生命易老，当倍加珍惜。王嗣奭《杜臆》卷五说，末句"承以'莫委泥沙'，自比负高才而终见弃于世也"。

## 十、二月频送客

梓州，山连三蜀，水散五溪。自隋置梓州一直到两宋，以至明清时期，梓州都是连接巴蜀的交通要冲与枢纽。唐肃宗至德二年（757）置东川节度使，领梓州、遂州、绵州、剑州、龙州、阆州、普州、汉洲、泸州、荣州、资州、简州共十二州，梓州成为西南地区重要的军事重镇。晚唐李商隐赞其山川形胜为"蜀川巨镇，郪道名邦，擅禹甸之饶，控巴蛮之"，自古为兵家争夺之地，经济文化亦较为繁荣。又言"潼水千波，巴山万嶂，接漏天之雾雨，隔蟠冢之烟霜"。这里的"潼水"，即涪水，亦即今之涪江。

涪江最早叫涪水。古代所谓江，专指长江；河，专指黄河。其他都叫水。《水经注》记载："涪水出广魏涪县西北。"按照唐代的行政区划，涪江发源于岷山主峰雪宝顶北麓，逶迤向东南，经松州、龙州江油县，绵州昌隆县、巴西县、涪城县，梓州郪县、射洪县、通泉县，流向遂州，折向正东，经合州注入嘉陵水（即今天的嘉陵江），在渝州（今重庆）汇入长江。

梓州是涪江流域的政治、经济、文化中心。梓州全境，水运旺盛，是出蜀达楚、北进中原的首选路线，特别是剑阁被阻、巴山不通的时候，经梓州选择米仓道，或者涪江转嘉陵江入长安都较为安全、方便。严耕望《唐代交通图考》说："涪江水运甚盛，盖至绵至合渝，多取水路而行也。"

了解了梓州的地理位置和便捷的水运交通条件，我们对杜甫为什么选择梓州避难、又打算从梓州顺流而下出三峡至荆楚，就清晰多了。

宝应二年（763）的春天，杜甫"即从巴峡穿巫峡，便下襄阳向洛阳"的出峡计划虽然落空，但是这年春天，经梓州或下峡，或归京，或去成都的官

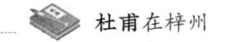

员、亲友却不少，杜甫因此而密集地出席各种离筵酒会。

　　这些官员、朋友的频繁到来与离开，特别能触动杜甫的去蜀之念、乡关之思，以致每遇离宴，便倍觉伤神。到二月底时，他自己总结说："二月频送客，东津江欲平。烟花山际重，舟楫浪前轻。泪逐劝杯下，愁连吹笛生。离筵不隔日，那得易为情。"大意是："二月以来，送客的酒宴天天不断，每当举杯劝酒，我的眼泪也随之而下；吹笛助兴，我的惆怅总是联笛而生。浸泡在离愁别绪中，怎么化解得了这浓浓的乍逢即别之苦！"

　　下峡、归京走水路者，启程或送别的地点一般都是在梓州城东边的涪江东津码头，即杜甫所言"二月频送客，东津江欲平"之"东津"。《舆地纪胜》曰："东津在郪县东四里，渡涪江水。"距离杜甫寓居的梓州东城门约二里路程。1980年10月，三台涪江大桥（今名梓州大桥）建成通车，东津渡口乃废。

　　广德元年（763）的春天，客居梓州的杜甫终于见到了他久别的亲人——舅翁崔都水。甥舅相见，自然有道不完的相思、说不完的别语。虽然也是乍逢即别，毕竟亲人相见了，而且舅父还是朝廷五品大员的都水监。都水是官名，《新唐书·百官志》载："都水监使者二人，正五品上。掌川泽、津梁、渠堰、陂池之政，总河渠、诸津监署。"崔都水在夏季洪水暴涨之前来到梓州，履行其朝廷赋予的工作职责，梓州大小官员小心陪同，李梓州安排的送别排场隆重而热烈，气派而庄严。

　　如若不信，我们就来读一读杜甫的这首《奉送崔都水翁下峡》吧：

无数涪江筏，鸣桡总发时。
别离终不久，宗族忍相遗。
白狗黄牛峡，朝云暮雨祠。
所过凭问讯，到日自题诗。

　　这首诗写得别饶风致，可谓妙手偶得。首联横空而来"无数涪江筏，鸣桡总发时"，大意是："涪江上无数的竹排木筏，簇拥着大船，一声令下，船桨齐举，崔都水一行就要启程出发了。""筏多桡响，从行者众"，梓州府署送别的场面是多么宏大而庄严。

舅翁这次经梓出峡,又一次点燃了杜甫的回乡热情。临行前他满怀信心地对舅翁说:"我相信,我们之间的别离终不会太久,因为我的宗祖族人都在洛阳,我怎么忍心遗弃他们呢?我很快也会出峡还乡。一路上,山崖如削,江流湍急,其中黄牛滩、白狗峡等都是著名的激流险滩,舅翁一路上要多加小心;当然也有巫山神女祠等名胜古迹可供游赏,您老人家经过这些地方,都要一一问讯,我到了那里也会一一题诗纪念。"

《十道志》载:白狗峡在归州(今湖北秭归),两崖如削白石隐起,其状如狗。黄牛峡在夷陵州(今湖北宜昌市),石色如人牵牛之状,人黑牛黄。行经此处的人有歌谣说:"朝发黄牛,暮宿黄牛;三朝三暮,黄牛如故。"诗人借白狗、黄牛两峡,旨在说明崔都水所经三峡之地崖高山险,江流湍急,道路迂回曲折,十分难行,表现了诗人对舅翁的担心与牵挂。"朝云暮雨祠",即巫山神女祠。宋玉《高唐赋》曰:"妾在巫山之阳,高丘之阻。旦为朝云,暮为行雨。朝朝暮暮,阳台之下。"此祠庙或古已有之。

杜甫入蜀以来,尤其到梓州以后,常思下峡,而沿途名胜古迹、神话传说,他早已牢记在心,并一直心向往之,渴望在不久的将来顺道参观游览。

舅父的到来,为杜甫长足了面子。自此以后,杜甫跟梓州官场的交往便日渐多了起来,关系也更加密切,这就是很好的明证。

仲春二月,东川节度使府李判官、武判官调任成都府工作,杜甫一大早赶来为他们相送。李判官略长于杜甫,平时以兄相呼;武判官年龄要小一些,平时待之如弟。三人情谊笃厚,亲如弟兄。临别时,杜甫一直把他俩送出城外西边一处平坦的高坡地带,才与他俩依依惜别,并作诗《郪城西原送李判官兄、武判官弟赴成都府》:

> 凭高送所亲,久坐惜芳辰。
> 远水非无浪,他山自有春。
> 野花随处发,官柳著行新。
> 天际伤愁别,离筵何太频?

诗题中的"郪城",即郪县(今四川省三台县)县城,当时是梓州治所,也是节度使驻节之地。郪县,西汉高祖六年(前201)置,属广汉郡。初设治所在今四川省三台县南郪江镇。南朝宋元嘉九年（432），分拆广汉郡，建新城郡，同时分郪县北域建北五城县，治阳平乡，即今三台县潼川镇；郪县仍存。北朝西魏改北五城县为新城县，两年后改昌城县；县治不变。隋大业三年（607），废昌城县名，重新启用郪县名，县治仍在今潼川镇。明洪武九年（1376），撤郪县并入潼川州。清雍正十二年（1734），升潼川州为潼川府，在原郪县地域建三台县，郪县名弃用。

送行的酒喝了，送别的话也说完了，三人长时间席地而坐，不忍分别。久坐话别，终须一别。一路山高水险，自是辛苦，但两位判官在成都定有更好的前途，所以这样的相送、这样的行程，自然是野花处处点染行装，官道上杨柳依依列队欢迎。诗句明快欢悦，字里行间包含着杜甫对两位判官的美好祝愿。

诗人身在天涯，本来就孤独惆怅，何况又是天涯送别。刚刚送走了长辈，现在又送好友；这送别的筵饯是如此频繁，一天接着一天，真叫人心里既高兴又难受。高兴的是，老友能时时相见；难受的是，骤聚即别。

杜甫刚刚回到家中，突然听说涪城尉韦班途经梓州归京，此时梓州官府正在涪江之滨为他饯行，杜甫便急忙追赶而至。据《全唐诗》韦应物《示从子河南尉班并序》，韦班是韦应物的从侄子，因此韦班是京兆杜陵人无疑，他与杜甫是同乡。京兆韦氏和杜氏都是唐代赫赫有名的大家族，两大家族在唐代出了许多优秀人才，他们出将入相，荣宠至极，并且刚正廉洁，德学并举，堪当大任。

杜甫与韦班不仅是同乡，而且是老朋友。上元元年（760）春，杜甫在浣花溪畔营建草堂，曾经以诗代简，向涪城县尉韦班讨要松树苗，希望种在家门口，能荫垂千载。韦班很快送来四株松苗。杜甫栽种下后，培土浇水，悉心照料，客居梓州后，他一直对韦班送栽的四株小松牵挂不已，生怕它们被蔓草缠绕，不能茁壮生长，"尚念四小松，蔓草易拘缠。霜骨不甚长，永为邻里怜"。又听说韦班家中有好多大邑瓷碗，这种瓷碗品相极好，既轻巧又结实，敲起来能发出一种令人伤心的玉一般的清脆声音。于是，杜甫在即将搬进新家（草堂）时，便写诗向韦班索要："大邑烧瓷轻且坚，扣如哀玉锦城传。君家白碗胜霜雪，急送茅斋也可怜。"能开口索要别人珍藏的东西，可见两人之间的关系非同一般。

泛舟饯行，大家分韵赋诗，杜甫得"山"字韵，即席作《涪江泛舟送韦班归京，得山字》：

> 追饯同舟日，伤春一水间。
> 飘零为客久，衰老羡君还。
> 花远重重树，云轻处处山。
> 天涯故人少，更益鬓毛斑。

全诗大意："听到您即将启程的消息，我急忙追至涪江河边来参加梓州朋友为您举行的饯行酒宴。我与您同坐舟中，您有还京之喜，我却是飘零为客，面对一江春水，我们各有伤感。转瞬之间，我流落蜀中将近四年，并且日益衰老，我真羡慕您马上就要回到京城。在这春光明媚的时节，您的回京之路一定是山花掩映，绿树重重，白云飘飘，处处青山。令人神伤的是，您走后我在蜀中的朋友就更少了，而满头的白发却在日益增多。"

杜甫"以久客人送还京人，自应神往于彼，而心伤于此"（浦起龙《读杜心解》卷三）。

最容易触动杜甫心弦的，还是送人入京。魏十八仓曹（仓曹，主管仓谷事务，唐代各州、各镇都设有仓曹参军事，或司仓曹参军事）经停梓州，办完公事即将回到长安，送别的宴会在涪江上的一艘小舟上举行。这个春天，诗人不断在送人归京，自己却只能满怀愁绪，远望帝乡，暗自流泪，其内心是何等的悲哀与凄凉。

杜甫见到魏十八，就想念起他们共同的朋友岑参和范季明了。岑参，唐代著名边塞诗人。早岁孤贫，从兄就读，遍览史籍。玄宗天宝三年（744）进士，初为率府兵曹参军，先后两次从军边塞。代宗时，官嘉州（今四川乐山）刺史，世称"岑嘉州"。杜甫任左拾遗时，曾与他人联名保荐岑参为右补阙。两年前岑参做了虢州长使。宝应元年（762）春，改任正五品的太子中允，兼殿中侍御史，充关西节度使判官，所以杜甫在诗题中称岑参为"岑中允"。范季明，敦煌人，时在兵部任职方郎中。魏十八，排行十八，时官仓曹，事迹不详。

临别之际，杜甫作《泛江送魏十八仓曹还京，因寄岑中允参、范郎中季明》，请托魏十八带去自己对岑参、范季明二位挚友的问候与牵挂。下面，我们就来读一读杜甫的这首诗吧：

迟日深江水，轻舟送别筵。
帝乡愁绪外，春色泪痕边。
见酒须相忆，将诗莫浪传。
若逢岑与范，为报各衰年。

全诗大意："春日江水悠悠，送别仓曹的宴会在一艘小船上举行。一谈到如今的朝廷，总是愁思万端，泪流满面。此次一别，也许我们再难见面。今后您出席酒筵，请别忘了我这个飘零天涯的朋友；我给你的诗作，请您务必不要轻易外传。如果遇到岑参和范季明两个老朋友，一定请代我向他们表示问候，并告诉他们如今的我体弱多病，已提前进入衰老残年。"

诗人的这种天涯迟暮、惜别伤春的情怀，在《送韦班归京》中表现得同样强烈。

老杜将自己近年的一些诗作抄与魏十八，托他带回长安，可见魏十八是一个非常值得信任的朋友。但他还是要叮嘱魏仓曹"将诗莫浪传"，大概因为自己今年的诗作多有伤时之语，故而叮嘱不要随便传诵，以免招致祸端，这也说明经历政治与人生磨难的诗人，在政治上更加成熟了。

在那个交通和通信等都十分困难的年代，诗人作品的主要传播途径和方式，都是依靠人与人之间口传、抄录。到了唐代，虽已有雕版印刷，但价格十分昂贵，流寓蜀地的杜甫肯定没有这个经济实力刻印自己的诗歌作品。

读着杜甫的这类诗句，我的眼眶总有泪珠在滚动。

过了几天，竹马童年的小伙伴路六经梓州入朝。杜甫没有想到四十年音信全无的少年玩伴，却意外地出现在了遥远的剑外梓州。这是一场意外的惊喜，也是一场无奈的惆怅。两人相互打量，曾经的翩翩少年，如今俱是两鬓霜染，白发苍苍。这样的相见，真不知道从何说起，更不知道下一次又是何时才能见面，在哪里相见，还能不能够相见。

四十年途程蹭蹬，四十年沧海巨变，而眼下国运颓萎，战火烟尘，似乎与眼前的柳绿花红、无边春色形成了鲜明对比。这样的春日酒筵，怎敌得了久别相逢、乍逢又别的哀叹？！且看老杜的《送路六侍御入朝》：

童稚情亲四十年，中间消息两茫然。
更为后会知何地？忽漫相逢是别筵。
不分桃花红胜锦，生憎柳絮白于绵。
剑南春色还无赖，触忤愁人到酒边。

正如朱瀚《杜诗七言律解意》云："（此诗）始而相亲，继而相隔，忽而相逢，俄而相别，此铁板步骤也。翻覆照应，便觉神采飞动。后会无期，衬消息茫然；'忽漫相逢'，衬'童稚情亲'。"总之，诗人的情绪在不停地转换，从茫然到惊喜，从现实到未来，从真实到虚无，无以复加。他转而憎骂这得意扬扬的眼前春景："我不服气这桃花红得比锦缎还好看，更讨厌这柳絮白得比丝绵还轻盈！这剑南的春天怎么这样放刁撒泼，竟然跑到酒桌边来触犯正为乍逢即别而愁苦不堪的人啊！"

这一首《送路六侍御入朝》，不仅语气转折变化，自然灵活，而且用词极尽口语通俗之能事。这大概是诗人与路六为童稚之情的缘故吧，所以出语仍为童稚时口吻。

前脚送走路侍御，后脚皇帝身边侍从车御的何侍御又途经梓州归朝。春江河岸车马舟楫，汇集于岸，山花映发，水鸟飞翔，其乐融融，气派有加。望着何侍御的车马随从离去，诗人原本那颗孤独的心更加落寞。他在饯宴上作《送何侍御归朝（李梓州泛舟筵上作）》：

舟楫诸侯饯，车舆使者归。
山花相映发，水鸟自孤飞。
春日垂霜鬓，天隅把绣衣。
故人从此去，寥落寸心违。

原诗题下有注："李梓州泛舟筵上作"。"诸侯"，是古代中央政府对所分封各国国君的称谓，后郡守、刺史亦尊称诸侯。此处指称李梓州。"使

111

者",奉命出使的人。诗中指何侍御。

何侍御即将归朝,梓州最高长官李季真在涪江的官船上主持饯宴为何侍御送行。"山花相映发,水鸟自孤飞。春日垂霜鬓,天隅把绣衣。",诗人即景寓情,景中带比,描写诸侯(李梓州)饯宴的隆重热烈,与自己天涯送别的孤单、寂寞形成鲜明对照。仇兆鳌以为山花映发,起下绣衣故人,见侍御使归朝之乐;水鸟孤飞,起下霜鬓寸心,见己异方作客之穷。其诗兴中有比,是杜诗善用之技法。

不日,成都府王少尹因公来梓州,事毕,返回成都。临行前一天,梓州方面安排王少尹到梓州惠义寺游览(这是杜甫到梓州后第一次游览梓州名寺,以后他还会常来),送别的宴会也在惠义寺举行。席间,大家分韵赋诗,以助酒兴,杜甫抓阄得一"峰"字,须臾而成《惠义寺送王少尹赴成都,得峰字》:

> 苒苒谷中寺,娟娟林表峰。
> 阑干上处远,结构坐来重。
> 骑马行春径,衣冠起暮钟。
> 云门青寂寂,此别惜相从。

在唐代,梓州惠义寺是剑南道中的名寺。寺院在郪县城北三里许的长平山腰。寺庙始建于南北朝之北周,初名"安昌寺",唐代初年更名"慧义寺",又名"惠义寺",也有写作"彗义寺"的。清乾隆年间改称"琴泉寺"至今。初唐的王勃、杨炯游览惠义寺后,分别写下了《梓州惠义寺重阁铭并序》,从此惠义寺声名远播。

二月以来,杜甫几乎天天参加梓州官场中各式各样的离宴与聚会,要么在江船,要么在酒楼,而在清净的寺庙送客,今年似乎还是第一次。所以,杜甫格外能体会到山谷寺庙的幽寂地遥。

诗的前四句说:"惠义寺坐落于草木茂盛、林木掩映的长平山谷,站在山脚下仰望古寺,山峦清新、秀美,寺前栏杆清晰可见,它依山环绕,伸向高远。中途坐下来休息,才发现寺庙高阁联结,高耸于重峦叠嶂之间。"难怪杨炯《惠义寺重阁铭》说:"长平山兮建重阁,上穹隆兮下磅礴。纷披丽兮骈交错,俨色相兮冲寂寞,谁所为兮天匠作。"

诗的后四句说:"少尹大人骑着马走在春意盎然的登山路上,赴宴的官员个个衣冠楚楚;宾主之间情深义重,暮钟已鸣,仍不忍离去。席散客走,惠义寺剩下一片清寂。可惜的是,我不能随少尹大人一起回到成都草堂去。"

这位王少尹应该是杜甫的老熟人。少尹,官职名。唐制,州升府,刺史称府尹。府设府尹一人,少尹二人,从四品下。玄宗幸蜀,成都升府。上元二年(761)初秋,成都府陶、王两位少尹到青城山躲避"秋老虎",寻幽探古,诗兴大发,便想起了大诗人杜甫,于是差人回成都邀请杜甫来青城山相聚。杜甫在赶去青城山的路上,写下了《赴青城县出成都,寄陶、王二少尹》诗。因此,此"王少尹"很可能就是彼"王少尹"。

## 十一、梓州登临意

　　频繁的觥筹交错,迎来送往,虽然能让身在剑外的杜甫与昔日的亲朋故旧相会于偏远的梓州,给他带来一些人生际会的惊喜与感动,也带来北方战况与朝廷等方方面面新的消息,让诗人的梓州生活不至于索然无味。但是,当这些亲朋故旧离开以后,杜甫的精神世界有时候会变得更加空虚、寂寥,而排解的最好方式,就是置身青山白云、佛寺梵宫,一洗尘世的酒污浊泥。

　　梓州多名寺,而且近在咫尺。晚唐梓州人侯圭《东山观音寺记》云:"梓州浮图大小十二,惠义居其北,兜率当其南,牛头据其西,观音距其东。"

　　在唐代,道教虽为国教,但佛教禅宗最为兴盛。宋人周必大指出,自唐以来,禅学日盛,才智之士,往往出乎其间。杜甫的一生,大部分生活在玄宗时期,崇尚虚静、适性、无为的道家思想对他影响较大,特别是在洛阳与李白相识的一段时间里,他跟着李白四处寻仙访道。然而杜甫似乎更具佛缘,他很早的时候就与佛僧有交往,青年时作《巳上人茅斋》云:"巳公茅屋下,可以赋新诗。枕簟入林僻,茶瓜留客迟。江莲摇白羽,天棘蔓青丝。空忝许询辈,难酬支遁词。"年轻的杜甫与巳上人谈禅,称赞巳上人佛旨造诣很高,简直像支遁一样,而自愧不如许询。这说明杜甫很早就是懂佛学的。在他的至交中,就有京师大云寺住持赞公和尚、江宁高僧旻上人等。入蜀后,他倾心向佛,喜游寺访僧,求法参禅,其诗多有体现,如《赠蜀僧闾丘师兄》《暮登四安寺钟楼寄裴十迪》《游修觉寺》等。来梓州后,杜甫专程游历了中江的玄武庙,到射洪上方寺拜访当地名僧、上方寺住持文上人,对文公的道法和禅心大加赞赏，并表示"愿闻第一义，回向心地初"，甚至产生了皈依佛门的想法。

"二月频送客，东津江欲平。"不知不觉，春天已过大半，好不容易清闲下来的杜甫便决定到州城周边的佛寺走一走、看一看，为自己寻觅一方心灵的净土。

从城东茅屋出发，杜甫首先游览了牛头寺。牛头寺坐落于州城西边的牛头山顶。牛头山，在梓州郪县西南二里，形似牛头，四面孤绝，站在山顶可以俯临州城，遥望郊野。

牛头山上有牛头寺，下有长乐寺，楼阁烟花，为一方胜概。《太平寰宇记》载，梁天监年间，西域高僧明达在山下建寺，梁武帝赐名"长乐寺"，因在牛头山下，故俗名"牛头寺"。而按杜诗所言，牛头寺应在山顶。笔者推测，抑或唐末寺毁，后重建于山下，于是有了《太平寰宇记》牛头寺在牛头山下的记载。现牛头山顶建有梓州杜甫草堂，而山下山上的寺庙则无迹可寻。总之，有唐一代，牛头山是人们拜佛、登临的好去处。

春光明媚的时节，上牛头寺踏青的人络绎不绝，但游寺的人却不多。这正合了杜甫的心意。他登临环顾，青峰连绵，游目空阔，心中豁然开朗，近半年郁积于心的愁闷、烦忧，顿时消减大半。

寺庙周围各种花儿次第开放，鸟儿在枝头飞来跳去，清脆的鸣叫声，声声相接。竹细池幽，花浓寺静，反觉啼莺太切。

杜甫的一首《上牛头寺》细致地描写了诗人登山访寺的所见所感，以及牛头山幽美的自然景象，让人仿佛置身于另一个世界。诗曰：

青山意不尽，衮衮上牛头。
无复能拘碍，真成浪出游。
花浓春寺静，竹细野池幽。
何处莺啼切，移时独未休。

这首诗后四句写牛头寺"楼阁烟花"的胜概，颇为清丽。寺庙的清幽、静谧，让杜甫忘却了暂时的烦恼。整首诗动静结合，情景交融，而其中的浓花、细竹、野池、啼莺，给人以亲切之感、跃动之象。

**杜甫在梓州**

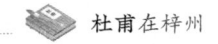

　　出了寺门，杜甫沿着山路前行，不知不觉已来到牛头山顶的一处凉亭——牛头山亭子。

　　牛头山亭子建于牛头山顶最高处。伫立于亭台之上，凭高远望，梓州城邑尽收眼底。或许是诗人独自登亭的缘故，在杜甫眼中，阳光照耀下的梓州江城，显得如此孤单，仿佛光照孤城；春风从远处的山谷中吹来，又是那么幽深遥远。形单影只，与世隔绝，皆因战火纷飞；关河阻塞，书信不通，弟妹音信全无。不知不觉两行感伤的泪水已挂在了诗人瘦削的脸颊。这瞬间情感的变化，杜甫把它记录在了《登牛头山亭子》一诗里：

　　　　路出双林外，亭窥万井中。
　　　　江城孤照日，山谷远含风。
　　　　兵革身将老，关河信不通。
　　　　犹残数行泪，忍对百花丛。

　　诗中的"双林"，也称"双树"，是娑罗双树的简称，原指释迦牟尼圆寂之处，此处的"双林"代指牛头寺。亭子最高，出寺登亭，"凭高遥望，故城照日而见其孤，谷含风而觉其远"（仇兆鳌语）。"江城"二句雄健，浦起龙说："由'孤'字影出'身'字，由'远'字影出'信'字。要是由身孤信远，才于写景处，落得此两字下也。盖景情相生，篇法乃融。"末句"犹残数行泪，忍对百花丛"，仇兆鳌曰："世乱无家，止余数行之泪，忍对此百花丛中乎？伤心甚矣。"明人邵傅亦曰："泪眼对花，奚忍者，以景胜而心则悲也。"

　　夕阳西下，天色渐晚，杜甫便朝山下走去。他不时回望牛头禅寺，今天到此一游，似乎对禅居修行产生了一种内心的向往。

　　杜甫虽然是一个儒家正统派，但他也修禅近佛、炼仙企道。今天他在牛头寺礼佛论禅，感觉到禅机深奥高妙，犹如这曲折盘旋的山路，穿云绕雾，通向幽林深处。

　　站在山下回头望去，只见迷茫的春色在牛头山飘浮；天色已黑，高大的庙宇仿佛与天河相接。回忆白天寺中所见，衲子们传法布道，不舍昼夜，境界清华；而佛子们向往的是那个极乐国土七宝池，全以金沙布地，至华至美。于是，诗人猛然自悔，他在心中告诫自己不要再狂歌潦倒了，要收敛妄心，参禅养性，静悟本心。乃作《望牛头寺》，表达心迹：

    牛头见鹤林，梯迳绕幽深。
    春色浮山外，天河宿殿阴。
    传灯无白日，布地有黄金。
    休作狂歌老，回看不住心。

  诗中"鹤林"，非指站在牛头山顶、能够看见州南的鹤林寺。《涅槃后分》说，佛入涅槃已，东西二双合为一树，南北二双合为一，皆垂覆如来，其树惨然变白。经云树色如鹤之白，故名"鹤林"。所以该词为佛教语，又指僧寺周围的树林、佛寺。"传灯"，佛家谓佛教的教旨像明灯一样，可以破除迷暗，因此称传法为"传灯"。《释迦成道记》："一灯而灭而一灯续。"注曰："灯有照暗除昏之义，故净名有无尽灯。"王洙曰："以灯喻法，谓能破暗。"杜甫借此指长明灯。"有黄金"，佛经上说，极乐国有七宝池，八功水德，充满其中，池底全以金沙布地。仇兆鳌注："'有黄金'，殿至华。"了解了这些佛家用语，读这首诗就轻松多了。
  对于这首诗，还是清人浦起龙串讲得最好。他说："愚意此诗傍晚出寺，回望而得。'鹤林'即寺旁之林，乃佛门林木通称也。林深则寺藏，但见鹤林也。三、四，景愈阔。'天河'，春夜初昏见西隅。故曰'宿殿阴'。五、六，由望而忆及寺中所见，即长明之灯，宝胜之地，而喜其法轮昭焕，境界清华，遂猛然自悔曰：吾何戚戚狂歌为也？回看禅心，何其毫无系著如此也！回望之义了然矣。要为心恋安禅，故尔回望。下四实是上四之根。"
  这首诗，写得极富禅意，很多地方直接用禅语入诗。至此，杜甫法喜充盈，禅意遍布。故而从上寺到登亭子到下寺回望，一日之游而诗三首，各成一章，次序井然。
  过了两天，杜甫又去兜率寺览胜访僧。据《新修潼川府志卷六》载，兜率寺，在县南二里南山。一名"长寿"，隋开皇中建。唐改名"兜率寺"。寺有刘蜕文冢碑及刘蜕诗三首，刻之石。有兜率阁在寺前。嘉庆重修《大清一统志·潼川府二》载:"兜率寺,在三台县南二里南山。隋开皇中建。前瞰郪城,拱揖如画。"苏轼亦作《次前韵再送周正孺》云:"东川得望郎,坐与西争重。高风倾石室,旧学邸文冢。……牛头与兜率,云木蔚堆垄。醉乡追旧游,笔阵贾余勇。"可惜的是,兜率寺今已不存。据地方文史研究学者张庆先生考证,寺、阁毁于元代战火。而我听当地老人讲,兜率寺毁于明朝中晚期。

总章二年(669),初唐诗人王勃登临郪城南山,畅游兜率寺,应邀作《梓州郪县兜率寺浮图碑》文,对南山景观做了非常详细的描述。他说:"其林泉纠合之势,山川表里之形,抽紫岩而四绝,叠丹崖而万变。连溪拒壑,所以控引太虚;蒸云驾雨,所以荡洩元气。涪江千仞,波潮将旭日争光,都城百雉,甍栋与晴霞共色。信造化之奇模,尽登临之妙境。"有了王勃的这篇碑文,杜甫登临游寺访寺的心情更加迫切。

渡凯江,寻碧蹬,历元阶,杜甫终于到达了兜率寺。在与禅师的禅谈中,诗人得知州南印台山始有寺庙,自齐梁年间,到现在已有二百八十多年的历史了。杜甫作《上兜率寺》:

兜率知名寺,真如会法堂。
江山有巴蜀,栋宇自齐梁。
庾信哀虽久,周颙好不忘。
白牛车远近,且欲上慈航。

兜率寺是远近闻名的佛寺,这里永恒常在,如宇宙万物的本体;其高大的庙宇殿堂,是佛家演说佛法的聚会之堂。此寺下临涪凯,依山而建,兼有巴蜀之形胜,庙堂栋宇自齐梁而创立,可谓历史悠久。"真如",佛教名词。佛教认为用语言、思维等表达事物的真相,总不免有所增减,不能恰到好处。要表示其真实,只能用"照那样子"的"如"字来形容。佛教学者大多将作为宇宙万物的本体,与实相、法界等同义。

前面引各代《方志》说,兜率寺始建于隋,王勃《梓州郪县兜率寺浮图碑》也说:"兜率寺者,隋开皇之所建也。"杜甫诗言"栋宇自齐梁",应该是听了僧人的介绍,有根有据,定然不是姑妄之言。清末学者蒋清翊分析说：“今碑谓寺建于隋，疑齐梁间先立精舍，至隋始标寺名。”

江山蜀道远，杜甫突然有了庾信晚年漂泊的乡关之思，然而战乱未平，道路不通，回乡之路总是那样遥远和渺茫。如今自己身处乱世，日暮途远，何不学南齐周颙奉佛归隐呢？《法华经》上说：“有大白牛，肥重多力，体形殊好，以驾宝车。”只要乘此法乘，或者搭乘佛家普度众生的慈航之舟，就能到彼岸脱离苦海。

王洙曰：“佛书有兜率天宫，故取以名寺。”"兜率"，梵语，意为知足喜足。佛经中三界诸天，欲界六天中之第四天即兜率天。兜率内院是弥勒佛信仰者皈依的地方。随着弥勒信仰与净土思想的展开，兜率天宫也被视为兜率净土。

从兜率寺下得山来，杜甫乘船渡江回东门草堂茅屋，站在船头，他回望兜率佛寺，再拜而别。只见茂密的树木挡住了通往寺庙的山路，宽阔的江水仿佛隔断了进入寺门的通道。山寺上空，云气纷飞，连接庙宇；江中深流，浪花翻动，波光闪闪。佛寺僧院远离尘俗，要跨进禅门谈何容易？回想着禅师对佛学的精解，杜甫对彼岸世界的向往愈加强烈。在佛教境界里，一切偶像都被推翻，所有的精神包袱也不复存在，唯余佛尊；而佛尊在佛教禅宗里亦失去其偶像作用而被视为空。这是多么彻底的解脱，这是多么轻松自在的彼岸世界。

见此寺林木葱茏，遮天蔽日的禅林幽深境界，杜甫多么愿意清心净沐，神游其间，向佛陀奉献出一片至诚。回到家中，他作的《望兜率寺》，就是这种心理的一时流露：

> 树密当山径，江深隔寺门。
> 霏霏云气重，闪闪浪花翻。
> 不复知天大，空余见佛尊。
> 时应清盥罢，随喜给孤园。

尾联的"给孤园"，佛教语，即"给孤独园"的省称，是古印度佛教五大道场之一，后来用作佛寺的代称。浦起龙说："此诗盖泛江回望而作。一、二身在江间，见树不见寺也。三、四由彼及此，但见山云远动，江浪近翻而已。此时境界旷阔宜'知天大'矣,而心依初地,悠然但'见佛尊'也。著一'余'字,见过后之思。结言嗣此当常常'随喜',着'时应'字,见续叩之义。此解甚好!"

春光明媚之时,李梓州做东,邀请附近阆州(治所在今四川省阆中市)、遂州(治所在今四川省遂宁市)、果州(治所在今四川省南充市)三位刺史在梓州联谊聚会。于是有了一场东川"四刺史"春游惠义寺的高会。

惠义寺,始建于南北朝之北周,初名"安昌寺",以后魏安昌王长子、新州(即唐梓州,今四川三台)刺史拓跋则之尊称"安昌公名寺"。唐初更名为"惠义寺"。寺庙位于州治北二里的长平山东麓。初唐王勃《梓州慧义寺碑铭》,对其地理形胜作了详细描写,站在寺前眺望,"江分石犀,犹连赤岸之山;路对金牛,尚疑青泥之磴"。惠义寺"穷广汉之名山,得长平之绝岫。凭危列户,亘险乘甍。龛临明月之宫,塔对浮云之径。青莲湛目,下映香泉;颊果含唇,斜交宝树。重扃写翠,攀叠磴而烟周;复榭回丹,委连冈而电属。真童入卫,山前桂树之坛;神客来游,水上芙蓉之殿。千楣凤娇,横鸟道而斜飞;万栱虹蟠,俯虹庄而杳起。霞明春牖,即对谈鸡;露下秋亭,仍传唳鹤。松门不杂,禅清避俗之心;竹院长闲,响合游仙之梵。若夫招提净域,栋宇长存;精舍祇洹,规摹可袭。亦犹林光旧址,遂起甘泉之宫;露寝馀基,因立灵光之殿"。可见惠义寺的清净、幽美、禅意天然,它是文人雅士登临寄兴、官场中人迎来送往的绝佳之地。

四刺史登临览胜,杜甫陪伴同游,后来他作《陪李梓州、王阆州、苏遂州、李果州四君登惠义寺》说:

春日无人境,虚空不住天。
莺花随世界,楼阁寄山巅。
迟暮身何得,登临意惘然。
谁能解金印,潇洒共安禅?

全诗大意是:"在春光灿烂的日子里,我与四使君一起来到这无人之境、空旷之地。只见大千世界山花烂漫,莺歌燕舞;山巅苍峨,楼阁凌空,惠义寺仿佛空悬绝顶,寄放山巅。这真是一个佛家所谓的清净世界。到了迟暮之年，自己始终未得禅味，登高临虚反添愁思，心中一片惘然。但不知诸位使君，有谁能舍弃荣华富贵，来此相与修行安禅？"

杜甫畅游惠义古寺，一时又生出出家安禅的想法。这也不奇怪，他游上方寺、牛头寺、兜率寺的时候，不都萌动过参禅之意愿吗？要知道，此老心中真正放不下的还是君国和百姓。

话说州城之南有一大片柑子园，这里土质肥沃，排水性好，种出的柑橘果肉橙红，汁多味浓，酸甜适度，瓣薄无渣，远近闻名。秋季采摘后，梓州官府就会挑出品相上乘的柑橘，派人快马加鞭进贡朝廷。《新唐书·梓州梓潼郡》就有"梓州土贡有柑、橘皮"的记载。柑橘含有丰富的维生素C和柠檬酸，具有润肺化痰、美颜和消除疲劳等作用。橘皮，具有健脾开胃、理气消食、燥湿化痰等医药功效。因此，柑橘也是老杜的最爱。

临近晚春，涪江岸边千橘青葱，繁花竞放，洁白胜雪。远远望去，那青绿色的枝叶把天空衬托得更加蔚蓝。阵阵清风送来柑橘的花香，杜甫一边欣赏这无边的春景，一边畅想秋天黄澄澄的香甜珍果由边使运送到长安，供王子皇孙品尝的情景。于是，他作《甘园》一诗，吟咏道：

春日清江岸，千甘二顷园。
青云羞叶密，白雪避花繁。
结子随边使，开筒近至尊。
后于桃李熟，终得献金门。

"甘"，通"柑"，甘园，即柑园。这首取名《甘园》的即兴之作，首联"二顷"即暗用苏秦无田产方能佩六国相印的典故。《史记·苏秦传》："且使我有洛阳负郭二顷，吾岂能佩六国相印乎！"最后两句"后于桃李熟，终得献金门"，既是写实，也是借柑言己，他希望有朝一日自己能像这秋后成熟的柑橘一样大器晚成，以近"天颜"。由此可见，往日那些礼佛参禅，甚至出家之想，不过是杜甫的一时之念罢了。

二月以来，杜甫差不多天天陪着李梓州宴饮游乐，喝花酒，看美女，听艳曲。李梓州把场面搞得越来越大，时间拉得越来越长，花样搞得越来越多，动辄侍者、歌伎、舞女尽悉出动，把一条清波碧透的涪江长河硬生生搞

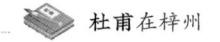

成了活色生香的秦淮河。

如若不信,且看杜甫在广德元年春所作的《数陪李梓州泛江,有女乐在诸舫,戏为艳曲二首赠李》:

其 一

上客回空骑,佳人满近船。
江清歌扇底,野旷舞衣前。
玉袖凌风并,金壶隐浪偏。
竞将明媚色,偷眼艳阳天。

其 二

白日移歌袖,青霄近笛床。
翠眉萦度曲,云鬓俨成行。
立马千山暮,回舟一水香。
使君自有妇,莫学野鸳鸯。

全诗大意是:"早上,宾主由专车专马送到涪江河岸,客人们一个个都登上官船、画舫,送客的仆从才驾着空车返回。粉黛佳人早已侍立于附近的大船。春江碧透,倒映歌妓舞扇,情意绵绵;旷野无边,但见画船连绵,衣袂款款。舞女们轻抒长袖,含情脉脉,并立而舞;各位大人金壶盛酒,醉意阑珊,倚浪而偏。舞女们尽情展示自己明艳的姿色,不时向李梓州暗送秋波,抛送媚眼。

轻歌曼舞,时光在不知不觉流逝;夕阳西下,青天霞影与笛床交相辉映。佳人依曲而歌,颦眉作态;舞姬发鬓盛美,整齐列队。千山暮色中,迎候的马队站立路旁;诸舫回舟,满河氤氲着脂粉的艳香。李梓州啊,您可是有妇之夫,要行为检点。日暮当归,莫恋美色,千万不要流连不返。"

诗题中"数陪李梓州泛江",可见诗人这样的陪侍已经不是一次两次而是多次。杜甫寄居梓州多亏了李梓州的接济与关照,经常进出州府衙门,参与州府的迎来送往,不失为州府李大人的清客。杜甫即使看不惯,也不得不陪。既要相劝,又不能得罪,所以称为"戏"作,又冠以"艳曲"之名。艳曲，即艳情之歌曲，属古代民间情歌之一种，由此可见杜甫作此"艳曲"的无奈和对朋友的用心良苦。

此诗"曲终奏雅，其辞丽以则，实本诗人作赋之义"（黄生语）。我们读这首诗，马上就会联想到杜甫在通泉县规劝姚通泉和王侍御的话语："人生欢会岂有极，无使霜露沾人衣"；今讽谏李梓州则直言"使君自有妇，莫学野鸳鸯"，诗人与李梓州的关系毕竟更进一层，劝谏的话语也就更加直截了当。

在梓州，这类你侬我侬的娱乐活动，杜甫也参加，但是他能发乎情，止乎礼，乐而有节。看来类似的娱乐活动，不是不能参加，关键是看你有没有面对诱惑与欲望时的那份克制与节束，有没有文化重负下那份果断与洁身自好的修为。

## 十二、暮春绵汉游

广德元年（763）春天，杜甫确实很忙。他忙着喝酒侍宴，忙着江头送客，也间或登临览胜，礼佛参禅。眼看就要林花谢了春红，他决定到梓州附近的州县看一看，走一走，以纾解这无边无际的春愁。

杜甫的第一站选择了位于梓州东北九十里的盐亭县。盐亭县隶属梓州，位于古蜀国东部边境，因其境内盐卤丰富而得名。从梓州到盐亭有两条路可供选择。一是走山路，路近，但山路难行。二是走水路，从梓州乘船沿涪江顺流而下到射洪境内，再从射洪双溪进入梓潼江（梓潼江，又叫射江，属涪江支流，由盐亭入射洪，注入涪江。射洪因射江而得名。现在称梓江）弃舟登岸便到了盐亭。

半年多的寓居生活，杜甫对梓州的山水越来越熟悉；而这个春天，他陪着李梓州不停地泛江饯客，对涪江也越来越有感情，甚至爱上了水上便利的交通工具——木船（其实在成都的时候，他已经购置了两艘小艇，常常自驾小船，带着妻子在浣花溪中观光游赏）。此次春游盐亭，杜甫自然要乘坐木船顺江而下，经射洪，转射江到盐亭。

春天的天气，像小娃娃的脸说变就变。船刚刚行至射洪县境内，诗人就遭遇了一场不期而至的暴风雨。杜甫不能继续前行，便在射洪境内的凿石浦住宿了一个晚上。他作《宿凿石浦》，记录当晚住宿凿石浦的缘由，以及由此而触发的心绪。诗曰：

　　早宿宾从劳，仲春江山丽。
　　飘风过无时，舟楫敢不系。

> 回塘澹暮色，日没众星嘒。
> 缺月殊未生，青灯死分翳。
> 穷途多俊异，乱世少恩惠。
> 鄙夫亦放荡，草草频卒岁。
> 斯文忧患余，圣哲垂象系。

《古今图书集成·职方典·潼川州部艺文三》收录了杜甫这首诗。凿石浦，在梓州射洪县境内。

诗的前六句说："春天的山川是多么美丽，游赏之时，突然遭遇不期而遇的暴风雨，只得把航船停靠在凿石浦码头，早早地与同行的宾客和仆从在旅馆中歇息。堤岸曲折，暮色降临，雨后放晴，夕阳落下，天边的星星升起，发出微弱的光亮。"

《礼记·礼运》上说，月"三五而盈，三五而阙"。诗的后八句说："今天乌云笼罩，残月不生，旅舍里的青灯也因为刮风不能点亮，四周一片昏暗和寂沉。此情此景，怎能不令人联想到古往今来那些杰出的人才，他们大多总是处于这样穷贱的境地。如今自己身在乱世，更是难沾恩惠（连天公也不作美），只得到处恣意飘荡，终年为生计辛劳。哎，作为一个普通的儒者，常常总是困苦、忧劳有余，只有才智超凡的道德君子，才能著书立说，流传后世。"

诗末句中的"象"，为卦辞；"系"，谓《系辞传》。师曰："言象、系之作，在仲尼不遇之日，自古文士多以忧患中而作文。甫是诗之作，盖亦愤懑而有所激耳。"（《分门集注杜工部诗》卷十一）。仇兆鳌亦云："文王蒙难而作象，孔子莫容而赞《易》，皆从忧患而得之。"又云："末联，公之自负不浅，穷而有以自乐矣。非知道，安能作此语。"杜甫虽处穷困，然而一生自负不减，时值暮年，乃有穷愁著书之意。诗人这种穷且益坚、锐意进取的精神和品格，永远值得我们学习。

风停雨住，第二天杜甫继续前行。船至盐亭，然后舍舟登岸，骑马而行，很快就到了盐亭县城。

盐亭县有一望族——严氏家族，在当地乃至整个梓州都很有影响。杜甫刚来梓州时，结识的梓州从事严二别驾，或许就是盐亭严氏家族中人。"梓中豪俊大者谁？本州从事知名久。"可见严氏家族在梓州的影响力。

  杜甫到盐亭时，曾在遂州和蓬州先后做过刺史的两位严氏族人正好致仕在乡，而严氏家族的严震与严砺两家更是以捐资助军闻名遐迩，受人景仰。杜甫前去拜访，可是素昧平生，怎么开口呢？于是，他写了一首诗作为拜帖送到严府。诗题曰《行次盐亭县聊题四韵奉简严遂州蓬州两使君、咨议诸昆季》，其诗对盐亭县钟灵毓秀的自然景色和严氏诸叔侄大加赞颂。诗曰：

    马首见盐亭，高山拥县青。
    云溪花淡淡，春郭水泠泠。
    全蜀多名士，严家聚德星。
    长歌意无极，好为老夫听。

  诗题中的"行次"，即行旅途中住宿的地方；"咨议"，即谘议参军的省称，此指严震。严震时为王府谘议参军；"昆季"，即兄弟，长者为昆，幼者为季。顾宸说："咨议诸昆季，则严震及严砺也。"

  严震（724—799），字遐闻，梓州盐亭人。世代耕读，以财雄于乡里，是当地有名的富豪大户。至德、乾元年间，严家多次拿出家财资助边防，严震因此被授予州长使、王府谘议参军（正五品上）。上元二年（761）十二月，严武任西川节度使，了解到严震的才干，将其招入府署管领仪仗（或许杜甫在成都时与严震有过一面之缘），不久又迁任恒王府司马。因此，杜甫对严武是了解的，到了盐亭拜访严震故宅及其族人也并不显得唐突。永泰元年（765），严武死后，严震罢归。后来，山南西道节度使表奏严震为凤州刺史。上任不久，其母亲去世，解职守丧。丁忧期满，起复本官，并负责充任兴州、凤州团练使。在任期间，严震兴利除弊，颇有政绩，封为郧国公。十四年后，迁山南西道节度使。唐德宗建中四年（783），泾原兵变，朱泚反叛攻入长安，德宗仓皇出逃至梁州（今陕西汉中），严震护驾有功，加检校户部尚书、冯翊郡王，实封二百户。德宗即将还京，加检校尚书左仆射。诏改梁州为兴元府，严震做府尹，实封二百户，最后做到"进同中书门下平章事"，也就是宰相。这当然是后话。

  严砺是严震族人，与严震为从祖兄弟行。《唐书》说他性轻躁，多奸谋，累官至东川节度使、山南西道节度使。在位贪残，士民不堪其苦。元和四年（809）卒。卒后，御史元稹奉使两川，弹劾他在任期赃罪数十万。严砺曾经受到严震的推荐和提拔，但他们的为人和结局却迥异。

《太平寰宇记》还记载，严氏本宅在负戴山边。负戴山自剑门南来，过剑州入盐亭，龙盘虎踞，起伏四百余里。杜甫诗中"高山拥县青"的"高山"，是实有其山，而非泛指，即耸峙于县城西边、拥抱全城的负戴山。山上有飞龙泉，喷下南流，注入梓潼江，水色清泠，其味甘美，当时老百姓称之为"琼浆水"。

了解了这些背景资料，也就不难理解杜甫寓居梓州期间，写有那么多称赞严氏的诗歌了。

这首诗的前四句，描写盐亭县的春景："这里云溪花淡、春水潺潺，山水俱含灵秀气象，非寻常地脉。后四句极写蜀中人杰地灵，名仕众多，好比贵府星聚一堂，言我能侧身其间，请允许我为严氏族人及诸公反复吟咏此诗，以表达无限景仰之意。"

"严家聚德星"之句，以《异苑》所记载的陈仲弓与诸子侄造访荀季和父子，于时，天空德星相聚，太史奏五百里之内一定有贤人相聚的典故，以此颂扬严氏诸叔侄的修德清静，必出贵人。

有了这张拜帖，杜甫在盐亭也就行旅无忧了。陈贻焮先生说，杜甫长年在外打秋风，门槛越来越精了。这也是书读得多、会写诗的好处。谁又说"万言不值一杯水"呢？真是可笑亦复可怜！

有了严氏族人的热情接待，杜甫畅快地流连于盐亭的城郭、溪边，观花看水，徜徉于集市、码头，感受丘陵山县不一样的民俗、风光。他的《倚杖》就是这样一首纪行诗：

看花虽郭内，倚杖即溪边。
山县早休市，江桥春聚船。
狎鸥轻白浪，归雁喜青天。
物色兼生意，凄凉忆去年。

杜甫这次旅行到盐亭，客居城内，也不时到城外溪边漫步。山县民风淳

## 杜甫在梓州

朴，店铺很早就打烊了，一派安详。春江水涨，码头桥边商船客船渐渐聚集增多了，安静中即是另一番热闹。沙鸥贴着水面飞翔，仿佛在与洁白的浪花嬉戏；抬头远望，北归的大雁在湛蓝的天空翱翔，一派生机蓬勃。不知怎的，在这个美好的黄昏时刻，杜甫却回忆起了去年避乱初来梓州时的凄凉……这淡淡的旅愁，同春天的喜悦交织在一起。看来，客居之人总是那么多愁善感。

在盐亭县逗留了几天，杜甫就回到了梓州。正好有昔日的朋友辛员外从涪江下游乘船来到梓州。辛员外，即辛升之。乾元、上元年间，累迁祠部员外郎，转司勋员外郎，不久以后，他又出任眉州别驾，还有与杜甫再次相逢的时刻。

辛员外在梓州停留几日，便要去绵州，梓州官府在惠义寺樱桃园为辛员外举行的饯别宴会，杜甫应邀参加。当日他作七绝《惠义寺园送辛员外》：

朱樱此日垂朱实，郭外谁家负郭田。
万里相逢贪握手，高才仰望足离筵。

全诗大意："今天真是个好日子，惠义寺樱桃园里结满了朱红色的樱桃。站在惠义寺远望郊外，是谁家耕种的大片农田绿油油的，为我们送来了满目清幽？没想到我和辛员外在万里之遥的梓州意外相逢，我们的两双手紧紧地握在一起，久久不愿松开。今天能与不同凡响的辛员外共进午餐，即使是马上又要分别，我也心满意足。"

辛员外是杜甫的知交，中原分手，暌隔多年，没有想到在万里之遥的梓州意外相逢。不忍乍逢即别，杜甫主动提出要送辛员外一程，辛员外愉快地接受了。

从梓州到绵州，沿江步行比逆水乘舟要快得多，而且沿途景点也不容易错过，这当然是最好的选择。从梓州到绵州，涪城县（治所在今四川省三台县芦溪镇涪城坝村）是必经之地。涪城县位于梓州北五十里，县东南三里处有一山，名曰香积山（今四川省三台县刘营镇境内）。香积山顶有一座远近闻名的寺庙叫香积寺。香积山山腰有官阁，下临涪江，垂直陡峭，似有千丈。杜甫和辛员外同行，香积寺岂能错过？只可惜此时，天色将晚，两人只是匆匆游了香积寺官阁。杜甫后来作《涪城县香积寺官阁》：

> 寺下春江深不流，山腰官阁迥添愁。
> 含风翠壁孤云细，背日丹枫万木稠。
> 小院回廊春寂寂，浴凫飞鹭晚悠悠。
> 诸天合在藤萝外，昏黑应须到上头。

涪城县，南朝梁置，属剑南道绵州，大历三年（768）改属梓州。元世祖至元二十年（1283），撤涪城县，并入梓州郪县。

全诗大意："站在香积山山腰官阁俯瞰，寺庙之下的涪江江深水静，江水仿佛静止不动。山腰官阁建于绝壁，壁立千丈，难免让人恐惧发愁。江风吹拂，只见青翠的峭壁之上，孤独的白云一丝一缕，轻轻飘散；傍晚时分，一抹夕阳把稠密的枫树映照得发亮通红。走在官阁小院曲折回环的步道之上，感觉春天是那么静谧而安详。眺望江面，野鸭戏水，白鹭飞翔，傍晚的涪江显得那么闲适和自然。山顶的香积寺就是佛家所谓的'诸天'了，只是它远在翠壁峭崖的藤萝之外；如果努力向上攀登，我们大概在天黑之前应该能够到达香积寺的上头。"

"已从招提游，更宿招提境。"今晚，杜甫应该住宿香积寺了。到梓州后，诗人对佛教的兴趣似乎更为浓厚。

自从杜甫的这首《涪城县香积寺官阁》流传开后，就不断有文人雅士到此拜佛、览胜，并在官阁崖壁留下了数量众多的摩崖石刻。大概在中晚唐，州人将杜甫的《涪城县香积寺官阁》刻于官阁岩壁，一直保存至民国初年。《潼川府志》记载，北宋熙宁元年（1068）重阳节，邑宰许申之等人"登香积寺，观杜子美诗，访官阁故址"，宋淳熙乙巳年（1185）上元日邑宰郭公绪游香积寺，兴之所至，在香积山崖壁书"官阁"横额。现在三台县刘营镇官阁寺岩壁一带，尚存唐、宋摩崖造像及题刻，近一米见方的"官阁"岩书，尤其醒目。1993年1月，香积寺官阁寺被公布为县级重点文物保护单位。

涪江两岸，山峦与平坝错落，满眼葱绿，风光如画，春日景象与成都平原迥然不同。杜甫与辛员外一路策马并行，不知不觉已来到一处高台。两人登台览胜，饮酒赋诗。青竹杯莚，细草流连，恋春恋人，依依不舍，情绪难堪。绵州送别辛员外后，杜甫作《又送》再叙送别之情：

## 杜甫在梓州

双峰寂寂对春台，万竹青青照客杯。
细草留连侵坐软，残花怅望近人开。
同舟昨日何由得，并马今朝未拟回。
直到绵州始分手，江边树里共谁来？

全诗大意："中途歇息，举杯筵客，眺望前方，两座山峰正与我们寂寞相对；身边万竿翠竹青青，映照着手中的酒杯。坐在柔软的草地上，细草侵身，充满无限的留恋；起身移步，忽见路边残花数朵，令人惆怅满怀。此情此景，让人情何以堪？

前日您从水路乘船而来，未能与您泛江同游；今天有幸和您并马相伴，我就没有打算马上回去。我要送您，一直送到绵州才与您分手告别。您走以后，我回梓州的路上，又有谁与我结伴而行？恐怕只有江边之树吧。"

这首诗，前半部分句句写景，景中俱是惜别之情；后半部分挚抒怀，更觉情意绵绵。

送走了辛员外，杜甫并没有马上回梓州，而是住进了他熟悉的绵州东津客馆。自从送走严武后，因为成都徐知道发动叛乱，暂时回不了成都，杜甫就在这个客馆住了一段时间。绵州客馆一两里之外就是涪江，闲来无事，杜甫曾来这里观看渔人打鱼，先后写作《观打鱼歌》《又观打鱼》。客馆里有一株海棕树，长得高大挺拔，龙鳞犀甲，枝叶交错，甚是稀奇，可是人们并不认识它、了解它，甚至海棕自己也没有认识到存在的价值。于是诗人作《海棕行》，既伤海棕无人所识，大才沦落，世无知己，也叹自己身怀经世之才而不遇。不过，这些都已是旧事。

今年再来时，时值春末。谷雨以后，蜀中的雨季已经开启。连日的倾盆大雨，搞得人足不能出户。杜甫也因此而意外地结识了住在同一客舍的窦使君。雨势渐弱，为人爽直的窦使君便拉上杜甫，来到巴西驿亭，两人一边喝酒，一边观看宿雨江涨。

坐在驿亭酒馆，才晓得连夜的大雨已导致涪江暴涨。雨幕遮天，洪峰巨浪与远处的山峰相混，根本就分辨不清哪是山峦，哪是波涛。脚下，翻滚的巨澜猛烈地撞击着江边驿亭；远处，咆哮的洪水向着城镇、村庄逼近，满眼浊浪滔滔。江河无边无际，连高飞的鸟儿也找不到落脚的地方；浊浪排空，泥沙滚涌，水中的老龙恐怕也会被江中的泥沙胶固，动弹不得，屈伸不灵。

宿雨江涨，本不知所为，这真要感谢同住客舍的窦使君拉上老杜一边饮酒，一边观看这浩浩荡荡的壮阔场面。看着这水天相接的江流，杜甫的心胸顿时豁然开朗。但是，这滔天的洪水如此剧烈，一时间波浪作怒，诗人又担心堤岸崩颓，随洪流而去。幸亏有酒压惊，忘了沉溺之忧；神定气闲之时，仿佛自己就是那逐浪飞翔的海鸥，哪里还会畏惧这汪洋水势。看着眼前的情景，杜甫不禁想起了青年时自己在吴越海边、扬子江畔常常见到的水势奇观。

能与窦使君这样的朋友对江畅饮，早上来到驿亭观看江涨的愁绪便减了大半。于是，杜甫遣兴为诗，将今日所见所感记录下来，诗题曰《巴西驿亭观江涨，呈窦十五使君二首》：

其 一

宿雨南江涨，波涛乱远峰。
孤亭凌喷薄，万井逼春容。
霄汉愁高鸟，泥沙困老龙。
天边同客舍，携我豁心胸。

其 二

转惊波作怒，即恐岸随流。
赖有杯中物，还同海上鸥。
关心小剡县，傍眼见扬州。
为接情人饮，朝来减片愁。

诗题中的"巴西"，顾祖禹《读史方舆纪要》载，绵州，"天宝初曰巴西郡，乾元初曰绵州"。

傍晚时分，洪水逐渐消退，浑浊的江水由浊变清，堤岸又重新露出一痕绿色。杜甫踟蹰于巴西驿亭，遥望万里河山，客居的愁绪犹如暮春的晚风阵阵袭来。他想白日亦有暮色，如同这春天也必将过去一样，然而自己心中的旅愁与醉意，却没有醒来的时候。于是他作诗《又呈窦使君》：

> 向晚波微绿，连空岸却青。
> 日兼春有暮，愁与醉无醒。
> 漂泊犹杯酒，踟蹰此驿亭。
> 相看万里外，同是一浮萍。

漂泊在外的人总离不开一杯薄酒，可是，举杯消愁愁更愁啊。诗人与窦使君同样是无根的浮萍，只好同病相怜。

杜甫这次重来绵州，似乎人情冷淡，郁郁寡欢。他转念一想，昔日的同乡老友房琯正任职汉州（今四川省广汉市）刺史，何不就此西南而行，去汉州拜望多年没有见面的布衣之交房琯呢？

房琯，字次律，出生清河房氏。《旧唐书·房琯传》载，房琯少好学，风仪沉整，以门荫补弘文生。三十七岁，拜监察御史。天宝五年（746）正月，擢试给事中，赐爵漳南县男。安史之乱因护送玄宗入蜀有功，拜文部尚书、同中书门下平章事，赐紫金鱼袋。同年八月，奉使灵武，册立肃宗，"肃宗以琯素有重名，倾意待之。琯亦自负其才，以天下为己任"。至德元年（756），房琯自请领兵平叛，结果一败再败，后遭谗言罢相。乾元元年（758）六月，房琯贬邠州刺史。杜甫因为冒死直谏为其辩诬，结果被肃宗视为房琯同党，也于同年六月由左拾遗被贬为华州司功。第二年六月，房琯因为在邠州任上干得不错，"颇著政声"，拜太子宾客。上元元年（760）四月改礼部尚书，不久外放晋州刺史；八月又改汉州刺史。宝应二年（763）四月拜特进刑部尚书。

绵州到汉州百来里路程，最多两日便到。于是，杜甫便又像浮萍一样漂到汉州去了。

杜甫到达汉州，新拜特进刑部尚书的房琯已启程赴召。新任汉州王刺史知道杜甫与前任房琯的生死交情，给予了杜甫热情接待。而此时，绵州刺史杜济正在汉州公干。于是，两位刺史陪同老杜游赏汉州房公西湖，品尝湖中所产的水葵羹汤和鱼脍等美味佳肴。杜甫感激而作《陪王汉州留杜绵州泛房公西湖》诗记其事：

> 旧相恩追后，春池赏不稀。
> 阙庭分未到，舟楫有光辉。
> 豉化莼丝熟，刀鸣脍缕飞。
> 使君双皂盖，滩浅正相依。

  原诗题注说西湖"房琯刺汉州时所凿"。上元元年（760），房琯来到汉州后，看到前代修筑的"官池"由于年久失修，已经淤塞，便组织清淤成湖。又开渠从高处引入溪水注入湖中，在汉州城开辟出一处山光湖色，供自己游赏。史载房琯性好隐遁，曾居陆浑伊阳山读书十年，即王维《赠房卢氏琯》中所言："达人无不可，忘己爱苍生。岂复小千室，弦歌在两楹。……视事兼偃卧，对书不簪缨。萧条人吏疏，鸟雀下空庭。"房琯虽遭贬官，然"好隐遁"的风神犹在，这可能是他在汉州凿湖的原因之一吧。而更主要的动机是，他自己"遭乱意不开，即理还暂祛。安得长晤语，使我更忧除"。安史之乱后，房琯奉使册立肃宗，被任命为文部尚书、同中书门下平章事，成为宰相，一度运筹帷幄，颇得名望。后来主动请缨讨伐叛军，仓促济难，一败再败，陷于浮虚比周之罪，这大概就是他"遭乱意不开"的潜台词。因此，他便想方设法在喧嚣的城市中开辟出一处湖山胜景，解忧除闷，即所谓"使我更忧除"。

  房公湖湖岸迂回曲折，湖中有小岛，岛上建有可供居住休息的屋宇，即使三伏酷暑天，住在湖心岛上也十分凉爽。如果有朋友、同僚从远方或近邻州县而来，主人往往会邀客泛舟游湖，寝食于此，兴尽而归。现在广汉市人民政府已在唐代房公湖遗址上扩建成房湖公园。园内古色古香，既有江南园林的小巧玲珑，又有巴蜀园林的古貌古风，真是一方休闲的好去处。

  老杜诗说："恩命岂敢耽延，旧相已经离开，到房公西湖游赏的人依然络绎不绝。思忖房公正奔走于召回长安的途中，但我相信游船上的王刺史一定会大有作为，为前政增添光辉。今天，王刺史以湖中特产水葵和湖鱼招待客人，我吃着盐豆豉调味的羹汤，丝滑爽口，真是鲜美极了；看着大厨快刀作响，切出的鱼片轻薄欲飞，真是一种美的享受。酒足饭饱，两位刺史大人正水岸相依，其情切切，多么和谐、多么美好。"

杜甫入蜀已三年多时间，成都也好，梓州也罢，距离汉州都不远（成都更近，不到百里），他为何一直没有来汉州拜望房琯呢？这大概主要是出于政治上的考虑，为了避嫌，不想给老朋友带来不必要的麻烦，也不给他人留下口实吧。如今杜甫来了，房琯却走了。人生如逆旅，美好的风景总有错过的时候，即使能再次驻足流连，却已不是往日的风景与心情。因此，当杜甫与新任汉州王刺史、绵州杜刺史泛舟房公西湖时，就不能不感慨留恋了。

浦起龙说这首诗"落笔斟酌，言言得体"，并加以具体解释："湖为房公旧迹，而房又公之知己，篇中自宜首及。然现在同泛者，新使君也，此中却分宾主。看其落笔斟酌，言言得体。首提'旧相'，遥为房公贺也，却是递下语。次句，则归美使君，能增辉前政矣。三、四分顶，着到自身，言随朝则无分，而陪宴实有光。两边气宜俱见，笔复侧注。五、六，又即以房湖物产作王宴铺排，更能融洽入化。结联恰好就宴上收合使君，而曰'双皂盖'，则不漏绵州；曰'正相依'，则仍绾陪泛，洵是规重矩叠。"应酬之作，自须面面俱到，何况主客都是地位不低的州刺史呢。

杜甫在汉州没住几天，却写了好几首与房公湖有关的诗。汉州西湖当然很美，但主要还是爱屋及乌的缘故。一天，王刺史把原刺史房琯养在房公池的一群鹅送给杜甫，这可乐坏了老杜。他高兴地马上写了首《得房公池鹅》七绝诗，以答谢主人。诗曰：

房相西池鹅一群，眠沙泛浦白于云。
凤凰池上应回首，为报笼随王右军。

王嗣奭解题云："池中养鹅，而题云'得鹅'，必有取而饷之者。"甚是。

全诗大意："房相在西湖养的这一群鹅，它们无论是小眠沙滩，还是凫游岸边，都是那样可爱。洁白的羽毛，比天上的白云还白，真是太漂亮了。房相这次被召还京，回到中书省处理政务的时候，还会想念这群鹅儿吧。报告房相，这群白鹅将被我杜甫像当年王右军那样连鹅带笼带去梓州了。"

第三句中的"凤凰池"，亦称"凤池"。唐以前指中书省，唐以后指宰相之职。诗末，杜甫还以大书法家王羲之自比，可见其高兴劲儿。《法书要录》

载，王羲之生性喜爱大白鹅，山阴县昙嚷村有一个道士养了十多只上等好鹅。王羲之看了非常满意，央求道士卖给他。道士说，府君若能屈书《道德经》各两章，我便把这一群鹅送给你。王羲之听后仅用半天时间就抄写完两章《道德经》。道士不食前言，于是王羲之兴高采烈，笼鹅而归。又，王羲之曾为右军将军，人称"王右军"。杜甫"九龄书大字"，从小学习书法、喜爱书法、善于书法，与当时的书法大家李邕、张旭多有交往，故以王右军自比。

在汉州，杜甫只要闲来无事，就经常到西湖游览。一天他和朋友泛舟饮酒，见数只雏鹅绕船戏水，便担心其受到伤害，故作《舟前小鹅儿》：

> 鹅儿黄似酒，对酒爱新鹅。
> 引颈嗔船逼，无行乱眼多。
> 翅开遭宿雨，力小困沧波。
> 客散层城暮，狐狸奈若何。

因舟中饮酒，醉眼看新鹅，点出鹅儿颜色。又汉州名酒，色泽淡黄，名"鹅儿酒"。这首诗写得清新可爱，醉意中满满都是童心、爱意。三、四句"引颈嗔船逼，无行乱眼多"，写雏鹅稚态，天真活泼、让人怜爱，颇具画面感。"'狐狸'，食兽，食鹅者也。"（邵宝语）末联恐其受到伤害，以回应爱惜之意作收结。

仗友而生的人总是多愁善感。杜甫偶然看见西湖（房琯来之前叫"官池"）养着一群被剪去翅翎供游人观赏的大雁，春尽而未北归，便浮想联翩，生出许多感慨，作《官池春雁二首》：

其 一

> 自古稻粱多不足，至今鸂鶒乱为群。
> 且休怅望看春水，更可归飞隔暮云。

其 二

> 青春欲尽急还乡，紫塞宁论尚有霜。
> 翅在云天终不远，力微矰缴绝须防。

其一说:"已近春末,多数大雁都已北归故里。自古以来,赖以生存活命的稻粮,每到春荒季节常常多是不足,何况如今还有成群结队的鹨鹕乱哄哄地来争抢食物。在这种情况下,食物就更显不足。眼看已是春末,山高路远,暮云阻隔,你们不要再望着那春水发呆了,赶快下决心飞走吧。"失意无归——这春雁难道不是诗人的自我写照?

其二说:"南方春天将尽,大雁正急匆匆地飞翔在归乡的路上,而现在塞北估计霜雪犹在,还是寒冷。但是也管不了这些了。只要展翅云天,努力飞翔,路程再远,总归是能到达的;怕就怕力气微弱的时候,突然射过来的矰缴啊!所以,千万要提高警惕。"此篇"言应归而又避祸,殆公自况"(周篆语)。

不能归飞是一种悲哀,即使归飞又天寒路远,还要时时防备不知从何方发射过来的明枪暗箭,可见世道坎坷,人生艰难。杜甫既是为自己下峡还乡担心,也提醒老友房琯,宫廷政治险恶。经历了官场倾轧的历练,杜甫对政治斗争的复杂性已有了深刻的认识。

又有一天,杜甫在客馆闷坐无事,便来房公湖游湖解闷,恰巧新署梓州的杨刺史途经汉州往东川梓州上任。他听说杜甫正在汉州,就来找他。客馆里没有找到,想必老杜该是游湖去了,杨梓州就一行人就赶到房公西湖。他们沿湖而寻,仍然没有找到。原来老杜独自一人驾着小船随流水飘荡,不知不觉飘到了与湖相通的郊外清溪去了。

回到客馆,杜甫听说此事,即作短札《答杨梓州》以示歉意。诗曰:

闷到房公池水头,坐逢杨子镇东州。
却向青溪不相见,回船应载阿戎游。

对于此诗末句的"阿戎",历来的解释莫衷一是,有说用以美称他人之子的,有释为从弟的,而具体到这首诗也就有了三个说法:一谓杨梓州之子,二谓杨梓州之弟,三谓杨梓州。而陈贻焮先生说:"关于这首诗,我倒有另一种想法,姑妄言之。案:晋宋间人多谓从弟为阿戎,至唐犹然。杜位是老杜族弟,他的《杜位宅守岁》就称杜位为阿戎:'守岁阿戎家',但不知道能称妻从弟为'阿戎'否?若然,此杨梓州或为杨氏夫人的从弟,而末句解释起来就无须拐弯了：刚才你来找我，我恰好划船到青溪去了，所以没碰见；现在见到了，那么就让回转船头载着你老弟再去游游吧！这样一来，这就不再是一首答'杨当有来汉相约同游之说'（杨论语）的短札，而是当面的即兴之作了。"

杜甫离开梓州，出来游走了一大圈，屈指一算，差不多半个月了，也该回梓州了。这么一想，自己对梓州幕府诸位官员还真有几分想念，于是作《投简梓州幕府，兼简韦十郎官》，以诗代简，向东川幕府官员（主要是韦十郎官）打个招呼："朋友们，我杜子美马上要从汉州打道回府了，你们该没有把我忘了吧。"诗曰：

幕下郎官安稳无？从来不奉一行书。
固知贫病人须弃，能使韦郎迹也疏。

全诗大意："各位幕府朋友，亲爱的韦十郎，你们近来可好？我离开梓州这么久了，也没有收到过你们的一封书信，该不是把我忘了吧？反正我是非常想念你们的。我就知道，像我这样一个贫穷而又多病的糟老头子，是常常会被人嫌弃、被人疏远的；以致我最好的朋友——韦郎的墨迹，这么长的时间我也没有看到，是不是您这个亲戚也疏远我了啊？"有人认为此韦十郎官，疑为韦述之子韦都宾，排行第十，其堂妹嫁杜甫族孙杜济为妻。所以，转弯抹角杜甫，与韦十郎官算是亲戚关系。

在人们的印象中，杜甫似乎是不苟言笑、老实固执的人。其实面对人生挫折、生活困难，杜甫有时也开开玩笑，幽它一默，这也是他可爱的一面。自己跑出去游山玩水，聚会友朋，还说别人嫌弃他而故作嗔怪。看来，即使仗友而生，有时也需矫情一下，玩笑一回，使点儿小性子，让别人被动一次，说不定反而能增进与朋友的感情。

在汉州，杜甫还结识了汉州王录事，交谈中得知，原来王大录事的叔父是自己多年前的朋友。王大录事因此盛情邀请杜甫到家中做客。

王录事的家距汉州城很有一段距离。杜甫接受了邀请，王录事就安排了一顶轿子接杜甫到家中做客。主人看见杜甫的轿子到了，赶紧整顿衣冠出门迎接，并又催着家仆用最好的莼菜烧鱼款待客人。主人的热情让杜甫很是感动。

这一天，杜甫作《汉州王大录事宅作》以记其事。诗曰：

## 杜甫在梓州

> 南溪老病客，相见下肩舆。
> 近发看乌帽，催莼煮白鱼。
> 宅中平岸水，身外满床书。
> 忆尔才名叔，含凄意有余。

杜甫坐在主人的家中远远望去，春水平岸，田畴葱郁，生机盎然；主人又是读书之人，几案床头摆满了书籍，这委实是一个幽静、高雅的去处。当说到王录事已故的叔父，宾主又不禁凄然含悲。"南溪"，即浣花溪。"老病客"，杜甫自谓。汉州之行，杜甫总的说来收获颇丰，该游玩的地方都玩了，该造访的朋友也都造访了，自己也应该返回梓州了。

## 十三、江边岁月长

杜甫从汉州回到梓州,恰遇合州祁录事正在梓州出差。祁录事公干结束,即将启程回合州。《元和郡县图志·剑南道下·合州》载:"以涪江自梓、遂来,至州南与嘉陵江合流,因名合州。"其治所在今重庆市合川区。

杜甫与祁录事在数年以前有过一面之缘,也算是熟人吧。因此他想,如果自己这个春末夏初从梓州坐船出峡,合州则是必经之地。于是作《短歌行,送祁录事归合州,因寄苏使君》,为祁录事送行,并请祁录事给合州苏刺史捎话,自己过境合州时将前往拜会。诗曰:

> 前者途中一相见,人事经年记君面。
> 后生相动何寂寥,君有长才不贫贱。
> 君今起舵春江流,余亦沙边具小舟。
> 幸为达书贤府主,江花未尽会江楼。

大意为:"几年前,我们在一次旅途中见过一面,时间虽然过去了好几年,但还记得你这位青年才俊;我晓得你眼下官运不济,心中时有困贱之怨。接着,老杜安慰祁录事说,你是一个才智卓著的年轻后生,眼下你就像暂时困居于家中的初汉谋臣陈平一样,一旦才能有所施展,定然不会寂寂无闻。

你现在即将从梓州起航,顺江而下返回合州,其实我也在江边准备好了下峡的小船,很快我们就会在合州再次见面。很荣幸,由你提前将我拜会的书信带给贤达的苏使君。我们约定，在江花未尽之时，我将与苏使君在合州的江楼把酒言欢。"

然而不知道什么原因，杜甫的下峡出游计划再次落空。这一年，他仍居梓州。

既然东游下峡不成，杜甫便愈加思念成都草堂。他在《送韦郎司直归成都》一诗中，就表达了对浣花溪草堂的殷殷思念。诗曰：

> 窜身来蜀地，同病得韦郎。
> 天下兵戈满，江边岁月长。
> 别筵花欲暮，春日鬓俱苍。
> 为问南溪竹，抽梢合过墙。
> 原注：余草堂在成都西郭。

韦郎，《杜甫全集校注》的著者之一焦裕银先生认为，此韦郎疑指京兆人韦津。韦津曾随玄宗幸蜀，不久官摄监察御史，充山南采访判官。又充任剑南节度使判官，转大理司直，赐绯鱼袋。时在梓州，杜甫作此诗送其归成都。司直，即大理寺司直，奉旨巡察四方，复核各地案件。从六品上。

这首诗的大意为："我们都是因为躲避安史战乱窜身来到蜀地的，又因为同病相怜而得以相识。如今天下战争不断、烽烟弥漫，多少年了还羁留这偏僻江边，不能回到日思夜想的故乡。今天这一场别离之宴，时值暮春；光阴荏苒，我们的鬓发早已斑白。杜甫与韦郎同病相怜，岂止是'窜身来蜀地''江边岁月长'，还有日渐衰老的满头白发。眼下更可怜的是回不了故乡，就是连同在蜀中的草堂也不能回。"

最后，诗人把对安居生活的向往，对太平世道的期盼，凝聚成一个真诚的拜托：您回成都之后，请代我访问浣花溪边的青青翠竹，今春它新抽的嫩梢，该是全都长得高过了我草屋的墙头。

写完这首诗，杜甫意犹未尽，又特地在诗尾注释"余草堂在成都西郭"，足见他对成都草堂思念的殷切。

人们往往对一件事物累积的情感越多、越久，喷发的欲望就愈强烈，力量也愈大。杜甫因为不能"即从巴峡穿巫峡，便向襄阳下洛阳"，就愈发思念自己付出了无数心血、又不得不逃离的浣花溪草堂,诗人的《寄题江外草堂(梓州作寄成都故居)》,就是他对成都草堂怀思深情的一次喷发,诗曰:

> 我生性放诞,雅欲逃自然。
> 嗜酒爱风竹,卜居必林泉。
> 遭乱到蜀江,卧疴遣所便。
> 诛茅初一亩,广地方连延。
> 经营上元始,断手宝应年。
> 敢谋土木丽?自觉面势坚。
> 台亭随高下,敞豁当清川。
> 唯有会心侣,数能同钓船。
> 干戈未偃息,安得酣歌眠?
> 蛟龙无定窟,黄鹄摩苍天。
> 古来贤达士,宁受外物牵?
> 顾惟鲁钝姿,岂识悔吝先?
> 偶携老妻去,惨淡陵风烟。
> 事迹无固必,幽贞愧双全。
> 尚念四小松,蔓草易拘缠。
> 霜骨不甚长,永为邻里怜。

所谓"江外草堂",就是成都浣花溪草堂。这首诗可以分为四层意思来理解。前四句自述个性:我的天性就是放荡不羁,时常有逃离红尘、率性自然的想法,所以一生嗜酒爱竹,倾慕名士风流,选择居住之地一定要依山傍水,幽静自然,宜于隐遁。

结庐归隐是唐代的一种风气,杜甫有此想法已非一日。他旅食京华,初访何园,见东邻僻静,就有过卖书买屋,来此隐居的念头。重游时又提到"沾微禄""买薄田",归山退隐的打算。稍后在《渼陂西南台》中再一次表露隐遁江湖之志。辞官西行,西枝村寻地,西谷卜居,那就不是说说而已,而是付诸行动的事了。战事不平,边境多事,生计无着落,他想在秦州、同谷求田问舍的打算虽然落空了。到达成都后,天时、地利、人和,各方面条件都比以往任何时候好，他卜居筑室，精心建草堂而居，可谓势在必行。

但是，杜甫终究不是陶渊明，他虽极谙闲适之趣，却不是真正旷达之人。"非无江海志，潇洒送日月。生逢尧舜君，不忍便永诀"，他有理想、有抱负，一生为实现忠君爱国、济世救人的壮志，"虽九死其犹未悔"。在自命清高的人看来，杜甫始终未能免俗，以致一生穷愁潦倒。但是，正是因为他的这种积极入世、执着人生的态度，所以他才值得永远被纪念，永远被歌颂！

接着十二句追述草堂营建始末："遭遇安史之乱，我带着家人四处逃难、颠沛流离，好不容易来到成都浣花溪边，又因患病不起，就在这里修筑草堂，择幽而居。开初，从茅草丛中开辟一亩大小的荒地来，后来又陆续开辟，让家园不断扩展。从上元元年的春天开始修建草堂，陆陆续续不断完善，一直到宝应元年我离开成都时才基本建好。在整个修建过程中，我哪里敢追求建筑的华丽，只是自己觉得外观朴实、规模适度、结构坚固就行了。房屋、亭台随地势高低分布，草堂宽敞明亮，前面就是浣花溪；我也常常和知心的朋友，在这里泛舟、垂钓，其乐融融。"

杜甫讲起草堂的修建过程，总是那么津津乐道，有一种超然物外的心境和得意的神情。草堂的修建，几乎倾注了杜甫全部的心血，所以他对草堂的深爱与眷恋，格外让人动心。

接下来十二句写离开草堂的遗憾："无奈战乱不断，旌旗未偃，战鼓不息，怎么能够让人尽兴酣歌、高枕安眠啊！徐知道在成都举兵叛乱，我只得像江中蛟龙一样四处游荡，没有一个固定的居所；有时又像高空黄鹄，不着边际，漫天飞翔。自古以来的贤达之士，他们宁愿受到身外之物的牵绊吗？当然不会！可是我这个人天生笨拙、反应迟钝，岂能预测灾祸的来临？我是真的悔恨自己没有古代贤士的先见之明，只能在灾祸降临的时候，栖栖遑遑，伤心不已地在寒冬十月带着老妻冒寒凌霜弃草堂，逃奔梓州而来。事情的经过就是这样，一些心中想法与打算不能坚守；我深感惭愧的是，隐居与守正不能两全。"

在杜甫看来，不管这个世界如何混乱和糟糕，作为一名儒家知识分子，始终保持个人"幽贞"的品格与节操才是最重要的。

最后四句表达杜甫为草堂的命运而担忧："我一直担心、思念门前的四棵小松树，它们还那么小，很容易被蔓草束缚缠绕。如果真是那样的话，它们怎么能自由地生长。要是连傲霜斗雪的松树都不能正常长高，这必将成为左邻右舍悲天悯人的永恒话题。"

忧草堂、悯小松，正是诗人的自况。明人王嗣奭《杜臆》说，杜甫"松曰'霜骨'，松子曰'霜根'，立言清峭，正以幽贞自砺也"。

杜甫的《寄题江外草堂》，用大量篇幅追述成都草堂营建始末和离开草堂的原因，以及诗人生性放纵不羁的名士风流和青松一样的刚姿劲骨，表达了诗人对成都故园的无限思念，显示了诗人超然物外的心境和傲岸的情怀。

广德元年，梓州遭遇严重春旱。赤地千里，天地龟裂，庄稼枯槁，应该播种的农作物不能按时播种。加上战争频繁，老百姓应缴纳的赋税及其另外征收的军需物资有增无减，官吏索租，饿殍遍地，恸哭之声时有所闻。

盼啊盼啊，春夏之交的一个夜晚，一场夜雨终于从天而降。杜甫仿佛看到了农田里的庄稼正在畅饮甘霖，漫山遍野的植物正在舒展根茎。老天爷啊，你天灾伤农的罪恶，终于得到了洗雪！老百姓也终于从这场夜雨中看到了生活的希望。杜甫由衷地把这场雨称为《喜雨》：

> 春旱天地昏，日色赤如血。
> 农事都已休，兵戈况骚屑。
> 巴人困军须，恸哭厚土热。
> 沧江夜来雨，真宰罪一雪。
> 谷根小苏息，沴气终不灭。
> 何由见宁岁，解我忧思结。
> 峥嵘群山云，交会未断绝。
> 安得鞭雷公，滂沱洗吴越。
> 原注：时闻浙右多盗贼。

全诗大意："一场春旱，旱得个天昏地暗没有尽头，长时间日头高悬，照得大地如同一片血色。眼看所有的农事都没有指望了，再加上战事纷纷、不得安宁，巴蜀地区的人们多年来为筹集粮饷、兵器等军需物资困扰不已，负担沉重，春旱又接踵而至，老百姓没有活路，只能面对灼热的皇天后土放声痛哭。

终于，一场夜雨降临涪江两岸，老百姓也终于可以松一口气了。老天爷啊，你亢旱不雨的罪孽也可以得到一时的洗雪了。

以上写天灾、人祸给巴蜀老百姓造成的痛苦与灾难，一场喜雨，重新给人们带来了生活的希望。

有了这场喜雨，田里的禾苗可以得到稍微地喘息、滋长，但是仅仅这么一场夜雨，徘徊在大地上的不祥之气并没有彻底消除。究竟怎样才能让老百姓过上安稳的日子，以消解我长期以来忧愁、思虑的心结呢？

遥望天空乌云滚滚，与远处的雷声交会不绝，似乎还有一场更大的雷雨将要来临。要怎样才能得到一根驱赶雷神的长鞭，让它降下滂沱大雨，不仅要把巴蜀大地的旱象完全解除，还要把所有的不祥之气冲洗得干干净净，甚至连同吴越之地，乃至把整个天下都要冲洗得干干净净呢？"

行文至此，杜甫才长长地舒了一口气。在这首诗里，我们不仅看到了杜甫真挚的悯农之心，更看到了他推己及人、忧国忧民、希望普天之下的人都能从天灾人祸中解脱出来，过安稳日子的济世苦心。

《喜雨》篇末原注曰："时闻浙右多盗贼"。宝应元年八月，浙江台州爆发了袁晁领导的农民起义。起义军很快发展到二十多万人，并攻陷了台州及其一些州县。农民起义军赶走刺史，建立了农民自己的政权。这是唐朝中叶最大的一次农民起义。这场起义，到第二年四月才被李光弼彻底镇压。诗中，杜甫一方面深谙民生疾苦，同情巴蜀老百姓在旱灾与兵戎双重肆虐下的悲惨生活，另一方面又希望天雨洗兵，农民起义被镇压下去。按理说，杜甫盼望天下安宁、安居乐业的愿望并没有错，而且尤其在国家、民族的存亡受到严重威胁的关键时刻。然而在"文化大革命"时期，一些杜诗研究者、大学者因此得出结论，说杜甫是"为地主阶级和统治阶级服务的"，甚至说杜甫是一个不折不扣的地主老财。对此，韩成武教授在《杜甫〈喜雨〉新论》一文中，全面分析了杜甫的一贯思想基础和宝应元年浙东农民起义（暴动）的历史背景及其原因后说："用阶级观念来解释杜甫对袁晁暴动的态度，不如用民族观念解释更为恰当；说杜甫是站在统治阶级的立场要求平息袁晁暴动，不如说他是站在民族、国家的立场更为确切。"

杜甫是一个国家至上主义者,一生心系国家和人民的命运,"在家常早起,忧国愿年丰""穷年忧黎元,叹息肠内热",因此,他"论人论事,总能以国家的兴衰存亡为准绳,国家利益在他心目中占有绝对的地位,于国有利的则赞扬之,于国有害的则鞭挞之"。国家和民族的存亡,永远高于阶级利益;国家的命运,永远重于个体生命!这是至理,也是常识。

只要与人谈论起当前国家、社稷遭遇的艰难与创伤,外辱与动荡,杜甫往往就会长泪湿巾。广德元年春末夏初,班司马经梓州去长安,又勾出了杜甫的忧君恋主之情。且看他的《送司马入京》:

> 群盗至今日,先朝忝从臣。
> 叹君能恋主,久客羡归秦。
> 黄阁长司谏,丹墀有故人。
> 向来论社稷,为话涕沾巾。

黄鹤认为,诗题中的"司马"指时为剑南西川节度使高适观察判官的班宏,又同时指出,诗题中"司马"为"司直"之误。《旧唐书·班宏传》:班宏,天宝中擢进士第,"累拜大理司直,摄监察御史",德宗时任户部尚书,封萧国公。

这首诗的大意为:"班司马入京,引起了诗人的诸多感慨。自安史之乱爆发以来,战乱不断,已近十年,回想肃宗朝之时我也勉强算是皇帝身边的近臣。如今却久客他乡、流落天涯,真的羡慕您能马上回到长安,依恋于皇上身边。当年我在门下省担任左拾遗,朝廷里也有不少故交、熟人,请代我向这些老朋友传个话,我很想念他们;那个时候,与他们在一起议论起国家大事、社稷安危,常常是热泪打湿手巾。"

此诗情感郁结,章句顿挫,诗人一腔爱国、恋主之情令人感动涕零。

广德元年初夏,东川节度使判官章彝终于接到了朝廷的任命公文:章彝,任侍御史兼东川节度使留后。侍御当然是虚职,但关系官员品级。留后,官职名,为唐代节度使、观察使缺位时设置的代理职务,主持节度使全面工作,行使节度使权力,也是大人物了。

章彝这个人,史书上对他没有专门的记载,我们只能从《旧唐书·严武传》、杜甫和綦毋潜的诗《送章彝下第》中找到一些事迹。章彝,吴兴(今浙江湖州)人。科举不第,献赋不成,后从军,为严武判官。广德元年夏,任梓州刺史、东川节度使留后。广德二年在成都被严武杖杀。

章彝当然清楚杜甫与严武的亲密关系。在梓州,严武对章彝一直关照有加。严武奉调回京,章彝作为严武判官,才智突出,练兵有方,然而在长达近一年的时间里,杜甫诗中却没有出现章彝的名字。这一方面是因为杜甫与李梓州关系很近、来往密切,且李梓州政治背景深厚,行事高调,官府的好多事情章彝参与不多;另一方面,章彝虽受严武委托成为节度使临时负责人,但一直没有得到朝廷的正式任命,不得不低调行事,抛头露面的机会自然就少了。现在,李季真调走了,春末新来的杨梓州可能刚在梓州露了一回脸,瞬间也被调走了,章彝当然该闪亮登场了。

唐历六月,嘉州崔都督来东川节度使府,过了两天,章彝留后在城北的惠义寺为崔都督设宴送行。杜甫应邀作陪,作《陪章留后惠义寺饯嘉州崔都督赴州》诗,记其事:

中军待上客,令肃事有恒。
前驱入宝地,祖帐飘金绳。
南陌既留欢,兹山亦深登。
清闻树杪磬,远谒云端僧。
回策匪新岸,所攀仍旧藤。
耳激洞门飙,目存寒谷冰。
出尘阅轨躅,毕景遗炎蒸。
永愿坐长夏,将衰栖大乘。
羁旅惜宴会,艰难怀友朋。
劳生共几何,离恨兼相仍。

《旧唐书·地理志四》:嘉州中,隋眉山郡。武德元年(618)改为嘉州。唐时属剑南东道,其治所在今四川省乐山市。都督,地方行政长官,总管本区域军事、民政,于各州按等级分别设置大、中、下都督府(此前已述及)。嘉州属中都督府。

古代军制分左、中、右三军,中军为主将所处,发号施令。后来称主将为"中军"。主将章留后为嘉州崔都督举行的饯别宴会隆重而热烈。前四句大意:"宴会仪式号令整肃,行事程序皆有定式。首先安排仪卫人员进入惠义寺做好相关准备,又在同往惠义寺的沿途设置帐幕,以金绳为界标,与人行道路隔开。在长平山(惠义寺在长平山麓)下南面的开阔地带举行留客欢宴。饯宴用毕,安排登临长平山,游览惠义寺。"这四句点明送别主题。

接着十二句详细叙说登山游览过程大意为:"前往深山禅寺,老远就听见从树梢间传来清晰的钟磬之声,禁不住双手合十,向居于高处的佛寺高僧参拜。游完寺庙,策马返回,走的不是从前的山路(今年春天杜甫已多次游历惠义寺),攀缘而过的还是以前攀缘过的旧藤。站在惠义寺的山门前,迅疾的山风在耳畔呼呼作响;目之所及,一片清爽,仿佛山谷的冰雪犹存。在这个超尘出俗的清凉世界,很少见到车马的痕迹。天色将晚,夕阳西下,回程的路上仍然炎天暑热。多么希望将自己的衰老之身托依佛门,在惠义寺这个清净的地方,度过漫长的夏季。"

最后四句写与崔都督的别离之情大意为:"羁旅之人,总是格外珍惜这种短暂的相聚;艰难困顿的时候,朋友情谊特别值得怀念。一个人辛劳一生,真正与朋友共处的时光,又有多少呢?为什么我们总是在不断遭受离愁别恨的煎熬!"

凡参禅拜佛的诗,杜甫总要以佛家语入诗,可见他对佛教故事的熟悉。如诗中"金绳",即用佛家语。《妙法莲华经》卷二:"国名离垢,其土平正清净……琉璃为地,有八交道,黄金为绳,以界其侧。"又如"大乘",梵语摩诃衍,指教里最圆满而能救济众生的佛法,是佛教的一种派别。

然而,多情自古伤离别。梓州节度使幕府判官王十五要趁着夏季江河洪水暴涨到来之前,奉送母亲回黔中归养。叶落归根,人之常情。王判官离开梓州前,节度使同僚特意为王十五及母亲举行欢送宴会。席间,大家分韵赋诗,杜甫作《送王十五判官扶侍还黔中得开字》,为王判官送别:

大家东征逐子回,风生洲渚锦帆开。
青青竹笋迎船出,白白江鱼入馔来。

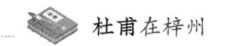

> 离别不堪无限意，艰危深仗济时才。
> 黔阳信使应稀少，莫怪频频劝酒杯。

黔中，指黔州黔中郡，其治所在今重庆市彭水县。王十五是一位孝子，他在蜀为官，凭着他的济世之才，在节度使府已充任判官，其权极重，几乎等于副使，可谓前程远大。唐朝的很多军政大员不就是从判官做起的吗？比如东川节度留后章彝。可是母亲要回乡养老，王十五判官也就暂时放弃官职，服侍母亲回乡归养。他的孝心令杜甫甚为感动。

诗的前四句以汉扶风郡曹世叔之妻班昭守节讲究礼仪法度比王判官母亲，并以孟宗泣笋、姜诗江鱼的至孝传说故事来赞喻王十五的仁德孝顺，奉养周到。诗的后四句表达依依惜别之情，称赞王十五有匡时济世之才；因黔中距离梓州千里之外，不说见面，就是要互通音信也十分困难，杜甫只得频频举杯，以表惜别深情。

也许是这年春夏，东奔西走过于劳累，也许是难以适应盆地闷热溽湿的气候，杜甫终于病倒了。这一次，杜甫似乎病得不轻，连京兆同乡赞善大夫（焦裕银先生疑此谓赞善乃韦见素之后，韦七）韦七的饯别宴会也不能参加；这可是他相识二十年的朋友啊！异乡相逢，却不能把酒言欢。

但是，韦赞善离开梓州的那天，杜甫还是拄着拐杖、拖着病体前来相送。韦七如今在朝中担任赞礼仪、掌传令，是教授诸郡王的善赞大夫，服侍东宫太子，而自己却老病他乡。想到这些，杜甫不禁老泪纵横。送走韦赞善，回到家中，关上柴门，杜甫用他颤抖的双手写下了五律《赠韦赞善别》：

> 扶病送君发，自怜犹不归。
> 只应尽客泪，复作掩荆扉。
> 江汉故人少，音书从此稀。
> 往还二十载，岁晚寸心违。

全诗大意为："韦、杜两家在京兆长安原本就是士族大家，也是世交，所以老杜说哪怕我一身都是毛病，只要勉强还能站起来，我还是要赶来为您送行，只是可怜自己至今滞留梓州不能回归故里。我只能将命中注定的思乡之泪尽洒异乡,想着这些,我又重新轻轻地关上柴门。巴蜀之地,本来朋友就少,您走以后,相距遥远,彼此的音信也会更加稀少。二十年来,我们一直都有交往,可是到了晚年却要两相分离,寸心相违。"

这首诗题曰赠别,而诗中纯写自己的羁旅之苦,细读此诗,诗中"许多婉转,无限感伤,一字一泪"(王嗣奭语)。此言甚是。

夏日苦长,军中无事,一日傍晚,章留后在梓州城南楼欢宴度夏,杜甫应邀参加。杜甫来到梓州后,章彝留后对老杜可谓关照有加,大小宴饮都邀请老杜参加,老杜甚为感激。但这样的宴饮欢娱多了,也常常引发他的乱世途穷之恨和忧国忧民之思。

入夏以来,蜀地邛雅一带暴雨成灾,老百姓流离失所,还时常遭到羌、蕃的骚扰;安史之乱平息,两京虽已收复,但上元二年二月,奴剌、党项部族侵临宝鸡,放火烧了大震关。广德元年四月,朝廷派遣左散骑常侍兼御史大夫李之芳、左庶子兼御史中丞崔伦出使吐蕃被扣留,第二年才放回。七月,吐蕃入侵大震关,攻陷兰、廓、河、鄯、洮、岷、秦、成、渭等州,尽取河西、陇右之地。而东川节度军中却夜夜笙歌,欢饮达旦。因此,参加这样的宴饮,杜甫的心情是复杂的。

是夜有雨,点点雨滴敲打着杜甫这颗衰老、痛苦、漂泊的心。哎,我老朽无能啊,只有将寇盗之侵付于狂歌之外,把一把老骨头寄寓痛饮之中。喝吧,醉吧!醉了,就会忘记忧愁与痛苦。

酒过三巡,留后传令,分韵赋诗。在一片吵吵嚷嚷的酒令声中,杜甫抓到一个"风"字,于是因韵赋诗,即席作《陪章留后侍御宴南楼得风字》:

绝域长夏晚,兹楼清宴同。
朝廷烧栈北,鼓角漏天东。
屡食将军第,仍骑御史骢。
本无丹灶术,那免白头翁。
寇盗狂歌外,形骸痛饮中。
野云低渡水,檐雨细随风。
出号江城黑,题诗蜡炬红。
此身醒复醉,不拟哭途穷。

全诗大意为:"在梓州这个极其偏远的地方,六月夏日的晚上,我能参加章留后在州城南楼举办的这一场清雅的宴集活动,真是三生有幸。登楼抒怀,朝廷在烧栈之北,只叹长安未平;鼓角在漏天之东,唯恐梓州多事。自从来到梓州,承蒙章将军关照,我多次应邀到将军府上赴宴,还常常骑着将军大人的青骢宝马外出旅游(对章彝的礼遇,杜甫非常感激)。我本来就没有练就所谓长生不老之术,哪能免得了白发满头(面对年轻的章留后,诗人难免有衰老之叹)。眼下我只能与大家一起狂歌痛饮,把盗寇侵扰、身体衰老之类的事情一并付诸脑后(话虽如此,这正是杜甫忧国忧民的痛心之处)。站在南楼远望,野云低飞,仿佛从江面掠过;屋檐细雨如丝,随风飘洒(此景亦可娱情)。军中传出号令,江城天色已黑;宾主分韵作诗,蜡烛照得满堂通红。我这一辈子哪怕是醉了又醒,醒了又醉,甚至走投无路,也不会像三国时阮籍那样,因为穷途末路而放声痛哭。"

夜深雨止,一轮明月悬于江城之上。江风送爽,暑气消减,章彝饮酒作乐的兴致更加高涨。他命令把宴席直接搬移到城墙的瞭望台上,继续赋诗饮酒。

面对军中少年,杜甫有些招架不住了:我一个老头子,一席而足,哪还扛得住这接二连三的夜宴欢歌哦!想归想,说归说,哪敢扫了章留后的兴头。

又是抓阄吟诗。这一次,杜甫得了一个"凉"字,于是作《台上得凉字》:

改席台能迥,留门月复光。
云霄遗暑湿,山谷进风凉。
老去一杯足,谁怜屡舞长。
何须把官烛,似恼鬓毛苍。

杨伦说,前一首诗"借酒自遣",这一首"不免伤老"。在我看来,杜甫是越喝越清醒、越喝越高兴,最后以"恼",拿自己开涮,以博章彝一笑尔。这也是老杜的幽默与可爱之处。

从这两首诗看,杜甫很明白自己的处境,"计拙无衣食,途穷仗友生"。他流落梓州，章彝不但给予了他生活上的关照，而且给了他极高的礼遇。他无以为报，唯一的报答方式就是做一名清客，陪章彝饮酒赋诗。因此，只要章彝有请，他必欣然前往，哪怕老病缠身，哪怕通宵达旦，也要尽情展示自己豪放的一面，绝不学阮籍"哭穷途"。

杜甫始终是人民的诗人，他一生忧国忧民，立志要做稷与契那样的千古忠臣。他无论遇到怎样的艰难曲折，怎样的人生苦难，其"致君尧舜上，再使风俗淳"的济世初心，一刻不曾放弃与改变。这就是杜甫的执着，也是杜甫的境界。

广德元年七月，朝中群臣为代宗奉上一个新的尊号：宝应元圣文武孝皇帝。代宗龙颜大悦，大赦天下，改元广德，封赏讨伐史朝义有功诸将与回纥可汗，赏赐内外官阶、勋、爵，并减、免租、庸、调。这一消息传到梓州，自古以来君臣际会之道深深触动杜甫，于是他作《述古三首》。"述古"，述古事以讽今也。其一曰：

> 赤骥顿长缨，非无万里姿。
> 悲鸣泪至地，为问驭者谁？
> 凤凰从东来，何意复高飞。
> 竹花不结实，念子忍朝饥。
> 古时君臣合，可以物理推。
> 贤人识定分，进退固其宜。

大意为："像赤骥这样的良马负辕而不能上、停止而不能前，不是它没有纵横万里的才干，而是因为它困顿于套马的缰绳不能动弹。当遇到伯乐时，它仰天嘶鸣、泪洒大地，请问是什么样的人在驾驭它，把它弄成这个样子？凤凰从遥远的东方飞来，徘徊一阵后，为什么又飞走了呢？是因为这里的竹子开花后不结竹米，凤凰惦记着它的孩子们饥饿难忍。同样的道理，自古以来君臣遇合之理，也可以用上述事例来推知，臣子以道事君，可则进，否则奉身而退。有才德的人是懂得其命定缘分的，因此能够把握、固守进与退的分寸。"

诗中以《战国策·楚策》骥服盐车的寓言故事和《韩诗外传》《该闻集》凤凰以竹实为食为典，喻肃宗初立，任用李泌、张镐、房琯诸贤，其后

151

或罢或斥或归隐，君臣之分不终，故言骥非善驭则顿缨，凤无竹实则飞去，君臣遇合既然如此之难，贤者不可不明于进退之义。

读到此处，不禁令人想起诗人遭贬华州、漂泊西南、流寓梓州之伤。

下面，我们来观其二：

> 市人日中集，于利竞锥刀。
> 置膏烈火上，哀哀自煎熬。
> 农人望岁稔，相率除蓬蒿。
> 所务谷为本，邪赢无乃劳。
> 舜举十六相，身尊道何高。
> 秦时任商鞅，法令如牛毛。

儒者多重农轻商，认为治国者当以农业为本，经商盈利为末。杜甫也不例外。他说："你看那些做生意的人，已经正午时分了，还站在太阳底下为一点锥刀微利忙忙碌碌，这不就是把自己当成油膏一样放在大火上去烤吗？悲悲切切地自我煎熬。而农民们盼望着有一个好的收成，他们就会经常到田地里铲除影响庄稼生长的各种杂草。他们从事的工作一定是以农业生产为根本，那种以不正当手段牟利的事，就不是他们辛劳的目的。传说舜帝降服'四凶'，又向尧推荐高辛氏和高阳氏后代十六个贤臣，辅佐尧治理天下，其身尊道高，是因为他们坚持以农为本，使老百姓安居乐业，无为而治。秦孝公的时候，任用商鞅变法，发布的法令多如牛毛，人民舍本逐末，导致国家灭亡。"

明末清初文学家朱鹤龄说："是时第五琦、刘晏皆以宰相领度支盐铁使，榷税四出，利悉锥刀。故言为治之道，在乎敦本抑末，举良相以任之。不当用兴利之臣，以滋民邪伪也。"

其三曰：

> 汉光得天下，祚永固有开。
> 岂惟高祖圣，功自萧曹来。
> 经纶中兴业，何代无长才。
> 吾慕寇邓勋，济时信良哉！

> 耿贾亦宗臣，羽翼共裴回。
> 休运终四百，图画在云台。

全诗大意："东汉光武帝刘秀光复天下、中兴汉室，帝位永长，追根溯源，是因为刘邦开创的良好基业。难道汉代国祚永昌仅仅是因为汉高帝圣明伟大吗？高帝刘邦的开业之功，也是来自萧何、曹参这批贤臣的辅佐啊！谋划国家中兴伟业，哪个时代不是因为启用了出类拔萃的优秀人才？我多么敬仰寇勋、邓禹，他们为光复汉室立下了丰功伟绩。我更坚信扶危济时离不开良将忠臣，耿弇、贾复先后辅佐光武帝中兴基业，位冠群臣，声施后世，也堪称一代宗臣！大汉王朝历经四百余年而终，最是得益于历代皇帝善御功臣。东汉显宗为追念和感激前代功臣，将汉朝二十八将的画像再次悬挂于南宫云台之上。"

诗人以汉光武帝中兴汉室为喻，推及汉高帝养用贤才萧何、曹参；萧何养民以致贤，曹参攻城略地为功。及至光武中兴，皆因有寇勋、邓禹以当萧何，而耿弇、贾复以战功羽翼之，犹如汉高帝有曹参。故汉室能延绵四百余年。我唐亦有郭子仪、李光弼以当耿、贾，而皇帝不能用，以致无运筹帷幄之人，何以成就中兴大业？所以，仇兆鳌说："今则功臣疑忌，忠如李、郭，尚忧谗畏讥，故借汉事以讽唐。"

陈贻焮教授认为，这三首诗都只取古人古事相似的一端以讽喻时事，并非全面评价历史，但所议时事中的诸多弊端都深中肯綮，于落拓中仍见杜甫伏枥之志，以及对朝政的无限关注。

夏秋之交的闷热、潮湿，也最易诱发咳嗽、痢疾之类的疾病，年老多病的杜甫又一次病倒了，不得不卧病家中。夏秋季节，蚊蝇猖獗，杜甫便用跟随他三年的棕拂子驱赶蚊蝇。有感于物微适用，而伤自己政治上遭弃置的屈辱心绪，便写作《棕拂子》：

> 棕拂且薄陋，岂知身效能。
> 不堪代白羽，有足除苍蝇。
> 荧荧金错刀，擢擢朱丝绳。
> 非独颜色好，亦由顾盼称。

吾老抱疾病，家贫卧炎蒸。
嗢肤倦扑灭，赖尔甘服膺。
物微世竟弃，义在谁肯征？
三岁清秋至，未敢阙缄縢。

棕拂子，指用棕榈叶制成的拂尘。曹庭栋《养生随笔·杂器》说："棕拂子，以棕榈树叶，擘作细丝，下连叶柄，即可手执。夏日把玩，以逐蚊蚋，兼有清香，转觉雅于麈尾。"病中的杜甫却从棕拂子身上看到了自己的政治命运。

本诗大意为："大多数人只看到棕拂子的普通、平凡，甚至粗陋，哪里知道它具有的特别效能。虽然它替代不了漂亮、美观的白羽扇，但是用它来驱赶那些讨厌的蚊子和苍蝇却已经足够了。那微光闪烁、以黄金镂饰的侯王佩刀，还有色泽鲜艳的琴瑟朱弦，它们不只是颜色好看，也是因为拥有它的人倍加珍惜而获得赞美。我年老又抱病在身，家境贫穷，只好躺在这热得像蒸笼的屋里。蚊虫叮咬，困倦无力不能拍打，全靠这粗陋棕拂子驱赶那些讨厌的蚊蝇，我真的佩服它独特的功效。

人们往往因为一些物件简陋，又用处不多，竞相抛弃它；好多微小的物件用久了，虽说情义犹在，但又有谁愿意把它们当作佩刀、朱弦一样收藏起来呢？所谓'君子不弃旧交'，我却是多年以来，念其旧功，到了深秋时节，总会把棕拂子仔细珍藏起来，束于竹筐之中，以待来年再用。"

如果朝廷也有如此用心，天下又哪里会有弃材、遗贤呢？这是杜甫对时世的讽喻、切责，与《述古三首》政治观点一脉相承。

## 十四、秋水席边多

暑去秋来,潮湿闷热的天气渐行渐远。天高云淡,凉风送爽,在这个瓜果飘香的时节,章彝被任命为梓州刺史,总揽军事、行政、民政和财税大权。这是章彝一生中最辉煌的时刻。

是秋,新任成都府少尹的窦某途经梓州赴任,章梓州在城南的橘亭举行盛大的送别宴会。杜甫应邀作陪。席间,大家分韵赋诗,杜甫得一"凉"字,当场作《章梓州橘亭饯成都窦少尹得凉字》:

秋日野亭千橘香,玉杯锦席高云凉。
主人送客何所作,行酒赋诗殊未央。
衰老应为难离别,贤声此去有辉光。
预传籍籍新京尹,青史无劳数赵张。

全诗大意是:"秋日融融,原野通透,州城南郊二百亩黄澄澄的柑橘挂满枝头,风儿送来诱人的橘香。为窦少尹送行的华宴在橘亭举行,玉杯清酒,珍馐罗列,章梓州在宴席上还安排了哪些活动以尽地主之谊呢?碰杯劝酒,锦席赋诗,高潮不断,热情有加而殷勤无已。而我这个衰老之人,最怕的就是这种离宴场面。久负贤达之名的窦先生,此去任职成都少尹,将来的前途必定光明远大。现在大家都在传颂着您这位新任京尹的盛名;有了您,此后的历史不再只是写着西汉赵广汉和张敞他们两人的贤名。"

此处的"京",代指成都。《唐书》:玄宗幸蜀还,至德二载,改益州

155

为成都府，置尹视二京，号曰南京。所以黄希说："成都前号南京，公故借京尹事，用前汉赵广汉行京兆尹，满岁为真。"《汉书·赵尹韩张两王列传》载：赵广汉，字子都，涿郡（今河北涿州）人。其"为京兆尹廉明，威制豪强，小民得职。百姓追思，歌之至今"。张敞，字子高，祖籍河东平阳（今山西临汾南）人。"其治京兆，略循赵广汉之迹"，"以经术自辅，其政颇杂儒雅，往往表贤显善，不醇用诛罚，以此能自全，竟免于刑戮。"赵、张二人相继为京兆尹，皆有政声，吏民语曰："前有赵、张，后有三王。"杜甫借汉之京兆事企望窦少尹在成都大有作为，用典十分恰当。

广德元年秋天，东川节度使府的喜事还真是不少。幕府的吏员或提拔异地赴职，或调动他乡为官，这对于章彝留后来说自然是一件可喜可贺的高兴事。章留后特地择了良辰吉日，为这些离梓赴任的官员设宴送行，杜甫也应邀参加送行宴会。

梓州郊野，涪江岸右，一座新建的亭榭（可能还没有来得及为新亭命名）前挤满了梓州的大小官员，一片开阔空地上饯行的祖帐格外醒目。江风习习，吹得帐幕外一排槛旗呼呼作响。宴席上觥筹交错，欢声笑语，这对于或因斋戒日断了荤腥的杜甫来说，总是显得有些格格不入，甚至连劝酒的话也不知从何说起。面对即将分别的幕府友朋，杜甫只能含泪题诗，表达自己的依依不舍之情作诗《随章留后新亭会送诸君》：

    新亭有高会，行子得良时。
    日动映江幕，风鸣排槛旗。
    绝荤终不改，劝酒欲无词。
    已堕岘山泪，因题零雨诗。

听说章彝升任梓州刺史，蓬州刺史李瑀也前来梓州表示祝贺。李瑀虽贬于蓬州，但他是王室最近的宗亲，章梓州自然很有面子。

汉中王体弱多病，好道近禅，章彝便特地邀请梓州肃明观道士席谦陪侍。杜甫是汉中王多年的朋友，陪宴唱和那是必须的。

席谦，吴郡（今江苏苏州）人。他不仅道法、医技高明，而且下得一手好棋。蔡梦弼："肃明观道士席谦，弈棋第一品。"

想必杜甫也是棋艺高手,在长安时曾陪宰相房琯下棋(《别房太尉墓》:"对棋陪谢傅,把剑觅徐君。"),这一次见到席谦这样的棋坛高手,切磋对弈的机会岂能错过?多年以后他寓居夔州时,还十分怀念与席谦在梓州下棋对弈的快乐往事:"席谦不见近弹棋,毕曜仍传旧小诗。玉局他年无限笑,白杨今日几人悲。"

秋日向晚,水亭清雅;薄雾连城,风景如画。章梓州晓得汉中王好静,特地在城南清旷脱俗的曲池水亭设宴款待。李瑀、章彝、杜甫和席谦,四人轻酌慢饮,尽兴之时,四人同用"荷"字韵赋诗。杜甫乃作《章梓州水亭,时汉中王兼道士席谦在,会同用荷字韵》:

> 城晚通云雾,亭深到芰荷。
> 吏人桥外少,秋水席边多。
> 近属淮王至,高门蓟子过。
> 荆州爱山简,吾醉亦长歌。

前四句大意:"傍晚时分,整个梓州城都笼罩在一片云雾之中,州城曲池,一座亭台远立于红菱荷池深处,章梓州的宴席就设在这幽静的水亭之上。亭在芰荷深处,以木桥通达之。水亭桥廊,三两个侍宴的仆从远远地候着;宴集亭中,四面都是秋水碧波。"这四句写水亭胜景幽美清旷,令人陶醉。

接着四句,杜甫以西汉淮王刘安比汉中王李瑀,以东汉神道蓟子训比道士席谦;末联以西晋征南将军、荆州刺史山简比梓州刺史、东川节度使章彝。杜甫道:"有皇族近亲汉中王大驾光临,又有出身仙术之门的席谦道长亲自造访,我才有机会与深受梓州人民爱戴的章梓州共进晚餐,哪怕是喝得酩酊大醉,我也要为这场美妙的宴席放声歌唱。"

遗憾的是,其他三人的同韵诗作没有流传下来。

略住几日,汉中王便回到了蓬州贬所。不久,杜甫听说汉中王李瑀新得一子,喜不自禁,每天把孩子抱在手里把玩、逗乐。杜甫一时兴起,写了两首七言绝句寄给汉中王,祝贺其老来得子,诗题为《戏作寄上汉中王二首》,其一曰:

云里不闻双雁过，掌中贪看一珠新。
秋风袅袅吹江汉，只在他乡何处人。

　　杜甫原诗注曰："王新诞明珠"。老杜说："我好长时间没有收到您的书信了，原来是因为您喜得贵子，天天从早到晚看不够您的掌上明珠。如今，又是一年秋风吹拂江汉大地，我们还是身在异乡；我真不知道自己究竟算是何处之人？末联因思乡而叹己之飘零，王亦谪居。"
　　其二曰：

谢安舟楫风还起，梁苑池台雪欲飞。
杳杳东山携妓去，泠泠修竹待王归。

　　其二句句用典，叹王之远谪。大意是说："汉中王您面对政治风浪，处变不惊，真是有雅量。然而深秋将至，您京中的府第，也应该飘起雪花了吧。我知道您学不了谢石安，居东山每游必以妓从，可是梁孝王的修竹园（以此代指汉中王长安府邸）还等待着您早日归来。"
　　"谢安舟楫"，据《世说新语》记载，谢安隐居东山时，曾与孙卓、王羲之等人一起出海游玩。忽然，风起浪涌，孙卓等人大惊失色，高呼赶快把船开回去。谢安却正有兴致，吟啸不语。船工见谢安神色安详，便继续航行。一会儿，风势更大，浪头更猛，众人惊恐喧哗坐不住了，谢安这才缓缓地说："如果这样乱成一团，我们恐怕就回不去了。"大家于是应声坐回原处。杜甫借谢安面对风浪、临危不惧的雅量称赞汉中王李瑀的政治风度。
　　"梁苑池台"：《汉书》上说，梁孝王刘武豪隽爱才，以睢阳为中心修建了一座方圆三百余里的花园，称为"东苑"，也叫"兔园"，后世称"梁园"。梁王经常在这里狩猎、宴饮，大会宾朋，招揽人才。又《续汉书》载，梁王兔园多植竹，即所谓修竹园也。杜甫借此喻汉中王在京城的府邸。
　　"东山携妓"：《谢安传》载，谢安居东山时，每有游赏，必携带歌姬跟从。杜甫用此典开玩笑，劝慰汉中王也要学谢安放情山水，游赏妓从，调养心身。

这两首诗虽谓"戏作",但话题并不轻松,不过是强颜欢笑罢了。

安史之乱平息以后,社会政治秩序逐渐稳定,国家迫切需要一批文词之人来担任地方长官。广德元年秋,梓州府路某擢任陵州(治所在今四川省仁寿县)刺史。在杜甫看来,这是一个国家承平的重要信号。他高兴地作《送陵州路使君之任》,并寄予了路使君很高的期望:

> 王室比多难,高官皆武臣。
> 幽燕通使者,岳牧用词人。
> 国待贤良急,君当拔擢新。
> 佩刀成气象,行盖出风尘。
> 战伐乾坤破,疮痍府库贫。
> 众僚宜洁白,万役但平均。
> 霄汉瞻佳士,泥途任此身。
> 秋天正摇落,回首大江滨。

前八句大意:"近年来,国家接二连三地遭受灾难,诸州久屯军旅,州刺史多由武将兼任,国家法律制度往往对他们失去约束力,因而最容易造成民生凋敝的情况。现在,安史之乱平定了,幽、燕等原叛军的老巢之地也都能够通行朝廷的政令,州郡长官开始启用文人,这就是国家承平的征兆。

王室中兴,国家安宁,需要贤良之士,路使君就是在这种背景下被提拔起来担任新职的。您出任刺史,身上透露着王祥那样的公辅气象。当前陵州寇乱初定,您此时赴任可谓出行风尘。"(朱鹤龄曰:"高适在蜀,《请合东川疏》云:'嘉、陵比为夷獠所陷,今虽小定,疮痍未平。'可证陵州先经寇乱矣,惜二史不载其事。"杜甫此诗与高适上疏文,可补史书之不足。)

后八句大意:"连年的战乱攻伐,导致民生凋敝,满目疮痍,国库空虚,地方贫瘠。在这种情况下,您和您的属僚更应该清正廉洁、干净干事,所有的徭役、赋税等征派、征收都要不偏不倚,公正持平。只要您做一个顶天立地、令人仰慕的好官,哪怕我穷愁潦倒、落拓一生,也心甘情愿。秋风萧瑟,草木凋零;站在涪江之滨望着您的征帆远去,我久久不忍离去。"

杜甫寓居梓州一年来，与广大老百姓和各级各类官员接触增多、了解更深，政治上也更加成熟。他既深知底层人民的所期所盼，也看到了国难当头、生灵涂炭之时官员们的所作所为，所以每当送人入朝，或者送人赴任履新时，无论亲疏，总是或显或隐，或真或婉地通过赠诗表达自己真诚、恳切的时局之忧、爱民之心。

"战伐乾坤破，疮痍府库贫"。此诗不只反映了蜀中战乱频仍、风尘未息背景下的社会真实，还提出了对地方官员的为政主张，这就是"众僚宜洁白，万役但平均"，这是诗人对各级官员的要求，也是广大人民群众的愿望与期盼。在这首送别诗中，杜甫的时局之忧、爱民之心、待友之义再一次充分体现。但愿路使君和所有的为政者都能干净干事，清白做人，"万役"平均，不负时代、不负人民。

秋意渐深，朋友元二经梓州前往江左。江左，即长江下游地区，大概就是现在的江苏一带。古人叙述地理位置以东为左，以西为右，故江东称江左。杜甫作《送元二适江左》，相送并劝勉元二。此诗可谓语重心长。诗曰：

乱后今相见，秋深复远行。
风尘为客日，江海送君情。
晋室丹阳尹，公孙白帝城。
经过自爱惜，取次莫论兵。
原注：元尝应孙吴科举。

元二，姓元，家族排行第二，是杜甫一位多年不见的朋友。根据杜甫诗后所注，可知元二曾经参加过江东地区（"孙吴"）的科举考试，由此可以推知元二是长江下游人氏。王维在安史之乱爆发前有一首《送元二使安西》："渭城朝雨浥轻尘，客舍青青柳色新。劝君更尽一杯酒，西出阳关无故人。"不知现在杜甫所送的"元二"，是不是当年王维所送的那个"元二"？

这首诗的大意为："安史之乱平息之后，我俩好不容易在梓州相见，可是我们还没有来得及开怀畅饮、促膝长谈，你却又要在这个深秋季节乘舟远行。战乱风尘，我客居梓州，为你送行；我们之间的江海情深真是难以割舍。你顺流而下回到江左,要经过当年公孙述据险称雄的白帝城,以及王敦作乱的丹阳京城。你经过这些地方的时候一定要小心谨慎,与地方藩镇不要随意谈论兵事,以免招来杀身之祸。"

在这首诗里,杜甫用"晋室丹阳尹"和"公孙白帝城"两个典故,劝诫元二眼下节镇跋扈观望,作为手握权柄之人,应该安分自守,"取次莫论兵"。

丹阳尹,官名。西汉元狩二年(前121)改鄣郡为丹阳郡,治所在宛陵(今安徽宣城),三国吴移郡治于建业(西晋太康三年,晋武帝司马炎改建业为建邺;建兴元年因避愍帝"司马邺"讳,改建邺为建康。今江苏省南京市)。吴、东晋、南朝宋齐梁陈又皆建都于建业;为提高京都地位,彰显天子至尊,晋元帝参照两汉京兆、河南尹故事,于大兴元年(318)改丹阳郡守为丹阳尹以治之。职掌相当于太守,但参与朝议。而江左以来,丹阳尹几为宰辅之任,在东晋、南朝政治舞台扮演着重要角色。同时,丹阳尹作为"近天子"的京畿地方行政长官,其职位显得尤为关键、特殊,自然成为朝臣、权贵争夺的焦点和战乱的缘由。东晋元帝永昌元年(322),出身琅琊王氏的权臣王敦,以诛丹阳尹刘隗为名进攻建康,击败朝廷军队,自任丞相,并在武昌遥控朝廷。历史上把东晋的这场动乱称为"王敦之乱",后来又导致"苏峻之乱"。杜诗中"晋室丹阳尹",其实就是动乱的代名词。

"公孙白帝城","公孙",指公孙述(?—36),字子阳,扶风茂陵(今陕西兴平)人。新莽末年,天下纷扰,群雄竞起,公孙述自称辅汉将军兼领益州牧。光武帝建武元年(25),公孙述称帝于蜀,国号"成家",建元龙兴。自此,割据益州凡十二年。白帝城,在今重庆市奉节县城东四里,瞿塘峡口的长江北岸。原名子阳城,为割据蜀地的公孙述所建,因其自号"白帝",后改紫阳城为"白帝城"。大历元年(766),杜甫暂居夔州,写了不少关于白帝城的诗篇,他关注的重点之一也是节镇之乱。诗人首次登白帝城眺望怀古即感慨:"公孙初恃险,跃马意何长!"赵星海曰:"此借公孙而警蜀寇也。"因此,"公孙白帝城"也就成了节镇割据的代名词。

所以,历代注家对于杜甫诗中的这两个典故也十分重视,仇兆鳌引"吴注"说:"肃宗时,节镇跋扈,大有苏峻假扰石头、子阳负险称帝气象。先伏此二句,正为莫论兵张本。"

这首诗，杜甫一方面感叹乱世送别、深秋伤情；另一方面叮嘱元二藩镇跋扈，要慎言慎行。从梓州顺涪江而下，出巴峡穿三峡，到江左，元二必经白帝城和丹阳郡，这些地方自古以来都是藩镇割据之地。杜甫知道元二这个人好谈兵事，喜接藩镇重臣，而时下藩镇多骄横跋扈，心怀不轨，所以戒之以"经过自爱惜，取次莫论兵"。

话说成都府窦少尹到任不久，他的公子窦九途经梓州赴成都探望父亲，杜甫作《送窦九归成都》相赠。诗曰：

　　文章亦不尽，窦子才纵横。
　　非尔更苦节，何人符大名？
　　读书云阁观，问绢锦官城。
　　我有浣花竹，题诗须一行。

大意为："文章小道，不足以展示窦先生纵横奔放的才能，除了你能安贫守节，不投机专营、谋求仕进，还有谁能做到才略、品节与其名声相符相称呢？你一直在云阁观专心读书，今天又要去成都探望父母。告诉你吧，我在成都浣花溪边种有一片青青翠竹，你一定要亲自走一趟，并题诗以记之。"

这首诗里，杜甫也用了一个典故："问绢"。《三国志·魏书·胡质传》：胡质的儿子胡威，字伯虎，从小志向远大，恪守清廉。胡质担任荆州刺史时，胡威从京都洛阳去探望父亲。由于家中贫穷，没有车马和童仆，便自己赶着驴子单独前往。临别辞行父亲时，胡质送给胡威一匹绢作为路上的盘缠。胡威跪在父亲的面前说："父亲大人，您一生清白，我搞不明白您从哪里得到这匹绢的？"胡质说："这是我俸禄的结余，所以才拿给你作为回家路上的口粮。"后来就用"问绢"作为为人清慎之典，也被用来作为探望父母双亲的典故。在这首送别诗中，杜甫用此典明写窦九公子省觐归成都，亦暗颂其父为官清廉。

月来岁往，日子过得真快，又是一年九九重阳节。去年即762年重阳，杜甫避乱梓州，曾作《九日登梓州城》《九日奉严大夫》二诗，言国家丧乱，弟妹分离，而感慨万端。今年再度重阳，杜甫仍然滞居涪江之滨，登山览望，酒尽人散，他不禁感慨万千而作《九日》：

## 十四、秋水席边多

> 去年登高郪县北，今日重在涪江滨。
> 苦遭白发不相放，羞见黄花无数新。
> 世乱郁郁久为客，路难悠悠常傍人。
> 酒阑却忆十年事，断肠骊山清路尘。

此诗言浅而意深，尽是真情流露。大意为："去年我在这里登高，今年我还在这里登高。郊野是雏菊新花，艳阳高照；我却是满头白发，真是岁月不饶人啊。世道混乱，长久异乡为客，心情抑郁；生路艰难，依靠他人过活，情绪难免低落。酒阑人静之时，回想起天宝十四年（755）十一月，那个天寒地冻，狂风劲吹的日子，我独自一人从长安出发，赴奉先县探望妻子，凌晨途经骊山脚下，玄宗与贵妃正游玩于华清宫，君臣纵情欢愉，霓裳羽衣，响彻天际，权贵豪门纸醉金迷，我的小儿子却因为家中无粮，在这个冬天饿死了。'朱门酒肉臭，路有冻死骨'，我因此感觉到了皇皇王朝大厦将倾。果然，在是年十一月，安禄山、史思明发动叛乱，大唐王朝瞬间一片混乱……后来我也因此远离故乡与京城，带着妻儿寄人篱下，四处逃难。回想十年沧桑往事，真叫人肝肠寸断。"

难中逃难，客中做客，靠人周济，又"苦遭白发不相放，羞见黄花无数新"，其中的无奈、无助与悲苦，向谁诉说？又何人能懂？故石闾居士说："此诗通身是九日客中感怀之作。一层深一层，直想到未经乱离之前早已饿穷不免，直欲肝肠寸断矣。吁！感怀至此，能令读者堕泪，悲哉！"

时局动荡，干戈不止。越是美好的夜晚，往往越是难以入眠。夜深人静，习习凉风袭入卧室，推窗而立，一轮明月高挂山头，月光如水，静静地泻在庭院的一角。夜色越来越深、气温越来越凉，露水凝结成珠，在竹叶上滚来滚去，叶尖负重弯下，水珠轻轻滑落。月明星稀，乍有乍无。杜甫披衣出屋，但见三两只萤火虫，在房前屋后飞来飞去，荧光划破眼前的黑夜，孤寂无声；不远处是涪江的滩涂，郊野茫茫，秋空皎洁，隐隐约约传来水鸟的相呼，顿觉孑然无朋。

这是一个多么美好的秋夜啊！然而身处乱世的杜甫，只觉得流光易逝，清夜难安，以致终宵不眠。于是作《倦夜》：

## 杜甫在梓州

竹凉侵卧内，野月满庭隅。
重露成涓滴，稀星乍有无。
暗飞萤自照，水宿鸟相呼。
万事干戈里，空悲清夜徂。

　　这首诗从入夜写到夜尽，所有天象的变化、自然界的变化，动植物的变化都被诗人一一捕捉到了，并寄寓了诗人忧国忧时的思想感情，可谓别开生面的精妙之作。清代杨伦在《杜诗镜铨》中引用李子德的话说，写夜易，写"倦夜"难。杜甫这首诗只是在景上说，字面上不作一"倦"字，故浑然无迹。

# 十五、江边独立时

再说763年春末，杜甫专程从绵州去汉州拜望老友房琯，却因房琯新拜特进、刑部尚书，早已启程赴职，故不得见。杜甫万万没有想到，此时的房琯已重病在身，加上蜀道难行，路途奔波，竟然病逝于回京途中的阆州僧舍。《旧唐书·房琯传》记载："宝应二年（762，七月改元广德）四月，拜特进、刑部尚书。在路遇疾，广德元年八月四日，卒于阆州僧舍，时年六十七岁。赠太尉。"房琯病逝的消息大约九月中旬传到梓州，得此噩耗，杜甫旋即动身前往阆州祭奠房琯。

阆州治所在今天的四川省阆中市，地处梓州东北，相距约三百里。从梓州去阆州有三种出行方式可供选择：一是走水路，从梓州乘船顺涪江而下至合州，转嘉陵江溯流而上可至，但路远费时。二是走陆路，从梓州经盐亭、南部到阆州，此路最近，但基本上都是山间小路，跋涉艰难。三是从梓州乘船顺涪江下至射洪县，转涪江支流梓潼江溯流而上至盐亭县上岸（这条路杜甫今春去盐亭游览已经走过，路途熟悉），再走旱路，经过南部县前往阆州，这条路省力且近。杜甫这次去阆州，选择的就是第三种出行方式。

听到房琯病逝的噩耗，杜甫立即拜托郪县郭县令为自己阆州之行租赁一条小船。出发的时间到了，杜甫来到郭明府家，看到航船早已系于涪江码头，他对郭明府不胜感激。同时，有感于郭明府在郪县的德政与人格品节，杜甫当即在郭明府的茅屋墙壁上挥毫题诗《题郪县郭三十二明府茅屋壁》：

  江头且系船，为尔独相怜。
  云散灌坛雨，春青彭泽田。
  频惊适小国，一拟问高天。
  别后巴东路，逢人问几贤。

  明府，汉时对郡守、牧尹的尊称。晋、唐以后多称县令为明府。州治所的郪县县令，居住的却是几间茅草房屋，可见其廉洁清贫。

  诗中，杜甫用了两个典故来赞誉郭明府的德政与节操。"灌坛雨"，典出《搜神记》，说姜太公被周文王任命为灌坛县令一年来，治理有方，社会安定。有一天晚上，周文王梦见一个妇女在路上大哭，于是走上前去问她为什么哭泣。这个妇女说："我是泰山的女儿，嫁给东海神童做媳妇，要回娘家，可是灌坛县令用德政阻道，废止我的行程；因为凡是我经过的地方必有狂风暴雨。我如果施行狂风暴雨，这就毁了灌坛县令的大德啊！"周文王醒来后将姜太公招来询问，这天晚上果然有狂风暴雨从灌坛县境外经过。"彭泽田"，典出《晋书·陶潜传》：陶潜，字渊明，一字元亮，浔阳柴桑人。陶潜生性好酒，家中清贫，不能经常有酒喝，他做彭泽县令时，要求县里的公田都种上糯稻。他的妻子坚持说应该种植粳稻，于是他让农人五十亩种高粱，五十亩种粳稻。

  然而，这样德才兼备的人却只能长期在小县为官，诗人不禁要叩问苍天：这是为什么？在当今时代，像郭明府这样贤德的官员，究竟能找得出多少？

  即将启程赴阆之时，一场秋雨不期而至。天涯孤客，诗人独立寒秋，所思者远。杜甫忧虑的不是这场来势较大的秋雨把此次去巴山的路变得泥泞难行，而是担忧"防秋"之时戍边战士逢雨难行，特别是代表军威的汉家旌旗被雨水打湿，红旗不展，会造成士气低落。

  广德元年七月，吐蕃尽取河、陇之地，现在边备正严，秋防正急。岷山雪岭、绳桥等守捉三城怎能防御南侵的吐蕃敌人？或许吐蕃尚念甥舅之礼，未敢背我国恩？到底是凶是吉，谁也难以预料！杜甫思而忧国，因此作《对雨》：

## 十五、江边独立时

> 莽莽天涯雨，江边独立时。
> 不愁巴道路，恐湿汉旌旗。
> 雪岭防秋急，绳桥战胜迟。
> 西戎甥舅礼，未敢背恩私。

"西戎"，是古代对北方少数民族的统称，此指吐蕃。唐太宗、唐中宗两朝分别嫁文成公主、金城公主与吐蕃赞普为妻。玄宗时，吐蕃赞普尺带珠丹曾上表称："甥世尚公主，义同一家……甥深识尊卑，安敢失礼。"所以杜甫说"西戎甥舅礼，未敢背恩私"。这不过是诗人的一厢情愿罢了。杜甫在秦州亲眼看见塞上警报频传，调兵檄急，战争一触即发，也曾幻想"西戎外甥国，何得迕天威"，责其不该捐弃旧好，触犯天威。

且说杜甫行至盐亭，便弃舟乘马奔阆州而去，至盐亭光禄坂（今该县黄甸镇南山村），恰逢落日红晖，望之千山皆赤，于是作《光禄坂行》：

> 山行落日下绝壁，南望千山万山赤。
> 树枝有鸟乱鸣时，暝色无人独归客。
> 马惊不忧深谷坠，草动只怕长弓射。
> 安得更似开元中，道路即今多拥隔。
> 原注：白日贼多，翻是长弓子弟。

此诗大意为："天色将晚，落日西下，又是兵荒马乱的年代，杜甫一人骑着马行走于深山巨谷中。归巢的鸟儿在枝头跳跃、鸣叫，似可壮胆。但是暮色苍茫，一个人在这人迹罕至的荒山野岭独行，不是担心马儿受惊一不小心掉入深谷，而是害怕有朵在草丛中，冷不伶仃挽弓搭箭射杀行人的强盗，因为现在毕竟已经不是'九州道路无豺虎，远行不劳吉日出'的开元时代了。（杜甫诗末所注"长弓子弟"，即官军中弓弩手之子弟。）

关于这首诗的写作地点历来有争议，南宋建安人蔡梦弼认为此诗作于杜甫绵州避难梓州途中，他说："光禄坂，在梓州铜山县。"后来的黄鹤、仇兆鳌也依蔡说。萧涤非先生主编的《杜甫全集校注》也持此说。铜山县，治所在

167

今四川省中江县南之广福镇。杜甫从绵州到梓州,最近的路是沿涪江东南而行,过境涪城县至梓州郪县,怎么也不会经过今日中江之南的铜山县,这是肯定的。

《盐亭县志》载:"光禄坂在县东十里。杜工部有《光禄坂行》。"由此可知,杜甫诗中的"光禄坂"不在今天的三台县,更不在中江的广福镇。1984年冬,盐亭县黄甸乡南山村出土了一块宋碑,碑文是:"光禄坂高盐亭东,潼江直下如弯弓。山长水远快望眼,少陵过后名不空。当时江山意不在,草动怕贼悲途穷。客行益远心益泰,即今何羡开元中?"题款曰:"崇宁元年(1102)闰六月二十五日,道祖再按盐亭经光禄坂留题顿轩。"道祖,即薛绍彭,字道祖,北宋著名书法家,与米芾齐名,人称"米薛",官至秘阁修撰,出为绵州梓潼路漕。南宋眉州眉山人程公许也有一首《登盐亭高山庙》,诗中有"长怜少陵叟,浪走天涯篇。耿然臧国心,甘作忍饥面"之句,缅怀"诗圣"杜甫经光禄坂,作《光禄坂行》时的艰难行旅和忧国忧世之心。清初文学家王士祯康熙十一年(1672)为四川乡试考官时,一路纪行山川名胜,而作《蜀道驿城记》,也认为光禄坂在盐亭县南梓潼江边。

从盐亭县城出发,过光禄坂东北而行,是盐亭到南部县最近的一条山路。因此诗题中的"光禄坂"就在盐亭境内。

紧走慢赶,一路奔波,杜甫在广德元年九月二十日前终于到达阆州。九月二十二日,杜甫不顾旅途劳顿,立即赶到房琯坟前,郑重摆下澧酒、茶叶、鲫鱼等祭祀用品,然后焚香化纸,祭奠他深深推崇的这位好友。杜甫怀着沉痛的心情,抚坟诵读早已写好的《祭故相国清河房公文》,以倾泻哀悼之情:

  维唐广德元年,岁次癸卯,九月辛丑朔,二十二日壬戌,京兆杜甫,敬以澧酒茶藕莼鲫之尊,奉祭故相国清河房公之灵曰:
  呜呼!淳朴既散,圣人又殁。苟非大贤,孰奉天秩。唐始受命,群公间出。群臣和同,德教充溢。魏杜行之,夫何画一。娄宋继之,不坠故实。百余年间,见有辅弼。及公入相,纪纲已失。将帅干纪,烟尘犯阙。王风寝顿,神器圮裂。关辅萧条,乘舆播越。太子即位,揖让仓卒。小臣用权，尊贵倏忽。公实匡救，忘餐奋发。累抗直词，空闻泣血。时遭裋袊，国有征伐。车驾还京，朝廷就列。盗本乘弊，诛终不灭。高义沉埋，赤心荡折。贬官厌路，谗口到骨。致君之诚，在困弥切。

天道阔远，元精茫昧。偶生贤达，不必际会。明明我公，可去时代。贾谊恸哭，虽多颠沛。仲尼旅人，自有遗爱。二圣崩日，长号荒外。后事所委，不在卧内。因循寝疾，憔悴无悔。死矢泉途，激扬风概。天柱既折，安仰翊戴。地维则绝，安放夹载。

岂无群彦，我心忉忉。不见君子，逝水滔滔。泄涕寒谷，吞声贼壕。有车爱送，有绋爱操。抚坟日落，脱剑秋高。我公戒子，无作尔劳。敛以素帛，付诸蓬蒿。身瘗万里，家无一毫。数子哀过，他人郁陶。水浆不入，日月其慆。

州府救丧，一二而已。自古所叹，罕闻知己。囊者书札，望公再起。今来礼数，为态至此。先帝松柏，故乡枌梓。灵之忠孝，气则依倚。拾遗补阙，视君所履。公初罢印，人实切齿。甫也备位此官，盖薄劣耳。见时危急，敢爱生死。君何不闻，刑欲加矣。伏奏无成，终身愧耻。

乾坤惨惨，豺狼纷纷。苍生破碎，诸将功勋。城邑自守，鼙鼓相闻。山东虽定，灞上多军。忧恨辗转，伤痛氤氲。玄岂正色，白亦不分。培塿满地，昆仑无群。致祭者酒，陈情者文。何当旅榇，得出江云。

呜呼哀哉！尚飨。

祭文以老友话旧的感伤语气，首先回顾了房琯临危受命、奋发忘食、匡时救国、行高义正的赤诚报国之心，再写因谤遭贬以致"高义沉埋，赤心荡折。贬官厌路，谗口到骨"的遭遇，以及虽困益忠的节操。接着回忆他与房琯的莫逆之情，表示要不遗余力宣扬房公的节操与气概，并忆及房琯当年罢相之时，自己"见时危急，敢爱生死。君何不闻，刑欲加矣。伏奏无成，终身愧耻"，上疏力救无果的事情经过。最后写眼下国家危殆，盗贼乘机作乱，自己寝食难安的哀伤忧恨；"何当旅榇，得出江云"，杜甫希望天下太平,房公灵柩早归葬故里。

房琯被贬之后,杜甫作为房琯的党羽也被贬到华州。在后来的岁月里,为了避嫌,他们之间再也没有往来,哪怕同在蜀地,近在百里之内,杜甫因政治原因也不曾前往拜会;而今年春天自己鼓足勇气,前往拜会时,房相却已离开汉州。人生相逢,怎么这样艰难?直到房琯病逝阆州,杜甫才有了一个痛诉衷肠的机会。

自古逢秋悲寂寥。临行前的天涯苦雨,房公的旅榇他乡,像愁云一样笼罩在杜甫心中,怎么也排解不开。一天黄昏,诗人徘徊嘉陵江边,见江水长流,山云遮目,再一次触发了他的故土之思。自己逃难梓州已一年有余,至今羁留未去。混迹公府,到处傍人,这种犹如寒花隐草、宿鸟栖枝的人生际遇,真是苦不堪言啊!于是作《薄暮》,以抒悲秋叹老之苦:

江水长流地,山云薄暮时。
寒花隐乱草,宿鸟择深枝。
旧国见何日,高秋心苦悲。
人生不再好,鬓发自成丝。

深江、日暮、高秋、寒花、宿鸟、白发,这些意象累加在一起,杜甫真是有吐不完的苦水。

仗友而生、羁旅困顿的心情总是难以舒展,杜甫便到阆中南池游历。南池又叫彭道将鱼池,位于阆中城南。《方舆胜览·利州东路·阆州》载:"南池,在高祖庙旁,东西四里,南北八里。《汉书》彭道将池,在今南池也。"《一统志》说,南池自汉以来,堰大斗之水灌田,里人赖之。唐时堰毁,遂成陆田。

这一天,杜甫不仅游了南池,还走进南池旁边的高祖庙,观看了巴人的祭祀表演,后作《南池》记事遣怀:

峥嵘巴阆间,所向尽山谷。
安知有苍池,万顷浸坤轴。
呀然阆城南,枕带巴江腹。

## 十五、江边独立时

> 芰荷入异县，粳稻共比屋。
> 皇天不无意，美利戒止足。
> 高田失西成，此物颇丰熟。
> 清源多众鱼，远岸富乔木。
> 独叹枫香林，春时好颜色。
> 南有汉王祠，终朝走巫祝。
> 歌舞散灵衣，荒哉旧风俗。
> 高皇亦明王，魂魄犹正直。
> 不应空陂上，缥缈亲酒食。
> 淫祀自古昔，非唯一川渎。
> 干戈浩茫茫，地僻伤极目。
> 平生江海兴，遭乱身局促。
> 驻马问渔舟，踌躇慰羁束。

此诗前半部分极力描写南池的地理形盛和丰富物产。大意是说："在阆州的崇山峻岭之中，怎么也想不到有这样一处碧波万顷的水域——南池。真是让人惊叹！浩渺广大的南池紧靠嘉陵江的腹心地带。放眼望去，莲荷满池，远引牵连，目不能及；南池两岸，稻谷飘香，屋舍俨然。芰荷与稻谷都获丰收，乃是老天爷的恩赐，我们应该知足而止。看那些高坡上的田地，往往因为干旱缺水，不能获得好的收成，只有这里的庄稼旱涝保收。南池清源活水鱼虾众多，远山岸边有许多高大乔木。让我格外赞叹的是，那一大片枫香树林，色彩缤纷；如果是在春季，枫香树郁郁葱葱，它的颜色更加好看。"

中间十二句叙写诗人游汉王祠的所见所感。当时阆中县南，紧邻南池有一座汉王祠。据史书记载，汉高帝刘邦与项羽争斗关中的时候，巴人的部族长范目，率领阆州七姓组成劲旅，兵出仓成，帮助刘邦北定三秦，被封为阆中侯（也有封说慈乡侯、渡沔县侯的）。同时刘邦还免除七姓的租赋，于是范目在阆中城南十里处组织修建了这座汉王祠。

大意是说："阆州城南的汉王祠，每天从早到晚都有巫祝的祭祀表演。歌舞通神，灵衣飘飘，这样的陈旧风俗，真是荒唐！汉高帝也是贤明的帝王;即使去世了,他的魂魄也是正直的。他怎么会在一群巫祝的歌舞声中,缥缥缈缈、从天而降,亲近这空旷的山坡上的酒肉祭品呢?当然,这类不合礼制的祭祀,自古以来就有,并不只是江陵江畔才有这一类淫邪祭祀。如今干戈不已,在此偏远之地,最容易极目伤怀。"

最后四句大意是说:"我虽有泛游江海的兴趣,然而身逢乱世,不得自由。今天能到这苍茫浩瀚的南池边走走看看,也算是对自己羁束生活的一种安慰了。"

作客阆州的杜甫,怎么也没有想到自己会在这个偏僻之地,与崔二十四舅不期而遇。亲人异地相见,本来是一件高兴的事儿,可是看杜甫所作《阆州奉送二十四舅使自京赴任青城》诗,却没有一点亲人相逢的欣喜:

闻道王乔舄,名因太史传。
如何碧鸡使,把诏紫微天?
秦岭愁回马,涪江醉泛船。
青城漫污杂,吾舅意凄然。

原来二十四舅奉使还京,旋即被外放西蜀青城县(其治在今四川省都江堰市石羊镇境内)令,杜甫感到十分惋惜。他说:"听说汉代的王乔由尚书郎出为叶县县令,每月初一、十五都要到朝廷朝拜皇帝。汉明帝见他每次都能准时到达,而不见他的车马,觉得有些奇怪,就密令太史官偷偷观察。后来太史官报告明帝说,每次王乔快要到达的时候,就会有两只野鸭从东南方飞来。于是皇帝就派人等野鸭将至的时候张网捕捉,结果从落网中得到的却是一只木屐。因为太史官把这件事记录在《后汉书》中,所以王乔的神仙之术得以流传。后世多以'王乔舄'喻地方官吏事,多指县令(此以王乔比舅赴任青城县令)。王乔怎么能与您这样的'碧鸡使'相提并论呢?您是拿着皇帝的诏书去赴任青城县尹的啊!"杜甫很为二十四舅抱不平。紧接着他用"碧鸡使"之典,喻二十四舅是奉使赴任青城。《汉书·郊祀志》载:汉宣帝时,有方士说益州有金马、碧鸡这种神灵宝物,通过祈祷祭祀就能求到。于是,宣帝就派谏议大夫王褒作为使臣,手持符节前去祀求。后来就用"碧鸡使"比喻赴蜀使臣之典。

后四句大意是:"您曾经作为使臣从长安入蜀,这次又从长安经秦岭、过涪江赴任青城,道路是那样的艰难曲折,其愁苦难行,真是不堪回首;章留后热情好客,您经过梓州,他一定会在涪江之滨为您举行筵饯,并醉游涪江(只可惜我不能陪二十四舅同回梓州)。青城县那个地方(杜甫上元元年秋曾赴青城县游历,故诗人对青城县的情况比较了解)风俗不淳而且多民族杂居,一派乱象。二十四舅听了我的述说,心情黯淡,情绪一片悲凉。"

杜甫不仅自己不愿意做小吏,而且对二十四舅以京官出为青城县令亦深感惋惜与同情。

杜甫在阆州的居停主人,就是受李梓州之邀,来梓州春游的阆州王刺史。杜甫当时陪同王阆州、苏遂州、李果州等刺史游览东川名寺惠义寺,四位刺史被佛理禅宗深深折服。杜甫曾开玩笑问四位刺史:"谁能解金印,潇洒共安禅?"这一类玩笑也开得,说明杜甫对王刺史是熟悉的,说不定王刺史离开梓州时,就一再邀请杜甫到阆州去玩,以尽地主之谊。

前脚二十四舅刚走,后脚崔氏十一舅又经阆州前往青城县探望二十四舅。王阆州在嘉陵江边泊舟设筵,为崔氏饯别,并以袍相赠。为感谢王阆州的朋友之情、地主之谊,席间,崔氏感慨赋诗。杜甫便有和章相酬,诗名曰《王阆州筵奉酬十一舅惜别之作》,此诗写得颇佳:

> 万壑树声满,千崖秋气高。
> 浮舟出郡郭,别酒寄江涛。
> 良会不复久,此生何太劳。
> 穷愁但有骨,群盗尚如毛。
> 吾舅惜分手,使君寒赠袍。
> 沙头暮黄鹤,失侣自哀号。

大意为:"秋天的阆州,秋风萧瑟,草木摇落,千山万壑,都笼罩在一片肃杀的气氛之中。王使君泛舟江上,出郭为老朋友设筵送行。这离别的美酒,寄托于嘉陵江滚滚的波涛之上。这样美好的聚会,对流离行役之人来说,不会太久;人生啊,为什么总是这样奔波、辛劳?如今的我已是穷愁潦倒，只剩下一把老骨头；可是，吐蕃、党项及仆固怀恩继续作乱，强盗寇贼仍然多如牛毛。

十一舅与王使君依依惜别，深情赋诗；王使君以袍相赠，难分难舍。遥望沙岸，日色已暮；一只失去伴侣的黄鹄，悲鸣盘旋，孤声长号……"

诗言"使君寒赠袍"，既是写实，也是用典。《史记·范雎蔡泽列传》载，战国时范雎在魏国须贾手下做事。后来范雎逃到秦国并做了宰相。有一年，魏国听说秦国要攻打自己，就派大夫须贾出使秦国。秦国宰相范雎穿着破旧的衣服来见须贾。须贾说："范叔一寒如此哉！"须贾便取出一件绨袍送给范雎。范雎因为顾念故人情谊，也没有杀须贾。后来以"绨袍""赠袍"比喻故旧之情。黄生说："'寒赠袍'，寓言有故人之谊也。"由此可知，王刺史与崔十一是老朋友，且感情深厚，所以王刺史多次高规格招待崔十一。

杜甫这首《王阆州筵奉酬十一舅惜别之作》，起句笔力雄壮，中段苍老遒劲，末句以沙头失侣、黄鹄暮景收束，情景交融，感人至深。北宋文学家陈师道评"万壑树声满，千崖秋气高"说："世称杜牧'南山与秋色，气势两相高'为警绝，而子美才用一句，语益工，曰'千崖秋气高'也。"

过了几天，王刺史又在阆州城东楼设筵再次为崔氏送行。不知为什么王阆州为崔十一的别宴已经举行了，崔十一却没有立即动身去青城县。卢元昌的解释是："前王阆州筵是奉酬，此东楼筵才是送别。"其实杜甫在《王阆州筵奉酬十一舅惜别之作》中已经说得很清楚了，"浮舟出郡郭，别酒寄江涛""吾舅惜分手，使君寒赠袍"，而诗题亦是"惜别之作"。

此不争论，只说栋楼饯宴大家又是离杯在手，分韵赋诗，杜甫得一"昏"字，于是即席作《阆州东楼筵，奉送十一舅往青城县，得昏字》：

曾城有高楼，制古丹雘存。
迢迢百余尺，豁达开四门。
虽有车马客，而无人世喧。
游目俯大江，列筵慰别魂。
是时秋冬交，节往颜色昏。
天寒鸟兽休，霜露在草根。

## 十五、江边独立时

> 今我送舅氏，万感集清尊。
> 岂伊山川间，回首盗贼繁。
> 高贤意不暇，王命久崩奔。
> 临风欲恸哭，声出已复吞。

朱注引《一统志》："阆州有十二楼，皆滕王元婴刺阆州时建，东楼亦一也。楼枕城隅，制作甚古。"滕王元婴，指李元婴（628—684），唐高祖李渊之子，太宗李世民之弟。贞观十三年（639）封为滕王，封地滕地（今山东滕州），在此地建立行宫，命名"滕王阁"，这是第一处滕王阁。永徽四年（653），迁洪州（今江西南昌）都督，建第二处滕王阁。高宗调露元年（679），改任隆州（治今四川阆中）刺史，大修宫殿高楼，并建第三处滕王阁。东楼是当年滕王所建高楼之一。

此诗前八句写东楼别筵。阆州城东门有一处高大的楼阁，建筑古朴，通体用红色的油漆涂色，鲜明耀眼；仰视楼阁，足足有一百余尺之高，体势宏大，四门洞开。这里虽然有车马来往，但却给人以"结庐在人境，而无车马喧"的感觉。登上高楼，或放眼四望，或俯瞰大江，皆令人赏心悦目。王刺史为十一舅办的饯别宴会就在这里举行。面对这心旷神怡的美景，亲人别离的惆怅与情思，可以稍稍得到安慰。

中间八句写离别情景，大意是："值此秋冬之交，景色暗淡无光。天气越来越寒冷，鸟兽们都蛰伏巢穴，不愿出来；草木枯萎，严霜冷露凝结于草根之上，时物皆休。在这个时候，我却要送别舅舅远涉青城，真是让人百感交集。干了吧！千言万语都在这杯酒中。我与舅舅的亲情岂能因为山川阻隔而疏远；蓦然回首，盗贼横行，灾祸频繁，天下不安。"

末四句又兼怀青城二十四舅，大意是："高尚贤明的二十四舅哪里顾得上为自己考虑，终年只知道为君王的命令不停奔波。今天又要在此与十一舅分别，面对悲凉的秋风，我真想大哭一场。只是哭声才出口又被我强咽回去。崔十一舅走后，杜甫益觉孤单，以致伤心欲绝，泣不成声。"

多个朋友多条路，朋友多了路好走。对于漂泊在外之人，这是十分重要的。杜甫也是，走到哪里，也不忘广交朋友。这不，有客人要从阆州去苍溪县（今属四川省广元市），杜甫主动相送。

## 杜甫在梓州

苍溪县因县界苍溪谷而得名，是阆州的属县，城在嘉陵江边。去的那天，天气晴朗，便骑马而行，可是回来的时候，遇上秋雨绵绵，山路难行，骑马容易打滑，如果一不小心掉进山谷或者嘉陵江里，后果不堪设想，于是改为坐船。乘船顺流而下直达阆州，方便快捷，还可以欣赏嘉陵江两岸风光，对于诗人来说，那是另一种享受。

你看，那青的是峰峦，黄的是橘柚，苍茫湍急的是江流，虽然都是一闪而过，来不及仔细看清，但那种顾盼自若、应接不暇的惬意，亦让人愁苦暂忘，逸兴壮飞。这就是出游给人带来的快乐！于是，杜甫作《放船》以记之：

送客苍溪县，山寒雨不开。
直愁骑马滑，故作泛舟回。
青惜峰峦过，黄知橘柚来。
江流大自在，坐稳兴悠哉。

雨后的山川秋色，舒服的放船旅程，让诗人暂时忘却了羁旅烦愁，享受了一回急流行船的快乐。

秋风萧瑟，凄凉阴沉，最容易触动羁旅之人的情思。一天傍晚，杜甫见落日西沉，秋风瑟瑟，仿佛病叶、寒花在冷风中战栗着，顿生人情冷淡、客路凄凉之感，一首《薄游》在脑际生成：

渐渐风生砌，团团日隐墙。
遥空秋雁灭，半岭暮云长。
病叶多先坠，寒花只暂香。
巴城添泪眼，今夕复清光。

诗的大意为："轻柔的晚风从台阶上吹来，圆圆的夕阳已隐没于院墙之外。遥远的天空中，秋雁越飞越远，渐渐地从视线里消失；层云会聚半山腰，在暮色的笼罩下，显得那样悠长。树上憔悴的叶子大多经不起风霜的摧残纷纷坠落，寒风中瑟瑟的花朵也只能留下短暂的芳香。触物增悲，凄凉漂泊的我，今夜独卧巴城秋月之下，触景生情，禁不住泪眼成行。"

　　秋日薄暮，在杜甫眼里所有的景物都是凄凉的、惨淡的，连天空中的那一轮明月也让人情不能自已，平添泪光。这首诗借景寓情，情景交融；淡而有味，感人至深。

　　广德元年（763）之秋，旅居阆州的杜甫去了一趟严氏溪。旧注说，严氏溪在阆州东一百余里处。这里住着一位隐者，杜甫便慕名前往拜访。他在这位隐者家住了一晚，谈了一夜，意犹未尽，临别时作《严氏溪放歌行》相赠。诗曰：

　　　　天下甲马未尽销，岂免沟壑常漂漂。
　　　　剑南岁月不可度，边头公卿仍独骄。
　　　　费心姑息是一役，肥肉大酒徒相要。
　　　　呜呼古人已粪土，独觉志士甘渔樵。
　　　　况我飘蓬无定所，终日戚戚忍羁旅。
　　　　秋宿霜溪素月高，喜得与子长夜语。
　　　　东游西还力实倦，从此将身更何许。
　　　　知子松根长茯苓，迟暮有意来同煮。

　　大意为："多少年战乱不息，我只得长年奔波流离，长此下去，怎么能够避免弃尸荒野、命填沟壑的命运。远离朝廷的公卿、边将，骄横跋扈，我在剑南的日子不好过啊！别看他们对你尽心体贴，其实骨子里还是把你看作仅供役使的一名清客，只不过拿大块肉、大碗酒请你吃呀、喝呀，满足你的口腹之欲而已，哪里有爱敬真情哟！可叹的是，那些真正敬重人才的人君，早已作古，所以我认为如今真正的有志之士，也只好心甘情愿归隐山林，做一名日出而作，日入而息的渔父樵夫好了。

　　况且我一个漂泊之人，居无定所，整天郁郁寡欢地忍受着羁旅之苦，更不要说有所作为了。深秋之夜，明月高悬，在这样一个美好的夜晚，能与先生促膝长谈，真是受益匪浅。我从梓州东游阆州，不久又将从阆州西还梓州。这样的辗转流离，已折腾得我筋疲力尽。从今以后，我这老病之身又将寄托何处？我晓得您这儿的山林松根之下，生长着吃了"能断谷不饥"的灵药茯苓，我真的希望自己能归隐于此，与您共度人生。"

在阆州期间,杜甫不意与原梓州别驾严二相逢。广德元年(763)秋,严二被授予奉礼郎,掌君臣版位,以奉朝会、祭祀之礼,隶太常寺。奉礼郎,从九品上,官位品级虽然不高,但属皇帝近臣。严二经阆州赴任京职,杜甫作《与严二归奉礼别》相赠:

> 君别谁暖眼,将老病缠身。
> 出涕同斜日,临风看去尘。
> 商歌还入夜,巴俗自为邻。
> 尚愧微躯在,遥闻盛礼新。
> 山东群盗散,阙下受降频。
> 诸将归应尽,题书报旅人。

宝应元年(762)秋,杜甫与严二相识,并很快建立了深厚的友情。他曾在《相逢歌赠严二别驾》中详细记录了他与严二相识、相知、相欢的过程,"黄昏始扣主人门,谁谓俄顷胶在漆?万事尽付形骸外,百年未见欢娱毕。神倾意豁真佳士,久客多忧今愈疾。高视乾坤又可愁,一躯交态同悠悠。垂老遇君未恨晚,似君须向古人求"。从此以后,杜甫在梓州的生活越来越顺畅,朋友也越来越多。随着与严二友情的升华,难中逃难的杜甫重新燃起了生命中的希望之火。所以,杜甫起首一句便是"别君谁暖眼,将老病缠身",读来让人双眼酸楚,泣不成声。

诗的大意是说:"我这将老之人,又是疾病缠身,严二先生啊,您走之后,谁还会像您一样关照我、对我热情相待呢?夕阳西下,我们同时流下离别的泪水;秋风起时,我独自看着您的身影渐渐远去。凭着您的贤才,这次赴朝任职,只要你像春秋时的宁戚一样把握机会,自荐干谒,肯定会得到皇帝进一步的重用。如今我客居巴蜀,这里人的习俗是很少串门,各自为邻;您走后,我的处境该是多么凄凉。不过,只要我这副微贱的身躯还在,就一定会听到您主持朝廷盛大隆重礼仪的消息。目前,华山以东的叛军已经溃散,朝廷接受陆续前来受降的叛军;您到达长安的时候,各路平叛将领也应该全部凯旋、班师回朝了,届时您一定要写信告诉我,让我分享这份胜利的喜悦。"

第五句的"商歌",典出《淮南子·道应训》。春秋时的宁戚欲向齐桓公谋求官职,以便施展自己的才能,但宁戚穷困得没有路费见到齐桓公。于是,他就去帮齐国做生意的人赶车运货。到达齐国后的一天晚上,宁戚正在喂牛的时候,恰好齐桓公带着一行人从旁边经过。宁戚不禁悲从心起,他"击牛角而疾商歌"。齐桓公从宁戚凄婉悲凉的歌声中,知道了歌者一定是一位不平凡的人,于是命令随从车载宁戚返回朝堂,拜为大夫,分管农业。后宁戚助齐桓公成为春秋五霸之一。后人便以"商歌"比喻自荐求官。杜甫用此典,意在鼓励严二积极进取,自荐求仕,为唐王朝中兴大业建功,同时也体现了杜甫一以贯之的爱国忠心。

## 十六、深怀喻蜀意

封建官场，尔虞我诈，正直清廉、不肯随波逐流的人往往容易成为被诬陷攻击对象。广德元年秋，杜甫在阆期间，就亲历了一件让他义愤填膺的事情。原本治绩斐然、清贫耿介的南部县（今四川南部县）裴县令，被同僚诬谗下狱。杜甫听说这件事后，凭着他对裴南部的了解，决定要为裴县令伸张正义。当他得知王阆州已派袁判官赴南部县调查案情时，便作《赠裴南部闻袁判官自来欲有按问》，声援和支持裴县令上书辩诬，并宽慰裴县令清者自清，事情终会水落石出。诗曰：

尘满莱芜甑，堂横单父琴。
人皆知饮水，公辈不偷金。
梁狱书因上，秦台镜欲临。
独醒时所嫉，群小谤能深。
即出黄沙在，何须白发侵。
使君传旧德，已见直绳心。

诗题中的"南部"，县名，阆州属县，裴为南部县令，故称"裴南部"。诗题中的"闻袁判官自来欲有按问"，为原诗自注。邵宝说："公之故人裴南部，被谗得罪，遣袁判官按问，公初至阆，故赠此诗。"

为便于表达诗人的义愤与直率，同时又不至于让诗歌显得过于直白，此诗几乎句句用典。

"莱芜甑",典出《后汉书·范冉传》。范冉（冉，或作丹），字史云。桓帝时，为莱芜令，后遭党人禁锢，生活清贫，但穷居自若，言貌无改，当时有民谣曰："甑中生尘范史云，釜中生鱼范莱芜。"后以"莱芜甑"指生活清贫。

"单父琴"，典出《吕氏春秋》。春秋时鲁国人宓子贱任单父（今山东菏泽市山县）县宰的时候，由于善于用人，他自己则终日弹琴，身不下堂而单父治。后以此称颂地方官员的治绩。

"饮水"句，西晋人邓攸任吴郡太守时，"攸载米之郡，俸禄无所受，唯饮吴水而已"。杜甫用此典故，以言裴南部为官清廉。

"不偷金"，典出《史记》。西汉南阳人直不疑做郎官期间，同寝室的人请假回家，整理行装时，误把同寝室一位郎官的金子带走了。一天以后，这位郎官才发觉金子不在了，他便毫无根据地怀疑直不疑偷了他的金子。直不疑也不争辩，就去买了金子还给这位失主。不久，误拿金子的人告假归来，把金子归还给了那位郎官。失主因为错怪了直不疑，感到非常惭愧。因此，大家都称赞直不疑是一位有德行的忠厚人。杜甫以此典旨在阐明裴南部的忠厚、清白及受人诬陷。

"梁狱书"，《史记·邹阳列传》载，西汉邹阳游历梁地，被羊胜等人诬告入狱。将面临杀头的时候，邹阳在狱中上书梁孝王刘武，陈述冤情，最后得到平反释放，并被奉为贵宾。仇兆鳌注："裴必有诉理之词也。"

"秦台镜"，据说汉高帝刘邦初进咸阳宫时，周行府库看见了一面方镜，能照出人的五脏六腑、是非善恶。杜甫用此典比喻袁判官能够明察秋毫，还裴南部以清白。

"黄沙"，《晋书·武帝纪》：太康五年，"六月，初置黄沙狱"。"黄沙"，为监狱名。此句中的黄沙，代指监狱。

"直绳"，《晋书·李胤列传》说，西晋大臣李胤，"迁御史中丞，恭恪直绳，百官惮之"。杜甫以此典赞称王阆州正直如绳墨，一定能够秉公断狱。

整首诗的大意为："裴县令，你就像莱芜长范冉一样生活清贫，像宓子贱一样治县有方，政绩斐然；如果说裴县令在南部得到了什么好处，大概就是喝了南部的水、吃了南部出产的粮食吧。你被同僚诬陷，就像《史记》所

181

载直不疑的同舍人怀疑直不疑偷金一样，事情最终会水落石出。

裴县令啊，你不要害怕！你要敢于像被人诬告的齐人邹阳一样，上书州府，陈述冤情；王阆州跟袁判官当如秦台明镜，一定会明察秋毫，看清诬告者的丑恶嘴脸，并让他们受到应有的惩罚。我知道你一贯品行端正，不肯与他们同流合污，才受到群小的毁谤下狱坐罪；这些家伙蓄谋已久，因而你遭此厄运。我相信你很快就会出狱；请不要过分忧愁与焦虑，为什么一定要让自己满头白发生呢？

阆州人民一直传颂着王使君的德行善政；从他派袁判官来重新查究你的案情，就能看出州府大人是一位正直如绳墨的长官，你的冤情一定会得到伸张，你的案子一定会有一个好的结果。"

杜甫从梓州到阆州，南部县是必经之地，对于裴南部的为人、政声，杜甫定然是有所了解和耳闻的。

"新松恨不高千尺，恶竹应须斩万竿"。从这件小事中，我们可以看出杜甫无论是身为谏臣，还是沦为布衣，刚正耿直、疾恶如仇、不文过饰非的秉性始终如一。杜甫这种仗义执言的人品，对我们大多数人来说，不无有可取和学习之处。

话说广德元年（763）十月，吐蕃进犯奉天、武功，京师震骇。诏以雍王李适为关内元帅，郭子仪为副元帅出镇咸阳以御敌。郭子仪闲废日久，军队离散，只得临时招募二十骑兵行至咸阳。吐蕃率领吐谷浑、党项、氐、羌十余万众，弥漫数十里，渡过渭水，循山而东。郭子仪派人进入长安，请求增兵，遭到程元振的阻止。乙亥，吐蕃进犯盩厔（今作"周至"，属陕西省），渭北行营兵马使吕月将出战，全军被俘。朝廷至此方治兵，而吐蕃已渡便桥，逼近长安。仓促之间，朝廷不知所为。代宗逃奔汉中，官吏藏窜，六军逃散。吐蕃占领长安，剽掠府库、市里，焚烧闾舍，散兵游勇也到处抢劫，士民避乱，逃亡山谷。此时西川节度使高适"练兵于蜀，临吐蕃南境以牵制之"（《旧唐书·高适传》）。这些消息不时传到阆州，官民议论纷纷，让出入阆州州府衙门的杜甫忧虑万分，于是作《愁坐》曰：

高斋常见野，愁坐更临门。
十月山寒重，孤城月水昏。

葭萌氐种迥，左担犬戎屯。
　　终日忧奔走，归期未敢论。

　　全诗大意："住在王刺史为我安排的高斋里，视野开阔，常常能望见旷野；心里烦闷的时候，我更愿意临门默坐以遣心中忧愁。孟冬十月，山寒水重，阆州城雾气昏沉，长期待在这里，更容易使人徒生愁闷。

　　巴蜀境内有氐羌之忧，边境之外有吐蕃入寇。我最担心的是吐蕃与羌部族内外勾结，联手为乱，剑南唐军该如何应付？很长时间以来，我因此而四处奔走；如今秦蜀道阻，什么时候才能回到日夜思念的故乡，我真的不敢与人讨论。"

　　在杜甫当年借住的高斋处，今阆中市在此建有草堂别业。大门院子有联："历乱世盼广厦常怀苍生苦；莅名州觑草堂更结青壁缘。"

　　杜甫的担忧不无道理。广德元年（763）七月，吐蕃攻取陇右（甘肃南部）之地，威逼长安。而在巴蜀，吐蕃已经包围了岷山松州一带。《元和郡县志》：岷山即汶山。南去青城山百里，天色清明，望见成都。山顶停雪，常深百丈，夏日融泮，江川为之洪溢，即垄之南首。

　　在杜甫看来，如果吐蕃攻占西蜀岷山一带的松州等地，成都则无险可守，巴蜀的情势就会相当危急。正在诗人焦虑万分之时，忽闻朝廷任命高适为剑南西川节度使。老杜听到这个消息，十分振奋，他相信有神机妙算的高将军执掌西川军政大权，松州一带的警戒形势一定会迅速好转，于是作《警急》：

　　才名旧楚将，妙略拥兵机。
　　玉垒虽传檄，松州会解围。
　　和亲知拙计，公主漫无归。
　　青海今谁得？西戎实饱飞。

　　原诗标题有注："时高公适领西川节度"。这首诗前半部分寄厚望于高适。至德二年（757），永王李璘谋反，高适上疏代宗陈述江东战略位置的重要性，并预言如果朝廷发兵平叛，一定能大败永王。于是，朝廷任命高适为

183

扬州左都督府长史、淮南节度使，率军讨伐，结果大获全胜。因扬州和淮南古为楚地，故杜甫称高适为"旧楚将"。诗中的"玉垒"即玉垒山，在今天四川省汶川县东。

杜甫说："西川节度使高适是才名远播的楚中名将，其神机妙略足以控制蜀陇边境。虽然松茂玉垒山一带军情紧急，羽檄频传，但是我相信被敌军围困的松州，很快就会解除眼下的警戒状态。"

诗的下半部分，诗人对唐王朝的和亲政策与当前的形势充满了痛楚的认识。他说："从现在吐蕃大举进犯我朝的事实来看，当年文成公主、金城公主远嫁吐蕃的和亲计策是何等拙劣。不仅公主怅望不归、终老塞外，而且青海广大地区落入吐蕃之手；吐蕃拥有青海，就犹如喂饱的老鹰，再也无法束缚了。"

对于吐蕃，杜甫也曾经幻想，"西戎甥舅国，何得连天威""西戎甥舅礼，未敢背私恩"，如今在严峻的事实面前，他原有的幻想终于破灭了。也正因为如此，他才把御敌的希望，给予雄才大略的高适。

然而战局的发展却令人失望，松州之围未解，形势反而变得更加严峻。西川节度使高适，练兵于蜀，出师无功。《旧唐书·高适传》说："代宗即位，吐蕃陷陇右，渐逼京畿。适练兵于蜀，临吐蕃南境以牵制之，师出无功，而松、维等州，寻为蕃兵所陷。"杜甫听说后，十分困惑、着急。无奈之际，他只好企望朝廷另外派遣得力将领御敌保蜀，遏制吐蕃的进攻。于是作《王命》：

汉北豺狼满，巴西道路难。
血埋诸将甲，骨断使臣鞍。
牢落新烧栈，苍茫旧筑坛。
深怀喻蜀意，恸哭望王官。

诗题"王命"，出自《诗经》"王命南仲""王命召伯"等语，意为盼望朝廷任命得力干将镇抚西蜀。这两年吐蕃尽占陇西之地，并继续东侵陇西。因陇西在汉水上游及其北部诸州北，故称"汉北"，约在今甘肃南部与四川交界处。诗中"巴西"，古郡名，治所在今阆中市，辖境相当于今阆中、武胜以东，广安、渠县以北，万源、开江以西地区。

这首诗着重叙述时事，希望朝廷立即派员"王官"来蜀安边。大意是："蜀之西北边境全被豺狼似的吐蕃军占领，东川巴西一带山路崎岖，军队开拔艰难。战场上，将士们英勇厮杀，鲜血浸透了铠甲；尽管战士们浴血苦战，可是战局并没有好转。又听说朝廷派去与吐蕃媾和的使者来往奔波，骨头都快累折了；如此辛苦，却没有换来和平的结果。还听说为了阻止敌人，唐军新近把栈道烧毁了，只剩下七零八落的残骸；长安危急，朝廷仓皇之中筑坛拜将，命老将军郭子仪挂帅出征，以赴国难。

我是多么怀念汉武帝当年派司马相如来蜀谴责唐蒙，告喻巴蜀人民朝廷本意的深刻意义啊！如今西蜀老百姓正遭受痛苦，我只有向北恸哭，盼望朝廷早日派遣得力的'王官'平息蜀境边患，以救巴蜀之警急。"

朱注："王官，当指严武。吐蕃围松州，高适不能制，故蜀人思得武代之。"如今的西川危机，真应验了诗人去年送别严武时的预言："空留玉帐术，愁杀锦城人。"

杜甫所说"牢落新烧栈"，指广德元年（763）火烧大散关。顾宸曰："是年诏烧大散关。云烧栈者，盖借用张亮说汉王烧绝栈道之意，非真烧栈也。"又"深怀喻蜀意"，据《史记·司马相如列传》，相如为中郎将时，"会唐蒙使略通夜郎、西僰中，发巴蜀吏卒千人，郡又多为发转漕万余人，用兴法诛其渠帅，巴蜀民大惊恐。上闻之，乃使相如责唐蒙，因喻告巴蜀民以非上意。"司马相如到达蜀郡后，作《喻巴蜀檄》，以安定民心。杜甫取"喻蜀"二字，以言巴蜀父老盼望王官早至，以安蜀民。而"深怀""恸哭"，足见诗人盼望之深切。

战争给巴蜀老百姓带来的痛苦是难以言表的。为抗击吐蕃，高适在蜀中大量征兵，杜甫"伤征人之丧败也"，而作《征夫》：

十室几人在？千山空自多。
路衢唯见哭，城市不闻歌。
漂梗无安地，衔枚有荷戈。
官军未通蜀，吾道竟如何？

诗的大意为："广德元年（763），吐蕃攻陷松、维二州，高适在蜀征兵防守。因为战争，青壮年都被征当兵去了，而且阵亡惨重。蜀中青年，十户人家中，还有几人存在？西蜀边陲有险而不能守，莽莽青山，真是枉自徒多！

老百姓普遍苦于征戍，道路上、城市里，到处哭声一片，哪里还能听到昔日的歌声、笑声哟。战士们东奔西走，衔枚枕戈，但是敌强我弱，难以招架。如果援军不能及时赶到，巴蜀的前途将不堪设想。我这个如桃梗漂泊之人，也将走投无路。"

"漂梗无安地""吾道竟如何"，这哪里是诗人自叹流离，这分明是诗人在为巴蜀人民的前途担忧。

虽然高适在蜀地大量征兵，但并没有扭转战争的被动局面，松州反而被吐蕃围困。这段时间，杜甫对西山战事投入了极大的关注，他作《西山三首》，既表达他对三城戍边战士疲于奔命的同情，又表达其对西山战略地位的深忧。

西山，泛指岷山。李宗谔《图经》说，岷山巉岩崛立，实捍阻羌夷，全蜀依为巨屏。因其位于成都以西，故称"西山"。西山一带是西蜀之西北边境，是西蜀与蕃夷接壤之地，战略位置十分重要。《西山三首》其一说：

夷界荒山顶，蕃州积雪边。
筑城依白帝，转粟上青天。
蜀将分旗鼓，羌兵助铠鋋。
西南背和好，杀气日相缠。

大意为："岷山山脉那荒山之巅、常年积雪的雪宝顶那边就是西蜀与吐蕃的边界线，高山之上仿照白帝城而修筑的防御工事，对于军需物资的运输来说，真是难上加难，难于上青天。蜀将分兵应敌，是防守吐蕃的骨干力量，而助战的羌兵也有一定的战斗能力，但是羌、汉之兵必须协同作战。从目前形势判断，既然吐蕃已经背弃了和平友好的盟约，战争的气氛肯定是日夜纠缠不散、一天比一天紧张。"

其二，记松州之围：

## 十六、深怀喻蜀意

> 辛苦三城戍，长防万里秋。
> 烟尘侵火井，雨雪闭松州。
> 风动将军幕，天寒使者裘。
> 漫山贼营垒，回首得无忧？

"三城"，指松、维、保三州治所之城。"防秋"，是当时边防上的专有名词。古代西北和北方游牧民族武装多在秋季草黄马肥的时候发动攻势，对其加以防守称为"防秋"。

诗的大意为："松、维、保三城将士，长年疲于万里"防秋"，十分辛苦。眼下，松州已被敌军包围，战争的烟火已波及西川火井县（治今四川邛崃西南八十里）一带。寒风吹动着前线将军的帐幕，我守城之兵时有风声鹤唳之惊；和谈的使者还艰难地行走于冰天雪地的西域。西山之地，举目所见，漫山遍野都是敌人的营垒，这样危急的军事形势，怎能不叫人忧虑万分。"

对于松州在很短的时间之内被吐蕃包围，这跟西川节度使高适对西山战略地位的重要性认识不足，不无关系。在高适看来，这里不仅没有军事价值意义，而且后勤保障艰难，劳民伤财，他在《请减三城戍兵疏》中说："平戎以西数城，邈若穷山之巅，蹊隧险绝，运粮于束马之路，坐甲于无人之乡。"对于接下来的松、维、保三城之失，连《旧唐书·高适传》也责备他说："吐蕃陷陇西，渐逼京畿。适练兵于蜀，临吐蕃南境以牵制之，师出无功，而松、维等州，寻为吐蕃所陷。"

战不胜，和不成，三城戍兵如果没有长期固守的坚强意志，抗击吐蕃入侵这场战争就难以取得胜利。鉴于此种情况，杜甫深忧松州可能陷落，于是作其三说：

> 子弟犹深入，关城未解围。
> 蚕崖铁马瘦，灌口米船稀。
> 辩士安边策，元戎决胜威。
> 今朝乌鹊喜，欲报凯歌归。

浦起龙说："公《两川说》有邛、雅子弟，羌子弟，皆以备蕃者。""蚕崖""灌口",分别指蚕崖关和灌口镇,它们都在今四川省都江堰市境内。

本诗大意:"西川汉、羌兵子弟,正向西山进发,可是松州之围并未解除。西山关隘雪多草枯,商运废弛,长期作战,兵疲粮尽,长此以往,祸患无穷。要解决目前的困境,消除未来的隐忧,全都要仰仗朝中安边谋臣和军中威武猛将;或战或和,总有一得吧。今天早上,我听见喜鹊叽叽喳喳叫个不停,这就是官军要打胜仗,即将凯旋的预兆。"

对于杜甫"欲报凯歌归"的期盼,仇兆鳌分析道:"军幕、使裘,战和无益,而犹云辩士、元戎者,盖思两者之中,得一以济,庶可御敌而凯旋耳。"

杜甫的忧国之怀、筹时之策,熔铸于《西山三首》之中。正如仇兆鳌《杜诗详注》所言:公"洊逢乱离,故在梓阆间有感于朝事边防,凡见诸诗歌者,多悲凉激壮之语。而各篇精神焕发,并臻其极。此五律之入圣者,熟复长吟,方知为千古绝唱也"。

今秋在阆州,最让杜甫食不甘味、夜不能寐的就是吐蕃对大唐王朝的背信弃义,特别是蜀蕃岷山边境唐军"防秋"的接连失利。眼看战争的火焰已蔓延至成都附近,直接威胁巴蜀安全,杜甫多次与王刺史彻夜长谈,共谋安蜀之策,并决定上书代宗。

在当时的巴蜀刺史中,阆州王刺史是一个很特殊的人物。他在蜀为官将近二十年。多年以来,他一直在为朝廷做着一项特殊而秘密的情报传递工作。他在给皇帝的《进论巴蜀安危表》中说:"臣之兄承训,自没蕃以来,长望生还,伪亲信于赞普,探其深意,意者报复摩弥、青海之役决矣。……每汉使回,蕃使至,帛书隐语,累当恳论。臣皆封进,上闻屡达。"

据有关资料推测,王刺史的哥哥王承训是唐玄宗时期手握重权的一名宦官首领,大约在天宝九年(750),他被派往南诏宣慰诏令。第二年四月,南诏叛唐,中使王承训被南诏王皮逻阁作为俘虏献于吐蕃,从而"没蕃"。他为了报仇雪耻,假装归顺,并取得了吐蕃赞普的信任,暗中将没蕃的军人组织起来,随时窥探吐蕃意图和军情,每有汉使回朝或蕃使入朝,他总要想方设法委托其将"情报"以家信的方式带给他的弟弟阆州王刺史。家信往往用"隐语"("密码情报")写成,经王刺史破译后,密封呈报朝廷。王刺史在《进论巴蜀安危表》中说,他之所以不离开巴蜀,是"望兄消息时通,所以勠力边隅，累贱班秩，补拙之分浅，待罪之日深，蜀之安危，敢竭闻见"，为的是与他哥王承训保持密切联系，代兄赎罪，为国效忠。这也是王阆州最让杜甫动容的地方，杜甫因此将王阆州视为知己。现将《为阆州王使君进论巴蜀安危表》全文兹录于此：

　　臣某言：伏自陛下平山东，收燕蓟，洎海隅万里，百姓感动，喜王业再康，疮痏苏息。陛下明圣，社稷之灵，以至于此。然河南河北，贡赋未入；江淮转输，异于曩时。唯独剑南，自用兵以来，税敛则殷，部领不绝，琼林诸库，仰给最多。是蜀之土地膏腴，物产繁富，足以供王命也。

　　近者，贼臣恶子，频有乱常，巴蜀之人，横被烦费，犹相劝勉，充备百役，不敢怨嗟。吐蕃今下松、维等州，成都已不安矣。杨（子）琳师再胁普、合，颙颙两川，不得相救，百姓骚动，未知所裁。况臣本州，山南所管，初置节度，庶事草创，岂暇力及东西两川矣。

　　伏愿陛下听政之余，料巴蜀之理乱，审救援之得失，定两州之异同，问分管之可否，度长计大，速以亲贤出镇，衰罢（音疲）人以安反仄。犬戎侵轶，群盗窥伺，庶可遏矣。而三蜀，天府也，征取万计，陛下忍坐见其狼狈哉！不即为之，臣窃恐蛮夷得恣屠割耳，实为陛下有所痛惜。必以亲王，委之节钺，此古之维城磐石之义明矣，陛下何疑哉！在近择亲贤，加以醇厚明哲之老为之师傅，则万无覆败之迹，又何疑焉！

　　其次付重臣旧德，智略经久，举事允惬，不陨获于苍黄之际，临危制变之明者观其树勋庸于当时，扶泥涂于已坠，整顿理体，竭露臣节，必见方面小康也。

　　今梁州既置节度，与成都足以久远相应矣。东川更分管数州于内，幕府取给，破弊滋甚。若兵马悉付西川，梁州益坦为声援，是重敛之下，免至多门，西南之人，有活望矣。必以战伐未息，势资多军，应须遣朝廷任使旧人，授之时节留后之寄，绵历岁时，非所以塞众望也。臣于所守封界，连接梓州，正可为成都东鄙，其中别作法度，亦不足成要害哉，徒扰人矣，伏唯明主裁之。又天下征收赦文，减省军用外，诸色

189

杂赋名目，伏愿损之又损之。剑南诸州，亦困而复振矣。

将相之任，内外交迁，西川分壶，以丈贤俊，愚臣特望以亲王总戎者，意在根固流长，国家万代之利也，敢轻易而言。次请慎择重臣，亦愿任使旧人，镇抚不缺。

借如犬戎傲扰，臣素知之。臣之兄承训，自没蕃以来，长望生还，伪亲信于赞普，探其深意，意者报复摩弥青海之役决矣。同谋誓众，于前后没落之徒，曲成翻动，阴合应接，积有岁时，每汉使回，蕃使至，帛书隐语，累尝恩谕。臣皆封进，上闻屡达。臣兄承训忧国家缘边之急，愿亦勤矣。况臣本随兄在蜀向二十年，兄既辱身蛮夷，相见无日。臣比未忍离蜀者，望兄消息时通，所以勠力边隅，累贱班秩，补拙之分浅，待罪之日深，蜀之安危，敢竭闻见。臣子之义，贵有所尽于君亲。愚臣迂阔之说，万一少裨圣虑，远人之福也，愚臣之幸也。

昨窃闻诸道路云：吐蕃已来，草窃岐陇，逼近咸阳。似是之间，忧愤陨迫，益增尸禄寄重之惧，寤寐报效之恳。谨冒死具巴蜀成败形势，奉表以闻。

据《资治通鉴》，广德元年十月，吐蕃进犯盩厔，侵入长安。因此杜甫为王阆州草拟的这份进表，应该在十月稍后。

忠君爱国的共同信念，把杜甫与王阆州的关系拉得更近了。经过周密商议，一份由杜甫代王阆州起草的稳定巴蜀政治军事形势的建议书——《为阆州王使君进论巴蜀安危表》将很快呈报到代宗皇帝面前。这份奏表具体提出了稳定巴蜀形势的五条建议：一是无论军事还是财政，巴蜀都具有重要地位。建议朝廷从长计议，马上派遣贤明的亲王，并由老成持重、明达事理的师傅辅助，前来巴蜀坐镇，御敌安民。二是如果不能选派亲王，也应该派"重臣旧德，智略经久，举事允惬"，经验丰富的大臣来扭转当前与吐蕃战而不胜的颓局，整顿政治。三是既然新近在梁州设置了山南西道节度使府作为成都的接应，那么就可以撤销东川节度使府的建制，将东川节度使所领兵马交由西川节度使统辖，这样既可以加强西北边防力量，又可以减轻巴蜀人民的赋税负担。四是即使出于军事需要，东川暂时不能撤销，那就应该派遣"任使旧人"来做节度使，像现在这样将东川交付留后主持，拖延一年还不派人来领导东川节度军政事务的做法,这是有失众望的。五是请求减省除军费以外的"诸色杂赋名目"。剑南诸州、巴蜀之人,自战争爆发以来,各种差役杂赋名目繁多,希望朝廷节省开支,减轻老百姓的负担。这是强基固本,为国为民的千秋万代事业!

这些建议与意见,虽然是杜甫代王刺史拟写的论事奏表,但这种深沉的忧国忧民情怀和重视"三城戍""深怀喻蜀意,恸哭望王官",以及强烈呼吁解除"巴人困军须"的种种筹时之策,无不体现着杜甫的心声和对时局的看法。如果这份《进论巴蜀安危表》一旦被朝廷采纳,那么巴蜀边境的安宁,就指日可待!

杜甫为王使君起草、完成《进论巴蜀安危表》,原本以为可以高高兴兴、轻轻松松地安心等待长安传来好消息,然而比西山更坏的消息不断从中原传来。是年十月初,吐蕃占领奉天(今陕西乾县),兵临长安。接着吐蕃进犯盩厔,渭北行营兵马使带领两千唐军迎击吐蕃十万大军,被擒赴死。边将告急,大权在握的宦官程元振知情不报,也不发兵御敌,唐朝防线全线崩溃,代宗仓皇奔幸陕州(治今河南三门峡市陕州区)。杜甫听到这些真假莫辨的传闻(其实就是事实,只是当时通信不发达罢了),忧心不已,悲愤不已,于是作《遣忧》:

乱离知又甚,消息苦难真。
受谏无今日,临危忆古人。
纷纷乘白马,攘攘著黄巾。
隋氏留宫室,焚烧何太频?

大意为:"我身处巴蜀,远在天边,吐蕃之乱、君臣之议、皇帝之奔等等传闻,众说纷纭,让人真假难辨。今年四月,郭子仪就多次劝谏代宗,吐蕃、党项不可忽视,宜早作防范之准备。然而皇上拘泥于'和好'之约而有谏不纳,以致酿成今日之祸端。在这样的危急关头,不由得让人想起当年唐明皇不听张九龄苦口婆心再三劝谏,以致安禄山反叛、马嵬坡之变、玄宗幸蜀的伤心往事。历史的教训,眼前的事实,是多么惨痛啊!"

"纷纷乘白马,攘攘著黄巾"句,即是用典,也是写实。南朝梁普通年间,童谣有云"青丝白马寿阳来",后来果然发生侯景叛乱。叛军皆骑白马,兵士尽着青色衣裳。东汉末年,张角领导农民起义,众徒皆以黄巾裹头,称为"黄巾军"。仇兆鳌注曰:"白马,指侯景。黄巾,指张角。"现今吐蕃寇泾阳,刺史高晖以城降吐蕃,并为之导向;代宗奔陕州,车驾才出苑门、渡浐水,射生将王献忠胁丰王李珙等十王西迎吐蕃。十一月,广州市舶使吕太一(宦官)又乘机作乱。这些纷纷扰扰之事,与南北朝时期的侯景之乱、东汉末年巨鹿人张角领导的黄巾造反,何其相似。先前是安禄山攻陷长安,现在又是吐蕃攻陷京城,那些隋代留下的宫殿,在短短几年间两次被焚烧、被损毁,这样的天灾人祸为什么会发生得如此频繁?当时的杜甫,他怎么能想得通!"不究君臣备御之失策,只以'何太频'三字婉转含情,可云怨而不怒。"(顾宸语)

大约十一月初,一名宦官从陕州来到阆州,杜甫确切得知了吐蕃进犯长安,帝京陷落,皇上奔陕,六军溃散的事实。而且他进一步了解到,当前吐蕃气势正盛,谁也不能推知皇上什么时候才能回銮长安。闻此,杜甫大为震惊。他想到了皇帝出奔之地陕州府署西南隅那株至今还长势茂盛的甘棠树。西周时召公(亦称邵伯)提倡以德治国,他下乡巡视时,常在甘棠树下听讼断狱,教化百姓。召公卒,民思其德,爱其树,不忍伐,后世因而立庙祭之。同时,在陕州陕县西南十三里处,有汉文帝谒河上公所建望仙台。《太平寰宇记》载:"望仙台,在(陕县)县西南三十里。汉文帝亲谒河上公,公既上升,故筑此坛以望祭之。"如今,这些德政之地却是帝舆出奔的所经之地,这是何等的滑稽与讽刺啊。杜甫因此而感慨朝堂之事,作《巴山》:

巴山遇中使,云自陕城来。
盗贼还奔突,乘舆恐未回?
天寒召伯树,地阔望仙台。
狼狈风尘里,群臣安在哉?

诗的大意为:"我在阆州偶遇宫廷使者,他说自己从代宗所幸的陕州而来;又说目前吐蕃军队还在中原狼奔豕突,到处烧杀掠抢,恐怕皇帝的乘舆现在也还没有回到长安。在这天寒地冻时节,君王奔向陕州是多么的困苦难堪；遥望山高路远的望仙之台，君主的旅程是何其艰难。试问，狼狈逃窜于硝烟风尘之中的文武大臣，在皇上、国家最需要你们的时候，你们又在哪里呢？真是可笑可悲！"石闾居士曰："一收责及群臣，正公义愤之所由见，岂寻常之吟咏哉！"

接下来又有传说，如果贼兵不能退、长安不能收复，代宗将继续东南而行，巡幸江陵府，于是杜甫又作《江陵望幸》：

雄都元壮丽，望幸欻威神。
地利西通蜀，天文北照秦。
风烟含越鸟，舟楫控吴人。
未枉周王驾，终期汉武巡。
甲兵分圣旨，居守付宗臣。
早发云台仗，恩波起涸鳞。

《新唐书·地理志四》载：江陵府江陵郡，本荆南郡，天宝元年（742）更名。肃宗上元元年（761）号南都，为府；二年罢府，是年又号南都。治所在今湖北省荆州市。上元元年九月，肃宗应吕諲请求将荆州改为江陵府，并将江陵府设为南都。安史之乱时，肃宗虽未曾巡幸，而眼下的吐蕃之乱却可能成为代宗的避难之所。这到底是肃宗的未雨绸缪，还是唐王朝宗室的不幸呢？对于"一饭不能忘君"的杜甫来说，他只能把代宗的奔逃看成一次皇帝的巡幸出游，并要代表当地老百姓表示翘首以盼。

这首诗前半部分大意为："雄踞险要之地的江陵南都，原本就雄伟壮丽，如今江陵人民希望皇帝亲临，忽然之间就有了神明般的威严。江陵府水陆冲要，西通巴蜀；天文分星，北照长安。南望风烟渺茫，与遥远的越国接壤，乘船顺长江而下，东边的吴越之地全在掌控之中。其地理位置优越，东、西、南、北，可谓四通八达！"

后半部分大意为："周穆王曾经立下雄心壮志，巡游天下，他也未曾到达江陵。现在，荆南百姓终于可以期盼代宗（诗中以'汉武帝'喻代宗）巡幸江陵。皇帝已经颁布命令，分兵卫伯玉这样的干略宗臣镇守江陵（《唐书》：广德元年冬，乘舆幸陕，以卫伯玉有干略，可当重寄，乃拜江陵尹，充荆南节度、观察等使。即诗云'甲兵分圣旨，居守付宗臣'）。

我和老百姓的心情完全一样，盼望着天子的仪仗早日出发，皇帝的恩泽一定能降及穷民。"

末句的"涸鳞"，用"涸辙之鲋"的典故。《庄子·外物篇》记载，庄周在路上看见干车沟里有条小鱼，小鱼请求庄周弄一些水来救活它。庄周答应到南方去把西江的水引来。小鱼说，按你的办法，等到把事情做成，你直接到干鱼店里找我吧。后来用"涸辙之鲋"，比喻处在困境中亟待救援的人。

南宋张戒说："此非诗，乃望幸表也。"仇兆鳌曰：此诗首句江陵，次句望幸，中四咏江陵形势，下六写望幸情事。这些"注家"的评论与见解，可以帮助我们更准确地理解杜甫的《江陵望幸》。

# 十七、终作适荆蛮

时值年底，官府、民间都忙碌起来了。杜甫也有离阆回梓的打算，但是具体动身日子还没有定下来。冬十一月的一天，他突然接到夫人杨氏从梓州托人捎来的家信，告知女儿病重。于是杜甫马上动身，急急忙忙赶回梓州家中。

回梓途中，杜甫作《发阆中》，记录自己一路荒山穷谷、孤旅行役及其阴沉、晦暗而愁苦之心情。诗曰：

前有毒蛇后猛虎，溪行尽日无村坞。
江风萧萧云拂地，山木惨惨天欲雨。
女病妻忧归意速，秋花锦石谁复数？
别家三月一得书，避地何时免愁苦？

全诗大意为："女病妻忧，只管急速赶路，哪管它前有毒蛇后有猛虎。沿溪而行只管抄近路，走了一天都看不到人家与村落。江风呼啸，乌云滚滚，山木惨惨，天光暗淡，一场寒雨似乎将要来临。与家人梓州已是一别三个月，思妻念子，收到的却是女儿生病、老妻愁苦无助的报忧消息。只顾急切赶路，沿途的寒花、锦石，哪里有心情仔细欣赏。自从乾元元年由华州转到秦州、同谷，来到成都，如今避难又流寓梓州，一晃将近五年，这样忧愁与痛苦的日子，什么时候才是个头？"

一别三月，回到家中，与家人团聚，让飘如飞蓬的杜甫有了家的温暖。

## 杜甫在梓州

人生不易，团圆相守，是一份拥有，也是一种感动。有了父母的精心照顾与药物调养，女儿的病很快痊愈。杜甫又可以安心地参加梓州主人章彝的一些应酬与交游活动了。

广德元年（763）冬十一月底，梓州刺史、侍御史、东川节度使留后章彝，集结东川节度使兵士三千余人，在梓州举行了一次大规模的冬季校猎活动，其实就是一场展示东川藩镇实力的军事演习。杜甫作为嘉宾被邀观演。

据史料记载，广德元年十月，吐蕃寇泾州，刺史高晖以城降敌，并为之向导；吐蕃过了邠州，皇上才得知消息。辛未，进犯奉天、武功，京师震骇。诏以雍王为关内元帅，郭子仪为副元帅，出镇咸阳以御敌。丙子，皇上奔陕周，官吏藏窜，六军逃散。国难当头、边地不安、京师被陷、皇帝奔陕，作为手握重兵的节镇长官章彝，不思御敌勤王，而是耀武扬威大搞军事演习，这种不合时宜的举动令杜甫感慨万千，乃作《冬狩行》，试图对章彝的冒险举动有所讽谏。诗曰：

> 君不见东川节度兵马雄，校猎亦似观成功。
> 夜发猛士三千人，清晨合围步骤同。
> 禽兽已毙十七八，杀声落日回苍穹。
> 幕前生致九青兕，骆驼䯁峞垂玄熊。
> 东西南北百里间，仿佛蹴踏寒山空。
> 有鸟名鹡鸰，力不能高飞逐走蓬。
> 肉味不足登鼎俎，何为见羁虞罗中？
> 春蒐冬狩侯得同，使君五马一马骢。
> 况今摄行大将权，号令颇有前贤风。
> 飘然时危一老翁，十年厌见旌旗红。
> 喜君士卒甚整肃，为我回辔擒西戎。
> 草中狐兔尽何益？天子不在咸阳宫。
> 朝廷虽无幽王祸，得不哀痛尘再蒙！
> 呜呼！得不哀痛尘再蒙！

## 十七、终作适荆蛮

冬狩，原指古代帝王或诸侯的冬季围猎活动。校猎，刘攽曰："校亦竞也，竞逐猎也。"校猎原为设木栏圈而猎取，后来泛指大规模打猎，也有竞相追逐猎物的意思。古代天子校猎，也是检阅一国军事能力的演习活动。行，是乐府和古诗的一种体裁。此诗原题下有注："时梓州刺史章彝兼御史留后东川"。杜甫此注郑重其事列出章彝在中央和地方的全部职务（官衔），足见其边头公卿地位的重要。

这首歌行体诗，首叙冬狩军容，将士众多，气势威猛，纪律严整。大意是说："请看东川节度使章将军的兵马是多么威武雄壮，这场冬季围猎活动一定能够凯旋奏功。昨夜派发的三千勇猛士兵，在今天清晨就完成了对整个一百平方里猎场的四面包围，章留后一声号令，三千士兵令行禁止，步调一致，整齐划一。"

次详写校猎之事，杀获众多，连小小的八哥也不得幸免。大意是说："经过一整天的战斗，进入围猎圈的飞禽走兽百分之八九十被猎杀、捕获。杀伐之声直到日落黄昏，还在天地之间久久回荡。将军帐前排列着士兵们生擒的犀牛等各类动物，远处用骆驼运送过来的黑熊之类的猎物也堆积如山。方圆百里的山谷，已经被士兵地毯似的搜索了一遍；猎尽的梓州大地仿佛变成了一座寒冷、死寂的山空。有一种叫八哥（鸜鹆）的鸟儿，它力气弱小不能高飞，只能在野草间追逐嬉戏。它肉味不好，不值得庖厨精心制作、烹调，为什么它也被捕捉？连八哥这样的微物也不放过，何其惨啊！"

接下来四句是对章彝的赞美，摄大将之权，有前贤之风，呼应开头的"似"字，具有一股蕴藉的讽刺意。大意是："今天的这一场围猎活动，跟古代天子的'春蒐''冬狩'在规模和气势上是完全相同！章将军，您身为御史兼梓州刺史，又代行东川节度使职权，号令严明，尽显前贤将帅风范。""似观成功"，而非真成其功，在杜甫看来，真成其功，是"为我回答擒西戎"。

末段以慨时作结，劝章彝在现今天子蒙难，外敌入侵之际，应该严阵以待，勤王敌忾。大意是说："眼下，我可是一个在国家危难之际，四处漂泊流浪的老头子。近十年来，我最讨厌的就是那高高飘飞的红色军旗；因为它对我来说意味着战乱、意味着痛苦。今天，章将军让我高兴地看到了东川有

197

一支军容整齐、纪律严明、有很强战斗力的队伍,如果您指挥这支军队掉转马头,去擒拿吐蕃,那该多么好啊!可是将军您却用它来射杀躲在草丛中的狐狸与野兔,于这支军队来说,有何益处?当前最糟糕的是天子已被吐蕃撵出了京城长安啊!目前虽然不存在灭国之祸,但是我们岂能不因为京师陷落,天子再次出奔流亡而哀痛吗?哎哟哟,我不得不为天子再次出奔流亡而悲痛万分!

"朝廷虽无幽王祸"句:幽王,指周幽王,乃历史上有名的昏君,继位后贪婪腐败,朝政不修。因宠爱褒姒,废申后和太子宜臼,致使申后的父亲申侯大为愤怒,在周幽王十一年(前771),联合缯国、西戎等攻打周朝,杀周幽王于骊山下,西周灭亡。后用"幽王祸",借指女人误国。所以,罗大经说:"唐狄昌诗云:'马嵬烟柳正依依,重见銮舆幸蜀归。泉下阿蛮应有语,这回休更罪杨妃。'杜陵诗云:'朝廷虽无幽王祸,得不哀痛尘再蒙!'盖幽王以褒姒而致犬戎之祸,明皇以妃子而致禄山之变,正相似也。今无妃子孽矣,而銮舆乃蒙尘,何哉?此其胎变稔祸,必有出于女宠之外者矣。是不可不哀痛而悔艾也。诗意与狄昌同;而其恻怛规戒,涵蓄不露,则大有径庭矣。"对于唐明皇因腐败骄奢而导致安史之乱,杜甫也曾归于"女祸"为其开脱,"不闻夏殷衰,中自主褒妲",经过近十年的观察与思考,诗人终于意识到"胎变稔祸,必有处于女宠之外者",这不能不说是杜甫政治判断力上的一大进步。

对于这首诗的警讽之意,王嗣奭说,在《冬狩行》中,杜甫极力规劝章彝在王室有难、国家危亡之际,不要轻举妄动,可谓用心良苦。并依此推测后来章彝被严武所杀(见《新唐书·杜甫传》)"得非有可指之罪乎"?杜甫诗中对章彝虽有赞美之词,但也讽其僭礼,特别是结尾一段"真有大声疾呼之慨"(查慎行语)。

其实,杜甫对章彝留后东川一年多以来在梓州的做派,腹诽已久。前不久,他在《为阆州王使君进论巴蜀安危表》中就建议朝廷撤销东川节度使,如果暂时不能撤裁,朝廷就应该"任使旧人,授之使节",因为目前"留后之寄,绵历岁时,非所以塞众望也"。可见,杜甫对章彝的工作和潜在野心是有看法的,认为他不孚众望。

在东川,章彝对杜甫及其家人照顾有加,常常邀请杜甫一起观光、赴宴、吟诗、谈天，但是在杜甫看来，章彝不过是"费心姑息是一役，肥肉大酒徒相要"罢了。

杜甫是一个原则性很强的人，他执守奉儒守官、忠君爱国的政治信念，无论社会政治把他逼向何方，他总是带着原则行走世道。他不会把"利益""利己"作为自己选择的标准，他始终如一地忠守着"君子固穷，小人穷斯滥也"的卫道行道初心。这应该是历朝历代统治者和中国人民纪念杜甫、歌颂杜甫、敬重杜甫的一个重要原因吧。

这次冬猎练兵凯旋，章留后自然豪气干云，彻夜欢歌。也许是漏尽更深，又是寒冬腊月，这一夜，杜甫便留宿梓州客馆。他刚来梓州时，很长一段时间都住在这里，当他再一次住进这家梓州官府招待所，就亲切地称为"旧馆"了。当夜，他赋诗《客旧馆》：

> 陈迹随人事，初秋别此亭。
> 重来梨叶赤，依旧竹林青。
> 风幔前时卷，寒砧昨夜声。
> 无由出江汉，愁绪日冥冥。

在客馆里走走看看，初秋梓州一别，如今已是梨树霜红、风幔时卷、砧声夜寒，只有旅馆院墙边的竹林依旧青绿，这不禁使人顿生"俯仰之间，已为陈迹"之感。逝者如斯，避乱梓州又是一年有余，出峡东游的计划不知道什么时候才能实现。想到这里，无尽的愁绪真是一天比一天深沉，一天比一天迷茫。

冬日岁暮，山寒林荒，北风刺骨，行人稀少，连州城也在这个深冬里瑟瑟着，而东川节度使留后章彝近来的兴致却特别高昂。深冬的一天，他骑着高大的紫骝马，在一群州府属员和兵弁的前呼后拥下，兴致勃勃地走出梓州城，来到涪江对岸的一处山崖古寺，半是游览，半是广求福田。

站在对岸远观，古寺上临绝壁，下瞰涪江，巉岩险峭，纤尘莫及。远远望去，一排佛龛就建在高峻的石壁之上。章彝一行人马旌旗肃穆，仪仗威严，他们在江边久久徘徊，然后才渡过涪江来到山寺。

这座山寺年代久远，加之平日香火稀少，石窟里百余尊佛大多已风化脱落，有的长满苔藓，有的佛像连轮廓也分辨不清。山寺的古殿虽还保存着，可惜释迦牟尼佛的塑像布满了灰尘。看着这破败的景象，仿佛法力无边的菩萨、罗汉在低头悲泣，此情此景令善男信女们哀痛不已。寺中的僧人袈裟破烂，他们见章留后来了，便乞告刺史大人，这座古寺的屋宇栋梁大多数已经破烂折毁，如果不能尽快维修，寺庙恐怕有毁弃的危险。听了僧人的乞诉，章留后回头看了看一起来的宾客、随从，迅速解囊布施。众位宾客随即纷纷布施。有了章彝的慷慨解囊，山寺将很快得到修复，多罗宝树将重倚佛祖的莲台旁，三界诸天必然皆大欢喜，甚至连那些罗汉的侍从之神也不会有什么猜嫌不满了。

杜甫看着这一切，心想：寺毁则僧散。当此乱世，那些穷人或遁离净土，或同流合污，铤而走险，岂不为章留后这样的高人平添后顾之忧？出于同样的考虑，如果坐镇一方的留后大人能以这样的善举普惠士兵，谁会说您不是济世之才？在杜甫看来，章彝对将士们虽然号令整肃，训练严格，但是关心体恤不够。

岁暮严冬，寒风刺骨；风卷荒林，万木为之回动。入道僧伽却不因苦寒，照样打坐念经，杜甫不禁讥笑自己还像婴儿一样，只晓得贪图安逸。

游玩了山寺，章大人又慷慨布施。时至中午，章留后一行就地设帐为筵，席间命分韵赋诗。杜甫得一"开"字，乃将今日所见所感即席吟作《山寺，得开字，章留后同游》：

野寺根石壁，诸龛遍崔嵬。
前佛不复辨，百身一莓苔。
虽有古殿存，世尊亦尘埃。
如闻龙象泣，足令信者哀。
使君骑紫马，捧拥从西来。
树羽静千里，临江久徘回。
山僧衣蓝褛，告诉栋梁摧。
公为顾宾徒，咄嗟檀施开。
吾知多罗树，却倚莲华台。
诸天必欢喜，鬼物无嫌猜。

## 十七、终作适荆蛮

  以兹抚士卒，孰曰非周才。
  穷子失净处，高人忧祸胎。
  岁晏风破肉，荒林寒可回。
  思量入道苦，自哂同婴孩。

  "世尊"，是佛家对释迦牟尼的尊称。"龙象"，梵语那伽，译曰龙，又译象。佛家称诸阿罗汉中修行勇猛有最大力者为龙象。"穷子失净处"，《正法华经》载，有一富家子，幼年出家流浪，长大穷困，没想到回到家中，做了淘粪仆人，后被其父亲认出，财物复归穷子。诗中以"穷子"代指士卒。

  朱鹤龄说："大抵（章）彝之为人，将略似优，乃心不在王室。是冬天子在陕，彝从容校猎，未必无拥兵观望坐制一方之意。公窥其微而不敢颂言，因游寺以讽谏之。世尊尘埃，咄嗟檀施，岂天子蒙尘独能晏然罔闻乎？'以兹抚士卒，孰曰非周才'，欲其用此道以治兵敌忾，无但广求福田也。'穷子失净处，高人忧祸胎'，讽其不修臣节，妄觊非分，犹穷子之离净处而甘粪秽也。净处失矣，隐言段子璋、徐知道之戮当为前鉴也。"

  章彝布施修寺，救济贫苦僧人，这是善行。但是，僧侣穷困，根源在国家动荡，社会不安。章彝身为东川留后、地方刺史，应该为天子分忧，善待兵士，体恤百姓。如果"穷子"不能身得其所，那么高人就有祸胎隐匿之忧。杜甫的这首《山寺》，诗意含蓄，对章彝的劝告俱是出于对朋友的忠心诤言。

  话说巴蜀之地出产一种桃竹，也叫棕榈竹，常绿丛生灌木，树干外有网状纤维鞘，质地坚实，是做箭和手杖的好材料。而用这种材料做成的手杖，被称为桃拄杖。在一次聚会宴饮时，章彝留后带来了一捆巴渝出产的精美桃竹手杖，给每位宾客送了一根，大概因为杜甫年老有病又即将离梓东游，章留后送给他两根。于是诗人作《桃竹杖引，赠章留后》以为谢：

  江心蟠石生桃竹，苍波喷浸尺度足。
  斩根削皮如紫玉，江妃水仙惜不得。
  梓潼使君开一束，满堂宾客皆叹息。

怜我老病赠两茎，出入爪甲铿有声。
老夫复欲东南征，乘涛鼓枻白帝城。
路幽必为鬼神夺，拔剑或与蛟龙争。
重为告曰：杖兮杖兮，尔之生也甚正直，
慎勿见水踊跃学变化为龙。
使我不得尔之扶持，
灭迹于君山湖上之青峰。
噫！风尘澒洞兮豺虎咬人，忽失双杖兮吾将曷从？

《旧唐书·地理志》载：天宝元年（742）改梓州为梓潼郡，乾元元年（758）复为梓州。诗中的"梓潼使君"即指梓州刺史章彝。

诗的大意是："在江心的磐石之上长着一种叫桃竹的植物，它常年受到沧江碧波的喷洒、浸润，大小、长短正合适用来做手杖。把它齐根砍下，削了青皮，就露出了紫玉般的质地和色泽，即使是江河中的江妃、水仙两位男女水神要想得到它也不容易（足见其珍贵）。梓州刺史、东川留后章使君竟叫人拿来了一捆，打开一看，满堂宾客都赞叹不已。章使君赠送在座宾客每人一根，他可怜我又老又病，竟然赠送给我两根。我兴奋得马上拿起桃竹杖试走了几步。这桃竹杖抓地如甲爪，稳稳当当，敲击地面，铿铿有声，令人振奋。有了如此灵异的桃竹仗，我再次萌生了劈波斩浪、乘舟东南而行直达白帝城的愿望。此行路途幽远，人烟稀少，我手中的宝贝肯定会被沿途的鬼神抢夺。为保护章留后赠送给我的桃竹仗，我一定会像澹台子羽一样拔出宝剑与敢于抢夺的蛟龙、鬼神拼个你死我活。

我郑重地告诉你：桃竹仗啊桃竹杖，你生来就很正直，千万不要像壶公送给费长房的仙杖，一见到湖水就化成一条青龙不知所终。那样的话，我就得不到你的帮助，搞不好会在洞庭湖的君山上灭迹失踪。哎！如今战乱连绵，豺狼虎豹到处咬人，忽然失去这一对桃拄杖，我将何去何从？"

杜甫就是杜甫，诗圣就是诗圣。原本就是一根桃竹手杖，在杜甫的笔下，时而蟠石苍波，时而水中神仙，时而宾客赞叹，时而鬼神欲夺，时而踊跃化龙，时而风尘豺虎。字字腾挪跳跃，变幻莫测，想象的翅膀纵情翱翔，其诗歌艺术的表现力令人叹为观止。诗人向以鲜说："杜甫之后的汉语诗人是幸运的,杜甫已用毕生的心血为汉语的写作蹚出一条大道,人们可以沿着这条诗歌的大道继续前进,抵达永无止境的汉语深俊之处。"

筹备了一年多的下峡东游之愿,终于准备就绪。临出发前,杜甫让一直跟随身边的弟弟杜占回了一趟草堂,对草堂做些收拾和料理。杜甫逃离成都来到梓州定居后,成都的草堂茅屋及其鸡、鸭、鹅等家禽就托付给邻居照看。现在又要从梓州东下出峡,不知道什么时候才能回到成都草堂。对于自己苦心经营几年的草堂,杜甫怎么放心得下?

杜甫有四个同父异母弟弟和一个妹妹。四个弟弟分别是杜颖、杜观、杜丰和杜占,只有杜占相随入蜀,其余各在他乡。当初刚离开长安流寓陇右时,杜甫对他们特别想念。乾元二年(759)秋,杜甫在秦州作《月夜忆舍弟》:"戍鼓断人行,边秋一雁声。露从今夜白,月是故乡明。有弟皆分散,无家问死生。寄书长不达,况乃未收兵。"抒发对故乡和亲人的思念,感叹战乱造成的骨肉离散。

是年十一月,48岁的杜甫行至同谷,在饥寒交迫的困顿中,作组诗《乾元中寓居同谷县作歌七首》。其三说:"有弟有弟在远方,三人各瘦何人强?生别辗转不相见,胡尘暗天道路长。东飞鸳鹅后鹙鸰,安得送我置汝帝。呜呼三歌兮歌三发,汝归何处收兄骨?"其四又说:"有妹有妹在钟离,良人早殁诸孤痴。长淮浪高蛟龙怒,十年不见来何时?扁舟欲往箭满眼,杳杳南国多旌旗。呜呼四歌兮歌四奏,林猿为我啼清昼。"表达对弟弟妹妹的深深思念。亲人远离,让杜甫无法体会存留于人世间的骨肉亲情,以致对眼前的困苦生活充满了绝望。好在最小的弟弟杜占一直跟随他的身边。

杜占临行前,杜甫作《舍弟占归草堂检校聊示此诗》,叮嘱小弟回成都浣花溪察看草堂并料理家务、清点鹅鸭、补栽竹子等琐事。诗曰:

久客应吾道,相随独尔来。
孰知江路近,频为草堂回。
鹅鸭宜长数,柴荆莫浪开。
东林竹影薄,腊月更须栽。

大意为：“一辈子四处漂泊，长久地客居他乡，这就是我的命吧。四个弟弟中，只有你这个最小的弟弟始终相随于我来到这偏远的蜀地。我身体不好不能亲回成都草堂，多亏了有老弟常常在成都与梓州之间来回奔波；路程远近、爬山渡水你已十分熟悉。这次我离梓出峡与成都相距更远，还要辛苦你回成都照管草堂。鹅、鸭要经常清点，不要丢失了；家里无人时，院子的柴门不要随便打开，以免发生意外。我还记得东边那片竹林栽得稀疏，这次你回去，要趁着腊月尽力补栽一些。"

民间有言：长兄当父。一番家常话语，总是絮絮叨叨，更见杜甫对弟弟的怜惜，对草堂的依恋。此诗感情真挚而语出自然，即石闾居士所谓"朴而弥真，质而弥雅"。

杜甫即将离开生活了一年多时间的梓州，自然是依依不舍。临行前，东川节度使留后章彝特地为杜甫设宴饯行，梓州署府及其东川节度使府诸公悉数参加。

饯宴在梓州最大的、最豪华的酒楼举行。

宴会上宾朋满座，规模盛大，楼上楼下挤满了送行的嘉宾。宴会从早上开到傍晚，中间还穿插赛马、比武、簸红旗等军中竞技表演。席间，照例又是分韵赋诗，杜甫分得一"柳"字韵。

"柳"，留也。这应该是梓州主人章彝有意为之，以表达其依依不舍之情。杜甫带着同样的心情，依"柳"字为韵脚，作《将适吴楚，留别章使君留后，兼幕府诸公，得柳字》，表达对章彝使君留后及幕府诸公的感激与眷恋，以及自己对中原战局的担忧和下峡东游的无奈种种复杂心情。诗曰：

我来入蜀门，岁月亦已久。
岂惟长儿童，自觉成老丑。
常恐性坦率，失身为杯酒。
近辞痛饮徒，折节万夫后。
昔如纵壑鱼，今如丧家狗。
既无游方恋，行止复何有？
相逢半新故，取别随薄厚。
不意青草湖，扁舟落吾手。

## 十七、终作适荆蛮

　　眷眷章梓州，开筵俯高柳。
　　楼前出骑马，帐下罗宾友。
　　健儿簇红旗，此乐几难朽。
　　日车隐昆仑，鸟雀噪户牖。
　　波涛未足畏，三峡徒雷吼。
　　所忧盗贼多，重见衣冠走。
　　中原消息断，黄屋今安否？
　　终作适荆蛮，安排用庄叟。
　　随云拜东皇，挂席上南斗。
　　有使即寄书，无使长回首。

　　宾主饮酒作乐，饯行场面热闹而愉快，杜甫身处其中却是百感交集。全诗大意是："我于乾元二年来蜀地，到今天离开梓州东下吴楚，转眼之间已是三年有余，一晃孩子们也长大了、长高了，自己却变老了、变丑了。我常常担心自己性情坦率，酒后失言，得罪朋友，甚至一不小心招来杀身之祸，所以近年来我已疏远了那些开怀畅饮的朋友，尽量低调行事、克制自己，见到谁都点头哈腰，凡事都落在众人之后。曾经，我也是一条在大河里纵情悠游的鱼儿，人生也算顺畅自如，可是现在却成了无所依归的丧家之狗，惶惶不可终日。我早已父母双亡，安史叛乱发生后带着一家人四处流浪，或行或止，无所牵挂。我因徐知道成都内乱，漂泊辗转来到梓州，和幕府诸公相识相交，朋友中有新交也有故旧。我这次离梓东游，你们馈赠的川资有多有少、有薄有厚，皆可随意，我杜某都打心眼里万分感激。真没有想到那开往青草湖的扁舟，居然让我弄到了手。

　　章梓州啊，您真让我依依不舍，万分感谢您在梓州最好的酒楼为我举行饯行宴会。酒楼前，送行的骑马已备好；军幕中，嘉宾友朋济济一堂整齐。宴会上，还穿插各种节目表演，军中健儿挥"舞红旗"的表演让我印象特别深刻，这样的欢乐场景，我将终身铭记。

　　觥筹交错之间，太阳已不知不觉落于山后；暮色苍茫，鸟雀归巢，章留后为我举行的饮宴正酣。

　　今此离去，长江的波涛、三峡的激流都没有什么可怕的。我真正担心的是吐蕃等盗贼之乱，又重见官僚、士大夫们四处奔走。好久没有听到中原传来的消息了，不知眼下皇帝是否平安？王粲的诗说：'复弃中国去，委身适荆蛮。'我北归不得，最终选择南下荆楚，也算是效法庄子在乱世中随遇而安，一切顺其自然。

出发吧，我将随天上的彩云去拜谒楚地的东皇太一祠。顺江扬帆，我还要去观看吴越的满天星斗。

再见了，章梓州、军中幕府的各位朋友，有信使往来的时候，我会写信向你们表示问候，即使没有写信寄书，我也会时常向西边回首，思念我生活了一年多的梓州和蜀中的各位朋友！"

去蜀东游，好多新知故友都不能亲往告别，杜甫便以诗代简，寄上一片惜别与问候。

剑州（州治在今四川省剑阁县）李刺史是杜甫一年前结识的朋友，他政绩卓著却一直未能得到朝廷的提拔重用，杜甫离梓之前，作《将赴荆南，寄别李剑州》。清人李雪岩说："此公将往荆南，感李剑州之高义，而惜其治成不迁，故寄诗以别之也。"诗曰：

使君高义驱今古，寥落三年坐剑州。
但见文翁能化俗，焉知李广未封侯。
路经滟滪双蓬鬓，天入沧浪一钓舟。
戎马相逢更何日，春风回首仲宣楼。

大意为："李剑州品德高尚，足以赶超古今高风义节之士，然而多年来却仕途寂寞，坚守着偏僻的剑州，得不到提拔重用。世人只看到了文翁治蜀、移风易俗的教化之功，哪里知道功勋卓著的李广终身也不得封侯，这也许就是您李剑州的命吧。"

诗的前半热情赞颂李剑州为促进剑州教育文化进步做出的政绩与贡献，同时，为其不能"封侯"而鸣不平。杜甫用"李广未封侯"之典，更多的是对李剑州的劝慰，希望李剑州坚守自己高尚的道德品质，不要因此而沮丧、沉沦。

如今，我一个鬓发蓬乱的贫穷老头儿与一叶孤舟相伴，远去荆南，还要途经滟滪堆这样的险滩恶浪；没有朋友的陪伴，一路上是多么寂寥、孤单。在这个兵荒马乱的年代，真不知道我俩什么时候才能重逢见面。待到春风和煦的时候，我大概已经到达荆楚之地；我定会登上仲宣楼，向着您所在的方向久久遥望。

后半写离别之情，起接转折，关合无痕，而诗人的迟暮飘零之态，跃然纸上。

杜甫还有一位姓马的朋友，在巴州（治今四川省巴中市）作刺史。巴州距梓州大约四百里路程，杜甫不能当面辞行，于是作七律《奉寄别马巴州》以诗代简，奉寄马巴州：

> 勋业终归马伏波，功曹非复汉萧何。
> 扁舟系缆沙边久，南国浮云水上多。
> 独把鱼竿终远去，难随鸟翼一相过。
> 知君未爱春湖色，兴在骊驹白玉珂。

原诗有注："时甫除京兆功曹，在东川"。广德元年底，杜甫将赴荆南的时候，接到了朝廷召补京兆功曹参军的任命、大概因为将赴荆楚决心已定，自己又体弱多病，路途遥远，便没有赴诏上任。纪容舒说："公恒以稷契自许，今补之功曹，不过一卑职，非其素志。……心实不欲，又何怪其志在云水间也。"

但是，马巴州就不同了，他是有志于仕途之人，因而杜甫寄此别诗，对朋友吐露不能长途就任的心扉。

诗的大意说："您志在仕途，也一定会像您的先辈马援将军一样建功立业，而我现在被召补京兆功曹却不能赶赴京城就任。再说现在的'功曹'一职已远非汉代可比，加之我也没有汉代萧何那样的才能。另外，我荆楚之游决心已定，一艘小船在涪江之滨已等了我很久；我曾多次畅想南国云水之间是多么自由自在。从此我将做一名独把鱼竿的钓翁，再难跟随鸟儿的羽翼飞到您的身边。

我知道您对游荡江湖不感兴趣；您志在廊庙。在我即将告别梓州之时，我祝您早日北还，朝觐君王。"

诗中"马伏波",指东汉开国功臣马援。马援晚年仍请缨东征西讨,西破陇羌,南征交趾,北征乌桓,官至伏波将军,世称"马伏波"。"汉萧何",即西汉宰相萧何。早年(秦朝时)在沛县任职"主吏掾",汉代将这个官职改为"功曹"。又《吴志》:虞翻为孙策功曹,策曰:"孤有征讨事未得还府,卿复以功曹为吾萧何守会稽耳。"仇兆鳌认为"公盖用此语"。

"兴在骊驹白玉珂"句的"骊驹",出自《汉书·王式传》,曰:"谓歌吹诸生曰:'歌《骊驹》'。"服虔注:"逸诗篇名也。见《大戴礼》。客欲去歌之。"也就是古代客人告别时唱的诗篇。"玉珂",马龙头上的装饰品,多为玉制,亦用来形容高官显贵。如灵澈《元日观郭将军早朝》诗云:"今朝始见金吾贵,车马纵横避玉珂。"仇注:"此言巴州兴在朝觐见君。"

石闾居士在《藏云山房杜律详解》中说:杜甫"此诗首联借马巴州迭落出自己来,故次联单承自己说。次联一句东川,一句荆楚,乃是欲别之缘由。三联一句'远去',一句'难过'却是寄之正面。末句联想到马巴州亦欲北上,又是分道而驰,极于惜别之情。较前《寄别李剑州》诗笔法迥异,格局迥殊。然一气贯注,则毫无差池"。

写到这里,我们顺便讨论一个问题。因为杜甫此诗首联"功曹非复汉萧何"一句,故有学者以此为据,认为杜甫并没有担任"京兆功曹"这个官。杜甫没有前去赴任,并不等于没有接受这个官职。杜甫在自注中已明确说明吏部除授京兆功曹的命令已经颁布,并已送达东川。乾元二年,杜甫弃华州司功参军,至广德二年守选已整整五年,按照唐代的铨选制度,也应是除授新职之时。元稹《唐检校工部员外郎杜君墓系铭》亦曰:"出为华州司功参军,寻迁京兆功曹。"若将杜甫自注与元稹《墓系铭》合起来看,也可证明杜甫是接受了此官的,只是因为战乱频仍,多种疾病在身,山高路远,难以前去赴任,况且老杜的恋阙之情至死不渝。所以《新唐书·杜甫传》才说"召补京兆功曹参军,不至",而非"不就"。可见杜甫"功曹非复汉萧何"云云,只是发发牢骚而已。另外,杜甫不久被严武表荐为检校工部员外郎,品阶为从六品上。从华州司功参军的从七品下,一下子跃升到从六品上的检校工部员外郎,中间相差五个品阶,若是没有京兆功曹这一正七品下的前资官作为铺垫,显然就太突兀了,那几乎是不可能的。

腊月的梓州，寒冷寂寞，仿佛连中原的消息也被寒冷的天气冻凝结了。留恋、不舍、忧乱、悲老等各种复杂的情绪又接连不断地向老杜袭来。

他踱步郊野，但见江边向阳的河湾处，几簇不知名的野花在寒风中摇曳着，这就是春天的气息。杜甫不禁轻轻吟诵出《早花》：

> 西京安稳未？不见一人来。
> 腊月巴江曲，山花已自开。
> 盈盈当雪杏，艳艳待春梅。
> 直苦风尘暗，谁忧容鬓催！

杜甫最担忧和放心不下的当然是京师和皇上的命运。寒冬腊月见不到一个从京城过来的人，不知道长安的形势究竟平安、稳定没有。

寒冬腊月，江湾之处，零星的山花已自顾自地开出耀眼的花朵，这预示着又一个春天即将来临。那轻盈的、白色的花瓣可与雪色的杏花比美，那明媚、艳丽的样子仿佛是在期待春梅开放。梅花送香，春天的脚步也就近了。

诗中的"腊月"，蔡乙本作"腊日"。腊日，即腊月初八日。当然，"腊八"这个称呼是宋朝以后才流行的，在唐朝和唐朝之前，这一天就叫腊日。腊日的到来，也就意味着过年迎春拉开了序幕。

山花早开，光阴易逝，诗人恐慌的不是光阴易逝而是战争的阴霾久久不散；在这个战火纷飞的时候，谁还会有心思担忧白发催人老？在这个"腊日"，杜甫关心的不是个人的衰老，而是国家的战乱。所以，王嗣奭说："（杜甫）非不忧其老，因忧主之危而不暇及也。"

离开梓州之前，杜甫又作《岁暮》，算是对自己一年来忧乱心情的小结。诗曰：

> 岁暮远为客，边隅还用兵。
> 烟尘犯雪岭，鼓角动江城。
> 天地日流血，朝廷谁请缨？
> 济时敢爱死，寂寞壮心惊。

诗的大意为："一年到头了，我依然是一个天涯客居。眼下巴蜀边境还在行军打仗，年底吐蕃已攻下雪岭附近的松、维、保三州，战场上的战鼓声与冲锋的号角之声仿佛也震动着梓州这座江边之城。

　　战争天天进行，战士们日日伤亡流血，满朝文武官员竟无一人站出来报国请缨。国家危难，哪能贪生怕死！我客居寂寞，不禁想起曹操'老骥伏枥，志在千里；烈士暮年，壮心不已'的雄心壮志！那是多么令人感动啊！我虽有投军报国之志，却为朝廷所弃，只能徒自惊悸、伤心。"

　　明明已是寒冬腊月，杜甫为什么要选择在这个时候匆匆忙忙离开梓州？可能是基于以下三个方面的原因：一是杜甫不满高适忽视"三城戍"，以及临阵磨枪、仓促应战而丢失松、维等地，造成成都"已不安矣"的危险局面。二是为王阆州起草的《论巴蜀安危表》中有请求朝廷速派"智略经久"的"重臣旧德"来充当剑南节度使，并裁撤东川节度使府的建议，这样的奏表于高适和章彝都是不利的。虽为密奏，但隔墙有耳，最终是会回传到高、章两人的耳朵里的，一不小心可能性命堪忧，马上离蜀自然是上策。三是正如闻一多先生所说，杜公"蓄意出蜀，三年于兹"，现在各种出蜀条件已经具备，当然是越快越好。

## 十八、巴山又伤春

杜甫出蜀游荆楚，本可以从梓州坐船顺涪江而下，至合州进入长江，即从巴峡穿巫峡到荆楚，并且他早就有了这个计划。今年春天，他就对合州祁录事说过："君今起柁春江流，余亦沙边具小舟。"末了又请祁录事给合州苏使君捎话："江花未尽会江楼。"相约要与苏刺史在钓鱼山下、嘉陵江边的江楼相会。然而，真正成行了，却弃船乘马，奔阆州而去。想来是因为是年秋天杜甫在阆州与王刺史共论时政，志同道合，结下深厚友谊，王阆州许诺杜甫离梓下峡，东赴荆楚，要赞助他途中盘缠及舟马费用，因而杜老临时改变早已定下的行程路线，于寒冬腊月，取道阆州。

时值年底，春节将至，杜甫携家带口翻山越岭，朝着阆州艰难前行。按人之常情，王阆州肯定要留杜甫一家在阆州过年。唐朝的过年习俗是，从岁除到元正，吃喝玩乐，赴宴应酬，花样百出；官员之间、官府之间贺春拜年，各种民俗活动也是层出不穷，以庆祝一个新纪元的开始。因此，杜甫由阆州下峡，至少也要等到正月底或二月初才能启程动身。

广德二年（764）初春，杜甫在阆州等待着下峡计划的实施。一天黄昏，他步行出州城来到嘉陵江边，面对滚滚江水，他心潮起伏、思绪万千，掐指一算，自己自天宝十四年离开家乡、骨肉分离，到现在已经十个年头。十年来，他对故乡、对亲人的思念一刻也没有停止过，更何况"每逢佳节倍思亲"呢。感情的闸门一旦打开，唯有声泪俱下的一场恸哭方能舒缓内心积郁已久的压抑和苦闷，且看他为久客思乡而作的这首《天边行》吧：

> 天边老人归未得，日暮东临大江哭。
> 陇右河源不种田，胡骑羌兵入巴蜀。
> 洪涛滔天风拔木，前飞秃鹙后鸿鹄。
> 九度附书向洛阳，十年骨肉无消息。

此诗拈首联前两个字"天边"为题，书写自己天涯孤旅的忧国思乡苦楚。

该诗的大意为："漂泊天涯的老人有家不能回，日暮途穷、东临大将，唯有放声痛哭。陇右（其境约在今甘肃陇山以西、新疆乌鲁木齐以东及青海东北部）、河源（其境约在今青海东部、甘肃西南部）等广大地区被吐蕃占领，老百姓背井离乡，赖以生存的土地无法耕种。如今吐蕃又伙同党项、羌等异族入侵巴蜀边境，攻陷松、维、保三州。眼前这恶浪滔天、狂风拔木的情景，不由得让我想到当前的朝廷政治环境，也是奸邪得意，忠臣良将阻滞难行。在这种情况下，我怎么回得了故乡洛阳？我多次写信寄回故乡，打听亲人的消息。可是十年来，全都石沉大海，杳无音信。"

个人的痛苦、人民的灾难、亲人的离散，国家内忧外患，杜甫深感无力回天！全诗直抒胸臆，真情奔涌而出，异常感人。

阆州虽然与中原距离更近，然而春节都过完了，代宗还京的消息始终没有传来（其实763年12月唐军已经收复京师，代宗也回到长安。当时通信手段落后，蜀中之人不得而知）。由于吐蕃的侵扰，阆州也被战争的阴云笼罩，城里的老百姓或躲藏，或逃离。

一天，杜甫登上阆中城头，但见州城空寂，唯有春花、野草在风中摇曳。诗人见景发兴，乃伤代宗蔽于程元振，致吐蕃入寇，代宗出奔，而作《城上》：

> 草满巴西绿，空城白日长。
> 风吹花片片，春动水茫茫。
> 八骏随天子，群臣从武皇。
> 遥闻出巡守，早晚遍遐荒。

此诗一作《空城》。"巴西"：《新唐书·地理志四》中记载"阆州阆中郡，上。本隆州巴西郡"。

诗前四句写城上所见初春之景：乱后空城，寂寥无人，唯有风、花、春水；景色虽好，却惨淡无色。清人边连宝说："是时吐蕃陷松、维、保等州，逼近梓、阆，人皆避乱，故草绿而城空也。"后四句书所感之怀：诗人把代宗被迫逃亡，说成古代周穆王乘八骏、汉武帝驾车带领文臣武将巡视天下，早出晚归遍迹于遐荒，而不敢明言天子蒙尘。谁让杜甫终是唐王室的臣民呢。

广德元年初春，被贬岭南县尉的李唐宗室、原刑部侍郎李晔，召还长安，经阆州与杜甫相遇，杜甫作《送李卿晔》为之送行。诗曰：

> 王子思归日，长安已乱兵。
> 沾衣问行在，走马向承明。
> 暮景巴蜀僻，春风江汉清。
> 晋山虽自弃，魏阙尚含情。

刑部侍郎李晔是李唐王朝宗室，故称其为王子。乾元二年四月，因谢夷甫案忤旨被贬岭南县尉。广德二年春，召还行至阆州，与杜甫相遇。

本诗的大意为："李晔王子思归故里之时，长安已被吐蕃占领。行至阆州跟我一见面，他就泪流满面向我打听皇帝行在的消息，然后策马而去，急着想见到皇帝。

年迈的我仍旧漂泊在这偏僻的巴山蜀地，目睹春风吹拂下清澈的嘉陵江美景，我多么希望战乱早日结束，天下清平。如今，我虽然像介子推一样被晋文公忘记了，自弃山中，但是我的心时常牵挂着朝廷。"

关于尾联中"晋山虽自弃"句中的"晋山"，蔡梦弼曰："《地理志》载阆州有晋安县，本晋城，公与李俱在阆，故云晋山。"按：晋山本言阆州，而兼用介子推事——春秋时期，晋国发生内乱，公子重耳畏惧逃亡，众多贤能之士相随，其中就有"春秋三杰"之一的介子推。逃亡路上，重耳饥饿至极，介子推曾"割股事君"救了重耳的命。后来重耳返回晋国，做了国君，"是以赏从亡者"而独忘了介子推。介子推也不主动请赏，便隐居绵

213

山，不食君禄。杜甫曾经扈从肃宗，故自比介子推。"魏阙"，古代宫门外公布法律的地方，后代指朝廷。

春日渐浓，宅居旅舍的杜甫见春燕双飞，自由自在于厅堂衔泥筑巢，乃托燕自喻，作《双燕》：

> 旅食惊双燕，衔泥入此堂。
> 应同避燥湿，且复过炎凉。
> 养子风尘际，来时道路长。
> 今秋天地在，吾亦离殊方。

诗的大意为："颠沛流离之人，总是惊讶年光又新，一对燕子已衔泥飞来在这间屋子梁上筑巢寄居。这对燕子应该和我一样，也是到这里寻找一处能够躲避风雨、燥湿的巢穴，然后在这里度过漫长的夏天与秋季。它们从遥远的地方艰辛地来到这里，还要在这风尘迷乱之际生儿育女，真是太不容易了。如今盗贼猖狂、战事不断，但只要大唐的天下还在，最迟在今年秋天我也要像燕子一样离开这里。"

杜甫这首诗说"燕"似人，句句说燕，却句句似"我"，旅食之人的辛酸尽在其中。

杜甫作《双燕》的同时，又作《百舌》，托物寄慨，隐言奸佞小人程元振等，花言巧语迷惑君听。诗曰：

> 百舌来何处，重重只报春。
> 知音兼众语，整翮岂多身？
> 花密藏难见，枝高听转新。
> 过时如发口，君侧有谗人。

原注：《周公时训》曰：反舌有声，谗人在侧。

百舌，鸟名，又叫反舌、伯劳等。体型像八哥，略大，羽毛呈灰黑色，有斑点。立春时鸣叫婉转，立夏后则止，十月过后开始冬眠。它住在树林和洞穴中。所以杜甫说："这种鸟不知从何处而来？它翻来覆去地鸣叫，只是向人们报告春天来临的好消息;它巧舌如簧,模仿各种鸟儿的叫声,不停地梳理羽毛、变换姿势,难道这样它就能有多个身子?百舌虽然声音百变,还不是只有一身!"可见诗人对其的厌恶溢于言表。

诗人接着说:"百舌鸟总是藏在稠密的花底,或是在高高的树枝上花样翻新地鸣叫。如果过了夏天还能听见它的叫声,就预示着皇帝的身边有谗邪小人。"

杜甫在诗的末尾自注说:"《周公时训》曰:反舌有声,馋人在侧。"可见杜甫写作此诗,的确是专为讽刺皇帝身边的奸佞之人而作。他把百舌与佞人之间的相似之处,描摹得如此惟妙惟肖,其高超的艺术表现力令人叹服。

眼看春天蓬蓬勃勃地到来,国事却不容乐观。赏春之日,即是伤春之时。杜甫的《伤春五首》,集中抒发了他对时局的哀伤和对国家前途命运的担忧。

杜甫写完这五首诗后,方知郭子仪已于763年11月收复长安,代宗次月回驾京师,于是便在诗题下自注:"巴阆僻远,伤春罢,始知春前已收宫阙。"因此,这"五首皆感春色而伤朝廷之乱也"(王嗣奭语)。

### 其 一

天下兵虽满,春光日自浓。
西京疲百战,北阙任群凶。
关塞三千里,烟花一万重。
蒙尘清路急,御宿且谁供?
殷复前王道,周迁旧国容。
蓬莱足云气,应合总从龙。

大意为:"不管天下兵荒马乱,春天依旧如期而至,而且一天比一天浓烈起来。吐蕃入侵,长安再次陷落,长期作战的唐军已疲惫不堪;渭北行营兵马使吕月将被擒,荆州刺史高晖、射生将王献忠等投降吐蕃,公然立邠王守礼之孙李承宏为帝,建立伪政权,众奸便粉墨登场,为所欲为。

我在蜀中,与乘舆所在相隔千里、烟花万重,难以得知朝廷的消息。皇上蒙尘匆忙奔陕、备受风露之苦,衣、食、住、行,谁来供给?中四句伤感皇帝奔陕。

国运兴衰自古有之,这犹如周平王迁都洛邑以避戎寇,只要当今圣上学习武丁修政行德,就一定能重振国容。蓬莱宫北据高原,南据爽垲,祥云之气充足,我相信,不久群臣定会簇拥皇上的銮驾重回宫殿,重振山河。"末四句预期代宗一定能复国中兴。

## 其 二

莺入新年语,花开满故枝。
天清风卷幔,草碧水通池。
牢落官军远,萧条万事危。
鬓毛元自白,泪点向来垂。
不是无兄弟,其如有别离。
巴山春色静,北望转逶迤。

大意为:"春天来了,天地一派鸟语花香。天清气朗,微风吹拂,窗前帷幔舒卷;芳草萋萋,溪流潺潺,欢快地奔向荷池(首四句描写春景之胜)。

长安被陷,官军不至,万事处于危险之中,而巴蜀与中原远隔,消息不通,心中失落渺茫。也许是因为这些原因吧,我两鬓白发更多,也因为这些原因常常泪流满面(中四句伤感国事之痛)。

如今我一人踟蹰于巴山蜀水,不是没有兄弟姊妹;无奈战乱频繁,让我们骨肉分离。巴山深处,春色如此寂静;北望长安,千里迢遥,伤神更甚。"末四句述说家事之悲。

## 其 三

日月还相斗,星辰屡合围。
不成诛执法,焉得变危机?
大角缠兵气,钩陈出帝畿。
烟尘昏御道,耆旧把天衣。
行在诸军阙,来朝大将稀。
贤多隐屠钓,王肯载同归?

诗中的"日月""星辰""大角""钩陈"以及"执法"，皆指天象。《晋书·天文志》："数日俱出若斗，天下起兵大战。"又载：元帝太兴四年二月癸亥，日斗。《汉书·天文志》：汉高祖七年，"月晕，围参、毕七重"，是年高帝领兵击匈奴，至平城，为单于所围，七日乃解。此"日月""星辰"皆主兵革。《星经》：执法四星，主刑狱之人，又为刑政之官，助宣王命，内常侍官也。亦谓执法，即荧惑星。浦起龙曰"诗正以比宦官程元振也。"《晋书·天文志》："大角者，天王座也。""钩陈六星，皆在紫宫中。"故赵次公曰："京师兵又满矣，故曰'缠兵气'。""今随车驾出狩，故曰'出帝畿'。"

末联中的"屠钓"，是指吕尚未遇周文王之前，70岁时曾在朝歌屠牛，80岁时还在渭水垂钓，九十岁遇到周文王，才被重用。浦起龙说，诗的结联以进贤立论，诛奸以劝贤，为当时切务。

因为朝廷之事不便妄言，诗人只能借天象言之。《杜臆》说："按史，吐蕃以十月陷长安；十一月以柳伉疏劾程元振，始削爵放归；十二月上还长安。公时未知上还，当亦未知元振之逐，故'诛执法'却用隐语。乃前用'日月''星辰'，下用'大角''钩陈'，俱借天文写灾变；插入'执法'，使人知其为荧惑星，又知其为元振，可谓微而显矣。然诛元振故变危之窍要也。此诗之作，岂偶然哉？尾用'屠钓'语，殊自负。前《日（岁）暮》：'济时敢爱死，寂寞壮心惊'，可知公之志矣。"

其三大意："吐蕃入侵，占领京城；长安兵满，皇帝出奔。如果程元振之流不诛杀，怎能改变国家危机？代宗奔陕，行急尘起，长安父老牵衣留驾；诸道节度使，畏程元振、鱼朝恩等谗害构陷，不敢应诏勤王，唯郭子仪一人相随。贤能志士，如李泌者，皇上肯如古周之文王重用吕尚一样，同载而归？"明代谭元春评论说："此诗思调俱妙，可谓波澜老成。"甚是！

## 其 四

再有朝廷乱，难知消息真。
近传王在洛，复道使归秦。
夺马悲公主，登车泣贵嫔。
萧关迷北上，沧海欲东巡。

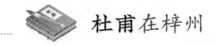

　　　　敢料安危体，犹多老大臣。
　　　　岂无嵇绍血，沾洒属车尘。

　　大意为："安史之乱后，京师再次被吐蕃占领，我身处偏远的巴蜀，很难判断各种消息，是假还是真。最近，一会儿传言皇上已由陕州到了洛阳，一会儿又说皇上在禁军（史载广德元年十二月，以鱼朝恩为天下观军容宣慰处置使，总领禁军）的护卫下已回到了长安。当初皇帝出奔时，公主为自己的坐骑被抢而悲愤，登车启程想必哭坏了随行的妃嫔。这情景就好像汉武帝北出萧关，又像是秦始皇要亲临海滨，总之让人迷惑不定。

　　有关国家安危的重大事体，岂是我一草野之人所能预料的，朝中自有深谋远虑的老臣。当年，晋惠帝北征败于荡阴（今河南汤阴），百官溃散，唯侍中嵇绍以身护帝、血溅帝衣，壮烈牺牲。在紧要关头，难道皇帝身边没有像嵇绍一样甘洒热血的护驾忠臣？"

　　广德二年春天，关于皇帝与朝廷的各种消息不断传来，滞留于阆州的杜甫，始终为皇帝的安危担心而寝食难安，其忠君爱国之诚心，日月可鉴。

## 其　五

　　　　闻说初东幸，孤儿却走多。
　　　　难分太仓粟，竟弃鲁阳戈。
　　　　胡虏登前殿，王公出御河。
　　　　得无中夜舞，谁忆大风歌？
　　　　春色生烽燧，幽人泣薜萝。
　　　　君臣重修德，犹足见时和。

　　大意为："听说当初皇帝东巡陕州时，天子身边的禁卫军大多数都逃跑了。因为侍从太少，难以将太仓里的粮食分装带走，扈从将士不免挨饿受冻；一些人竟然争先恐后丢掉手中的兵器，离开卫队。

　　吐蕃军队占领长安，另立皇帝登上大殿，王公大臣们狼狈地渡过御河、逃出京城，难道我朝竟无闻鸡起舞、奋起抗敌的英雄？朝廷中谁又能理解刘邦高唱'安得猛士兮守四方'的深意？

在这春光明媚的时节，天下却是战火纷飞，我这个沉沦幽独的隐逸之人，只能躲在野草深处为国家的命运哭泣。我真心希望从今以后，君臣都能重德修政，那么和平安定的日子终会重新来临。"

其五也有几处用典，这里做一个解读。一是"孤儿"。西汉武帝时，挑选战死军士的子孙养于羽林军中，教官数其使用弓矢、殳、矛、戈、戟五种兵器，号称"羽林孤儿"。诗中借指天子禁军或扈从将士。二是"鲁阳戈"。《淮南子·览冥训》载：战国时，楚国与韩国交战，一次酣战至日暮，眼看太阳就要落山了，鲁阳公挥舞长戈向天空大吼，太阳为之退避三舍。后以"鲁阳戈"代指力挽危局的手段或力量。诗中以"鲁阳戈"代指军士手中的武器。三是"中夜舞"。《祖逖传》载：祖逖与刘琨俱为司州主簿时，情感绸缪，同被共寝。中夜闻荒鸡啼鸣，祖逖一脚踢醒刘琨说："半夜鸡叫不吉祥。"祖逖因为社稷倾覆，常怀复国之志。从此他俩闻鸡起舞，苦练杀敌本领。诗以"中夜舞"喻有志之士奋发自励。

《杜诗镜铨》说："本诗写代宗东幸奔陕州之事，由主上写到妃嫔、写到军士，层次分明。"而"末首君臣双绾，高呼震天，正复泪痕满纸"。虽然痛彻心扉，杜甫对国家的前途和命运仍然充满希望与信心。

杜甫的这组诗名为"伤春"，实为感怀社稷倾危、国家多难。陈贻焮教授说，这组诗家国之恨，身世之悲，一齐涌出，一气呵成，毫不受五言排律形式的拘束，足见此老词气之盛、笔力之健。

闲居阆州的杜甫，终于得到了唐军收复长安的确切消息，这个喜讯或许是来得太迟，或许是沿嘉陵江出峡行程已铁板钉钉，总之，他已没有了广德元年春天在梓州听到官军收复河南河北、彻底平定安史之乱的那份狂喜与激动了，而是喜悦中多了一份冷静。我们且看他的《收京》，虽然有高兴，然而更多的是"深致警戒之意"。诗曰：

> 复道收京邑，兼闻杀犬戎。
> 衣冠却扈从，车驾已还宫。
> 克复成如此，安危在数公。
> 莫令回首地，恸哭起悲风。

大意为："又一次听到官军收复了京城长安，还听说镇西节度使马璘俘斩吐蕃军千余名的好消息。现在吐蕃被赶走了，文武官员却纷纷赶来簇拥着皇帝的銮驾再度回宫。"前四句叙写唐军收京代宗还宫。颔联中的"却""已"表达了诗人对文武诸臣的极端不满，"狼狈风尘里，群臣安在哉？"今日京师收复，而皇帝已回宫，群臣却急急忙忙跑来扈从，"观一'却'字，堪令群臣愧死无地。"（顾宸语）

后四句大意为："武力收复京师，何其艰难，以后国家的安危，就全靠郭子仪等将军和朝中各位大臣恪职尽忠了。回看长安陷落之初，往事不堪回首。胜而不骄，巩固基业、振兴国家一定要未雨绸缪，千万不要让长安再次弥漫伤心痛哭的悲凉之风。"

收京，并不代表国难的结束，"克复成如此，安危在数公""君臣重修德，犹足见时和"。诗人闻喜而忧，其忠君爱国之心，尽在吟咏之中！

正月已过，春暖花开，班司马经阆州入京。自吐蕃陷京师以来，就很少有官员或使臣来往于梓、阆。现在已有官员入京办理事务，说明国家秩序正在逐步恢复，这不免又一次引起杜甫对朝廷的眷恋。且看他的《巴西闻收宫阙，送班司马入京二首》：

其　一

闻道收京庙，鸣銮自陕归。
倾都看黄屋，正殿引朱衣。
剑外春天远，巴西敕使稀。
念君经世乱，匹马向王畿。

其　二

群盗至今日，先朝尽从臣。
叹君能恋主，久客羡归秦。
黄阁长司谏，丹墀有故人。
向来论社稷，为话涕沾巾。

黄鹤认为，这里的"班司马"是班宏。班宏（720—792），魏州汲（今河南卫辉市）人，天宝进士，被任命为右司御胄曹。按旧史，班宏曾在高适手下任判官，后"累拜大理司直，摄监察御史"，时杜甫称班为司马。司马，多为幕僚性质的官员。从此诗的内容看，诗人必误以"司直"为司马也。

其一大意是："听说官军已收复京师，天子的銮驾悠然自得地从陕州归来，长安的老百姓倾城而出，迎接天子回京。如今天子重回正殿署理朝政，文武大臣在朝仪之官的引领下进出庄严。剑南偏僻，春天远隔，很难有皇帝的使者经过这里，所以对朝廷的情况知之甚少。您单枪匹马走向长安，我既为您担心，又真心羡慕您。不过转念一想，您也是经历了战火乱世考验的人，哪里会害怕路途的险远。"

其二大意是："班司马入京，又一次引起了我的诸多感慨。从安史之乱算起，到现在已是十年光景，想我在肃宗朝时也曾忝列侍从之臣。感叹您能够在皇帝身边勤勉尽忠，更让我这个久客异乡之人羡慕的是，您在春光明媚的时节回到长安。我曾有较长一段时间在门下省任左拾遗，因此在朝廷中还有一些朋友，那个时候我们在一起谈论国家大事，说到伤心之处，免不了涕泪沾巾。"

对于其二，清初学者吴瞻泰说："送人诗不说送人，单说自己，只当与故人书，托司马代柬耳。"但吴瞻泰只说到了此诗的表面，其"论社稷"则往往"泪沾巾"，是诗人深以朝廷、社稷为忧的赤诚爱国之情的一贯表现。杜甫之所以伟大，就在于他始终把个人的身世、处境、感受同国家的命运联系在一起，这也是杜诗具有广阔、深远意义之所在。

总之，在这些"旧事""新闻"中，杜甫听说代宗还京后，不改弊政，不纳太常博士、翰林待诏柳伉诛杀佞臣程元振以谢天下的疏议，只是下令削其官职，放归田里。后来程元振从三原潜入长安，企图再见皇帝，以求任用。后被御史发现，上疏弹劾，代宗才下令将其流放溱州（今重庆綦江）。此事让无时无刻不企望王室中兴的杜甫异常郁闷，于是作《释闷》：

> 四海十年不解兵，犬戎也复临咸京。
> 失道非关出襄野，扬鞭忽是过湖城。
> 豺狼塞路人断绝，烽火照夜尸纵横。
> 天子亦应厌奔走，群公固合思升平。

> 但恐诛求不改辙，闻道嬖孽能全生。
> 江边老翁错料事，眼暗不见风尘清。

大意为："可叹的是，自天宝十四年安史之乱爆发以来，十年来战乱不息，后来连吐蕃也以数万之众犯关渡陇，一路烧杀掠抢，刀不血刃侵占长安。皇上避寇奔走，既不像黄帝前往具茨山寻访大隗，在襄城旷野迷失道路，也不像晋明帝乘马扬鞭暗地里侦查伺机叛乱的王敦。听说有人建议迁都洛阳，我想天子也应该厌倦了东奔西走；朝中当权大臣应当思考怎样才能使国家海晏升平，而不是迁都避难。

君不见：吐蕃入侵、国内战乱不断，道路上行人断绝；每天晚上预警的烽火照亮夜空，战场上尸骨横七竖八。只恐怕强行征敛老百姓的做法得不到改变，国家就难以中兴。又听说宦官程元振再次被放行，这种祸国殃民的佞臣竟然能够苟全性命，我真是不敢相信！看来我这个江边老人对当前政事的预料通通错了。是我两眼昏花吗？看不到战争结束、天下太平。"

诗题曰"释闷"，犹排闷，即所谓"排闷强裁诗"。《杜臆》说："此为代宗不诛程元振而作。吐蕃入寇，逼乘舆，毒民生，祸皆起于元振。所望一时君臣，幡然悔悟。当柳伉疏入，但削官放归，此诗所以有嬖孽全生之叹也。岂知嬖孽不除，则兵不得解。兵不能解，则诛求仍不得息。其事之舛谬，真出于意料之外矣。然则风尘亦何由清，而太平将何时见乎？通篇一气转下，皆作怪叹之词。"可见杜甫的"闷"是对以代宗为首的朝廷君臣不吸取十年间两度丢失长安的惨痛教训、不改旧政，且放纵宠佞程元振的强烈不满的政治苦闷而作，同时表现了杜甫深沉的忧患意识和卓越的政治远见。

正因为如此，杜甫对安史之乱和吐蕃入侵、京师陷落、代宗出奔陕州事件进行了深沉的思考：国家经历长期的平叛与征战，各路藩镇在战争中逐渐强大起来，而且日益骄横跋扈，根本不把朝廷放在眼里，长此以往，势必造成新的战乱。在这样的忧思中，杜甫写作《有感五首》这组政论诗，表达了他对国家和民族命运的深深忧虑：

## 十八、巴山又伤春

### 其 一

将帅蒙恩泽，兵戈有岁年。
至今劳圣主，何以报皇天。
白骨新交战，云台旧拓边。
乘槎断消息，无处觅张骞。

大意为："将帅们承蒙着皇上的恩惠与赏赐，可是国内战争却接连不断打了这么多年，至今还要烦劳圣明的主上为之焦虑、操心，真不知道你们这些将帅们拿什么来报答皇上的恩典！可叹那白骨遍野的新战场，正是当初云台功臣们开疆拓土的地方啊！"（云台，汉代宫中高台名，上面绘有历代文武功臣像。此诗中指唐初功臣。据史载：唐自武德以来，开疆拓土，地连西域，皆置都督、府、州、县。开元中，置朔方节度使以统之。安史之乱数年间，相继被吐蕃占领，并尽取河西陇右之地。杜公故发此叹也。）朝廷派往吐蕃议和的使者，是死是活，消息全无。叫人何处去寻找当代的张骞。

据《新唐书·吐蕃传上》："明年（指广德元年），使散骑常侍李之芳、太子庶子崔伦往聘，吐蕃留不迁。""明年（广德二年），遣使人李之芳等。"御史大夫李之芳出使吐蕃被扣留，所以诗人说："乘槎断消息，无处觅张骞。"

杨伦说此首"因吐蕃入寇，愤诸镇不赴援而作"，篇中充满了诗人对武将文臣们的怨怼与不满。

### 其 二

幽蓟余蛇豕，乾坤尚虎狼。
诸侯春不贡，使者日相望。
慎勿吞青海，无劳问越裳。
大君先息战，归马华山阳。

广德元年正月，安史叛军首领史朝义既诛，朔方叛军纷纷投降，仆固怀恩担心贼平宠衰，请求任命降将薛嵩、田承嗣、李怀仙等为河北诸镇节度使，或防御使，镇守河北诸镇。朝廷居然同意了！唐朝的藩镇之祸，自此开始。其二大概因此而作。

诗的大意为："幽州、蓟州，这些安史叛军的老巢，剩下来的也都是毒蛇、野猪似的家伙，一旦作乱，对于国家来说，必然祸比虎豹豺狼。听说如今河北各藩镇势强跋扈，不修贡职，虽然朝廷催贡的使者络绎不绝，但收效甚微。我认为，在这种情况下，千万不要攻打吐蕃（夺回青海），也无须向南诏兴师问罪（天宝后，南诏叛唐归顺吐蕃），大唐君主应主动停息战争，马放南山。"

杜甫为什么规劝代宗"慎勿吞青海，无劳问越裳。大君先息战，归马华山阳"？非不为也，实不能也。唐帝国经过十年的战乱，已经国库空虚，精疲力竭，无力再战，马放南山，休养生息，这才是最明智的选择。

外患未平，藩镇之祸将起，而代宗懦弱，朝廷又不能自强，杜甫看在眼里，急在心里，不敢指斥，只好作诗吟讽。故吴瞻泰曰：此篇"辞若赞扬，实婉讽而惜之也"。

## 其　三

洛下舟车入，天中贡赋均，
日闻红粟腐，寒待翠华春。
莫取金汤固，长令宇宙新。
不过行俭德，盗贼本王臣。

广德元年冬，迫于吐蕃的强势入侵，代宗东幸陕州，朝廷谏官多次弹劾程元振知情不报。程元振害怕了，于是劝代宗迁都洛阳以避吐蕃侵袭。代宗居然同意了，还下了迁都诏书。郭子仪听说后，立即派兵部侍郎张重光带着奏章回到长安，奏论曰："……东周之地久陷贼中，宫室焚烧，十不存一，百曹荒废，曾无尺椽，中间畿内，不满千户。井邑榛棘，豺狼所嗥，既乏军储，又鲜人力。……东有成皋，南有二室，险不足恃，适为战场。陛下奈何弃久安之势，从至危之策，忽社稷之计，生天下之心。臣虽至愚，窃为陛下不取。且圣旨所虑，岂不以京畿新遭剽掠，田野空虚，恐粮食不充，国用有阙？……明明天子，躬俭节用，苟能黜素餐之吏，去冗食之官，抑竖刁、易牙之权，任蘧瑗、史鳎之职，薄征驰力，恤隐追鳏，委诸相以简贤任能，付老臣以练兵御侮，则黎元自理，寇盗自平，中兴之功，旬月可冀，卜年之期，永永无极矣。愿时迈顺动，回銮上都，再造家邦……"（郭子仪《请车驾还京奏》）代宗省表，大为感动，称赞郭子仪用心良苦，是社稷宗臣。

杜甫也是反对迁都洛阳的，所以他诗的前四句模仿程元振的口吻说：洛阳地处天下中心，水陆交通四通八达，各地来朝距离均等，纳税上贡都很方便。洛阳粮食储备丰富，听说仓库里的粮食多得吃都吃不了，都腐烂变质了。那里的老百姓盼望着皇上君临，就像寒冬里的人们期盼春天一样。

后四句，杜甫鲜明地亮出自己的观点：国家的稳固不只是依靠固若金汤的城池，靠的是持之以恒的励精图治，只有这样，国家面貌才能焕然一新。要做到这些其实也不难，只要人君厉行节俭、以德爱人，就可以天下归心。吐蕃也好，南诏也好，那些强盗本来就是大唐的臣民。钱谦益认为杜甫的这一观点，是对郭子仪《请车驾还京奏》大意的概括。其实杜甫在国家治理上一贯主张尚俭恤民、重用诤臣，反对内竖擅权，这是他儒家思想的惯常体现。

## 其 四

丹桂风霜急，青梧日夜凋。
由来强干地，未有不臣朝。
受钺亲贤往，卑宫制诏遥。
终依古封建，岂独听箫韶。

"丹桂""青梧"，仇兆鳌注："桂比王室，梧比宗藩。曰'急'曰'凋'，见其侵凌削弱矣。"

杜甫的意思是：如今宗藩削弱、王室不安，就像丹桂、青梧受到疾风严霜摧残一样，日渐凋零。自古以来，作为王朝骨干的宗藩强大了，就没有不臣服的藩镇；把象征兵权的斧钺授予皇帝宗亲，派他们前往各地主政军政大事，而朝廷只需遥为节制就行了。如果最终能依照古代分封制的办法，来抑制跋扈的藩镇，就会天下太平。那美妙的韶乐，岂能让虞舜独自享受呢？

其四的主旨在于建言朝廷分封"亲贤"宗室，以遏制不臣藩镇。杜甫的这一主张，既是当初房琯建议玄宗分镇讨贼（安史叛军）思想的发展，也是他《为阆州王使君进论巴蜀安危表》之"特望以亲王总戎者，意在根固流长，国家万代之利也"思想的延续。处在王纲解纽的当时，杜甫想用血缘纽带来维系李唐王朝不倒，恐怕是无济于事的。

## 其 五

　　胡灭人还乱，兵残将自疑。
　　登坛名绝假，报主尔何迟？
　　领郡辄无色，之官皆有词。
　　顾闻哀痛诏，端拱问疮痍。

诗的大意为："安史叛乱虽然平定了，但是人心并没有安定；经历多年的战争，兵卒残少（广德元年正月底，凉陕襄州刺史兼节度使来瑱因谗被代宗赐死。所以诗人说'人还乱''将自疑'），平叛将领、各节度使无不疑虑、恐惧，担心自己将来的命运。皇上登坛拜将，给予北方降将节度使等实职，掌握着土地、人口、兵家、税赋等实权，这些人为何还迟迟不报答皇上的恩赐？如今朝廷重节镇而轻郡守，以致州郡之官手无实权，办事提不起精神；朝中之仕不愿到地方任职、外任官员每有抱怨之词。如果这种局面要想得到好转与改变，我希望能听到皇上的罪己诏，承认失误，反躬自省，改弦更张，关心民生疾苦，清简为政，庄严临朝。"

"胡灭人还乱"，是此诗之纲，以下五句列出人心尚乱的种种事实、现状，然后诗人为代宗开出一剂"治疗药方"——"愿闻哀痛诏，端拱问疮痍"。可惜的是，代宗皇帝连柳伉言辞恳切的疏奏都充耳不闻，他哪里还会作自悔过错的"哀痛诏"。《资治通鉴》载："武帝征和四年，上乃言曰：'朕即位以来，所为狂悖，使天下愁苦，不可追悔。自今事有伤害百姓、靡费天下者，罢之。'"这只是诗人的一厢情愿罢了。

杜甫的这一组政论诗，有胆有识，体现了诗人敏锐的政治洞察力和深沉的忧患意识。《有感五首》其一写国事堪忧，其二预藩镇将反。后三首分别为代宗提出了三条治国理政的应对策略：（其三）行俭德，不迁都；（其四）强宗室，抑藩镇；（其五）敢罪己，恤民生。

莫砺锋先生认为："杜甫对于政治确实具有相当高明的见解，体现了既深知治本，又善察隐患的政治器识。"自从宝应元年八月初秋，杜甫避乱梓州以来，他对唐王朝社会和政治现实的认识可以说是越来越清楚、越来越深刻，这或许是杜甫流寓梓州的最大收获吧。这种盘踞杜甫心灵深处的忧患意识和未卜先知的政治洞察能力，充分体现在他去冬今春以来所作的《述古三首》《警急》《王命》《西山三首》《伤春五首》和《有感五首》等诗作之中。

抚今追昔，情不能已，杜甫又作《忆昔二首》。"追忆"是个人独特的心理行为，当这种个人的心理活动展现出巨大的历史概括性和普遍性时，将产生巨大的艺术感染力。杜甫的诗歌主要创作于安史之乱前后二十多年的历史环境中，他真实地记录了当时众多的历史事件，追忆了开元盛世与当下动乱相纠结的感慨苍茫，充满了对太平盛世人情物态的无限缅怀。《忆昔二首》就是这方面的典型代表作品。

### 其 一

忆惜先皇巡朔方，千乘万骑入咸阳。
阴山骄子汗血马，长驱东胡胡走藏。
邺城反覆不足怪，关中小儿坏纪纲，张后不乐上为忙。
至令今上犹拨乱，劳心焦思补四方。
我惜近侍叨奉引，出兵整肃不可当。
为留猛士守未央，致使岐雍防西羌。
犬戎直来坐御床，百官跣足随天王。
愿见北地傅介子，老儒不用尚书郎。

大意为："想当年，肃宗即位灵武，巡幸朔方，士气稍振，便率领千军万马收复关中；又借回纥之兵前来助战，收复两京，随后长驱直入，把安庆绪叛军打得东躲西藏，安庆绪败走河北死守邺城。史思明投降后又叛变，相救安庆绪于邺城，致使洛阳复陷，对于史思明这样的降将，反复无常，乃在意料之中，这本不足怪，可怪的是京中那个'闲厩马家小儿'李辅国，背后弄权，竟敢破坏朝纲。皇后骄纵，张良娣宠遇专房，与李辅国狼狈为奸，干预政事，只要她稍有不乐，肃宗就要好一阵忙。这样的后患使得当今皇上，既要对内拨乱反正，又要焦虑、劳心安抚四面八方。前九句感伤肃宗之失德，以致当今皇上的中兴之业，停滞不前。

我曾经也忝列于近侍之臣，职掌供奉扈从，清楚当今圣上以广平王拜天下兵马元帅，出兵整肃，势不可当，先后收复两京的功劳。汉高祖《大风歌》说：'安得猛士兮守四方？'可是皇上您却听信程元振的谗言，把郭子仪这样的猛士闲置长安，致使岐州、雍州一带的近畿成了阻止吐蕃入寇的前线和边防。很快，吐蕃直入长安，天子蒙尘，伪皇帝登殿；百官们光着脚丫，狼狈不堪，跟随皇上向陕州逃窜。我多么希望有傅介子那样的勇士出现，湔雪国耻，诛斩吐蕃君王。只要能为国家平乱、中兴尽一分力量，我老杜也不要高官厚禄，或者做什么尚书郎。"后八句感伤代宗不能起振，重蹈先皇覆辙，擅宠禁苑小儿，以致国家再次遭难。

钱笺："《忆昔》之首章，刺代宗也。肃宗朝之祸乱，成于张后、辅国。代宗在东朝，已身履其难；少属离乱，长于军旅，即位以来，劳心焦思，祸犹未艾，亦可以少悟矣。乃复信任程元振，解子仪兵柄，以召匈奴（实为吐蕃）之祸，此亦童昏之尤乎？"

《忆昔》第一首，目的在于警戒代宗要以"先皇"为鉴，不能走肃宗的老路，即所谓"秦人不暇自哀而后人哀之，后人哀之而不鉴之，亦使后人复哀后人也"。从这首诗里，我们也能看到杜甫对皇帝并非一些人所谓的"愚忠"。实际上杜甫所秉持的"葵藿倾太阳，物性固莫夺"的忠君思想是很具体的，他所忠的君是玄宗皇帝（"太阳"），而且是开元、天宝时期的玄宗皇帝。即便如此，杜甫对玄宗的某些政治行为和私人生活，依然保持着警惕。对安史之乱中和其后的玄宗，只有担忧、同情和遗憾。而对肃宗和代宗皇帝，杜甫的感情就要复杂得多。"关中小儿坏纪纲，张后不乐上为忙"，追忆肃宗信任宦官李辅国，专宠皇后张良娣，导致朝政腐败，祸乱不止，并讽喻代宗不能汲取其父肃宗的教训，还是宠信宦官程元振，致使长安再次陷落。

## 其 二

忆昔开元全盛日,小邑犹藏万家室。
稻米流脂粟米白,公私仓廪俱丰实。
九州道路无豺虎,远行不劳吉日出。
齐纨鲁缟车班班,男耕女桑不相失。
宫中圣人奏云门,天下朋友皆胶漆。
百余年间未灾变,叔孙礼乐萧何律。
岂闻一绢直万钱,有田种谷今流血。
洛阳宫殿烧焚尽,宗庙新除狐兔穴。
伤心不忍问耆旧,复恐初从乱离说。
小臣鲁钝无所能,朝廷记识蒙禄秩。
周宣中兴望我皇,洒泪江汉身衰疾。

诗中的"云门",是周朝六乐之一,相传为黄帝所制。此借指皇帝以礼乐治天下。"叔孙礼乐萧何律"句,据《资治通鉴》:汉高祖平定天下后,命萧何次律令、叔孙通制礼仪。这里借指开元时代政治清明。

本诗大意为:"回想开元年间,国家处于全盛时期,一座小小的县城也有万户家定居。农业丰收,颗粒饱满圆润的稻米好像能渗出油来;粮食充裕,公家仓库、私人橱柜都装得满满的。全国各地交通畅达,社会秩序安定,天下太平,出门远行,不需要择卜吉日良辰。那时手工业和商业发达,道路上,车来车往,络绎不绝;男耕女织,各得其所,各安其业。天子以礼乐治天下,一派祥和;与邻国交好,亲密无间,万国来朝。自高祖开国至玄宗开元末年,百余年间,没有发生过大的灾变;天子善政,国家昌盛,政治清明(前十二句追忆开元盛世时,政治清明、经济繁荣、民风淳朴、国家井然有序的美好)。

谁知一旦安史作乱,物价飞涨,一匹绢竟然要价一万钱,昔日的良田沃土瞬间变成了流血漂杵的战场。吐蕃入寇,长安陷落,宫殿焚烧殆尽,皇帝祖庙竟然成了狐兔洞穴。想起这些就让人痛心疾首,不敢跟老人提起,害怕他们又从当年安禄山攻陷两京之事说起,惹得大家伤心落泪。

小臣笨拙无能，承蒙朝廷还记得我这个前朝老臣，召补我为京兆功曹参军。如今我身处江汉，衰老多病，不能为国家出力，但希望当今皇上能够像周宣王一样重振大唐江山社稷，使国家中兴。"后十句伤感离乱而思社稷中兴。

第二首追忆开元盛世，为今不如昔，京城遭叛军占领并遭到严重破坏而伤心叹息，目的在于鼓励代宗吸取先皇经验教训，致力于安国兴邦，中兴大唐王业。

"贞观之治""开元盛世"时代，太宗与玄宗等大唐皇帝任用贤能，勇于改革，励精图治，实现了经济文化繁荣，社会秩序安定，国强民富。这确实是唐代乃至我国整个封建时代的"全盛"时期，即使是今天，我们在阔步迈向中华民族伟大复兴的征程中，也不得不提到这个骄傲的时代。

杜甫亲身经历了唐王朝由盛猝衰的历史巨变，今昔感受格外深刻。如今漂泊天涯，萍踪万里，战乱之苦备尝，中兴之望日甚，因此更加怀念昔日的安定、繁盛。极言惜时之盛，更能反衬今日之衰，特别是写战乱的唐朝，"岂闻一绢直万钱，有田种谷今流血""洛阳宫殿烧焚尽，宗庙新除狐兔穴"，读之令人触目惊心，内心流血。"愿见北地傅介子，老儒不用尚书郎""周宣中兴望我皇，洒泪江汉长衰疾"，一生忧国忧民的诗人，对唐王朝再图中兴更是寄予了深切的期盼。

# 十九、阆州盛事可断肠

对于滞留阆州的杜甫来说，广德二年的这个正月的确有些难挨，好在时光如水，它总是匆匆向前。顾盼之间，已是正月晦日。晦日，也就是农历每月的最后一天。"晦日为唐令节"。明朝人杨慎《升庵诗话》云："唐人以正月三十日为晦日，君臣宴饮，应制诗。"到唐德宗贞元五年（789），改以二月朔日（即二月初一）为中和节，寓意春天开始。在这一天，民间老百姓都要相约到野外踏青，谓之"迎富"。

阆州王刺史也不能免俗，他在晦日这天，招客携妓，泛江游湖，最后还登临了黄家亭子。杜甫应邀出游，作《陪王使君晦日泛江就黄家亭子二首》记当日之游。

其　一

山豁何时断？江平不肯流。
稍知花改岸，始验鸟随舟。
结束多红粉，欢娱恨白头。
非君爱人客，晦日更添愁。

诗的大意为："来到江边，抬眼一看，连绵的山脉不知何时断开，江面变得陡然开阔；江水平静，仿佛不肯向前流动。仔细观察，才知道船在前行，已离开了先前的江岸，也验证了鸟儿的确是追随船儿飞翔。

舟中美女打扮得艳丽漂亮，欢愉、潇洒之际，才遗憾自己已经老了。要

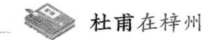

不是王使君喜爱我这个天涯宾客，邀我踏青游乐，这个晦日佳节，不知要增添我多少的家国乡愁。"

此首记写泛江时的所见所感，感谢王使君佳节邀其踏青周游。

### 其 二

有径金沙软，无人碧草芳。
野畦连蛱蝶，江槛俯鸳鸯。
日晚烟花乱，风生锦绣香。
不须吹急管，衰老易悲伤。

诗的大意为："上午泛江，下午弃舟登岸，前往黄家亭子游览。

有一条小路直通黄家亭子。小路由金黄色的细沙铺就，踩在上面软软的；四周无人，道路两边充溢着青草的芬芳。田野里，一群蝴蝶你追我赶，翩翩起舞；登上亭子，凭栏俯视，江面上对对鸳鸯戏水，这美好的景致，让人流连忘返。

游兴正浓，然而天色将晚，艳丽的春景已不甚分明；微风吹拂，送来歌伎们淡淡的衣香。在这个晦日佳节，不需要美妙的音乐，那些悦耳动听的歌声，容易触动衰老之人内心的悲伤。"

其二写登黄家亭子所经所见："径金沙，踏碧草，穿田野，始凭栏，俯鸳鸯。晦日佳节，虽春景绮丽，美人生香，然而欢愉和热闹是他们的，我什么也没有。"

这一天，郁郁寡欢的杜甫又作《泛江》说：

方舟不用楫，极目总无波。
长日容杯酒，深江净绮罗。
乱离还奏乐，飘泊且听歌。
故国流清渭，如今花正多。

大意为："两船相并，稳而无虞，可任其漂流；船头极目，江面宽阔，浪静无波。时间宽裕，可以尽情饮酒为乐；澄江如练，映照歌伎绮罗。乱离之际，还泛江奏乐，我于心不安；然而漂泊无聊，只得听歌以自遣。此情此景，我忽然忆起了长安渭水之清流；我的故乡，也正是繁花似锦的时候。"

杜甫这几首诗写得细腻、华美，遣词造句极其讲究，妙字连出，如《晦日泛江登黄家亭子·其一》中的"稍知""始验"，再有《泛江》中的"容""净"字等都堪称妙用。虽然这两首诗都是写佳节之乐，但是读后总觉得乐中有悲。"故国流清渭，如今花正多"，已进衰年的诗人，思乡之情不能自已，更何况是在这个春光明媚的时节。

阆州在隋唐时期，一直是川东北通往长安的重要交通枢纽，南来北往的各级各地官员络绎不绝。这不，遂州（唐时治所在今四川省大英县蓬莱镇）萧刺史经停阆州，即将离阆返遂，王阆州便在江亭设宴为他饯行。杜甫应邀参加。席间载歌载舞，觥筹交错，宾主尽欢。杜甫作《江亭王阆州筵饯萧遂州》：

离亭非旧国，春色是他乡。
老畏歌声断，愁从舞曲长。
二天开宠饯，五马灿生光。
川路风烟接，俱宜下凤凰。

"离亭"，就是驿亭。亭者，停也，是古人在城外道旁修建的亭子，供人休息，也常常被作为送别之处，所以称离亭。唐代长安东都门外有阻道离亭。因为今日在嘉陵江边的离亭为萧遂州饯行送别，所以杜甫伤感地说："这个离亭虽然也是离亭，却不是我所晓得的长安阻道离亭啊！春光也很灿烂，可是这是他乡的春天。人老了，既怕离别的歌声很快结束，又怕漫长的舞曲使人更加惆怅。"前四句写饯宴情景，然而我们看到的却全是诗人黯然销魂的故乡之思。

后四句是杜甫的饯别颂言："感恩王刺史邀请我出席这么丰盛的饯宴，让我目睹了萧刺史光彩照人的风采。阆州与遂州水路相通、风烟相望，都是凤凰神鸟希望降落的德政之地。"

后四句有两处用典。一是"二天"。《后汉书·苏章传》载：顺帝时，

（苏章）迁冀州刺史（汉代时为监察官，代表天子督察诸郡、宣传教令，甚至可以直接弹劾太守）。故人为清河太守，章行部案其奸藏。乃请太守，为设酒肴，陈平生之好，甚欢。太守喜曰："人皆有一天，我独有二天。"后来即以"二天"指恩人，或对庇护者的感恩之辞。二是末句中的"凤凰"。《汉书·黄霸传》载：霸为颍州太守，"前后八年，郡中愈治。是时凤凰神雀数集郡国，颍川犹多。"凤凰自古以来就是象征吉祥和谐的神鸟，也是德政的象征。所以邵宝说，此句"美二公为郡之治效也"。

酒宴应酬之作，总不忘称赞宾主两位使君的为政之德，对于像杜甫这样长年寄食于官府之人，这一点是很重要的。

过了两天，眉州别驾辛升之从阆州经过。辛升之，即杜甫在梓州送了又送，"直到绵州始分首"的老朋友辛员外。焦裕银先生认为，辛员外，即辛升之，乾元、上元年间，累迁祠部员外郎，转司勋员外郎，出为眉州别驾。

即将启程东游荆楚的杜甫万万没有想到的是，一年之后与老朋友辛别驾竟然在遥远的阆州再次相会，只可惜见面即是别离，让人意趣寡淡，心绪缭乱。不过，朋友异方会面，总是一件令人高兴的事。因此，在江亭送别的宴会上，大家兴高采烈，分韵赋诗。杜甫拈得一"芜"字韵，他借景抒情，即席作《江亭送眉州辛别驾升之得芜字》。杜甫深情吟咏道：

柳影含云幕，江波近酒壶。
异方惊会面，终宴惜征途。
沙晚低风蝶，天晴喜浴凫。
别离伤老大，意绪日荒芜。

本诗的大意为："为辛别驾饯行的酒宴就设在江边，远远望去，掩映于重重柳荫之下的帐幕如天上的朵朵白云；江水波光粼粼，映照筵席，多么美妙动人。没有想到我们竟然会在阆州相见，真是让人惊喜莫名；只可惜这送行的宴会一结束，您就要踏上别离的征程。沙晚日暮，蛱蝶双飞；天气晴好，鸳鸯戏水，这是一幅多么温馨的画面。值此离别之际，所伤者正在老大之年。想到这里，我的心绪特别缭乱、寡淡。"

这首诗，首联写饯别之地，次联写惜别之情，三联写临别之景，尾联写伤别之怀。后四句"沙晚低风蝶，天晴喜浴凫。别离伤老大，意绪日荒芜"，写傍晚时分蝶之"低"，凫之"喜"，皆有意绪；而人之别离，则意绪荒芜。真乃"景物甚胜，别离自伤"（朝鲜李植语）。四句连读，叫人伤心欲泪。清人石闾居士评论此诗说："此诗通身虚实相称，措辞雅而蓄意深。"

毕竟还是初春天气，即使天气晴朗，早晚还是让人感到寒冷。一日傍晚，杜甫在嘉陵江边散步。暮色里，雾气渐渐生成；晚风轻寒，水波拍打岸边，热闹的春色一下子安静了，而且寒气越来越重。这个时候，独自徘徊江边的诗人想到松、维、保三城新陷，寒风声声，他仿佛看到了戍边战士正击鼓卫边。瞬间，又激起了诗人对欢愉盛世的追忆。

诗人总是多愁善感，何况是颠沛流离的"诗圣"！当初太平之日，在这样美好的春天里，正是文人雅士置酒高会，管竹笙歌，琴瑟和鸣的美妙时刻。于是杜甫由感而作《暮寒》：

雾隐平郊树，风含广岸波。
沉沉春色静，惨惨暮寒多。
戍鼓犹长击，林莺遂不歌。
忽思高宴会，朱袖拂云和。

此诗通篇是愁闷之意，末句"忽思高宴会，朱袖拂云和"，以极乐反衬极悲，文思奇妙，出人意料。

不知怎么的，杜甫出峡游荆楚之事忽然变得遥遥无期了，他心有不乐，作《游子》，抒写"厌蜀交游冷，思吴胜事繁"之心情。诗曰：

巴蜀愁谁语，吴门兴杳然。
九江春草外，三峡暮帆前。
厌就成都卜，休为吏部眠。
蓬莱如可到，衰白问群仙。

诗的大意为:"远离家乡,久困巴蜀,个中愁苦,真不知道去向谁诉说。原来定下在春节之后离开阆州下峡东游,在我的想象中,一路走走停停,到达三峡、九江这些必经之地时,或许已是春天之后。然而从目前的情况看来,出峡东游的计划似乎变得遥遥无期。我早已厌倦了蜀中,更不会像毕卓那样因为嗜酒而滞留此地。"

这首诗的颈联杜甫用了两个典故。"成都卜":据《高士传》,严君平在成都时,靠为人占卜为生,每天得百钱足够养活自己了,就关门歇业,给人讲授《老子》。"吏部眠":据《晋书·毕卓传》记载,太兴末年,毕卓任吏部侍郎时,他的邻居是酿酒的。有一天晚上,他喝醉了回家,闻到从邻居家酿造房飘出的酒香,就溜进邻居家存放酒缸的屋子里去偷酒喝,结果被酿酒师傅给抓住绑了起来。第二天,邻居一看,啊,原来是毕吏部!诗人用这两个典故,旨在说明自己厌居蜀中("成都"代指巴蜀),也不会因酒而滞留阆州。

诗的尾联杜甫写道:"如果真的有传说中的蓬莱仙山可以到达,我这白发老头也一定不辞辛劳,去寻访群仙,过一过神仙般自由自在的日子。"可见杜甫去蜀之意已决!

杜甫自己不能离开巴蜀,而老朋友贺兰铦却因才高无人赏识,马上就要离开蜀地,东游湘吴(指湖南、江苏一带)。临行前作《赠别贺兰铦》相送:

黄雀饱野粟,群飞动荆榛。
今君抱何恨?寂寞向时人。
老骥倦骧首,苍鹰愁易驯。
高贤世未识,固合婴饥贫。
国步初反正,乾坤尚风尘。
悲歌鬓发白,远赴湘吴春。
我恋岷山芋,君思千里莼。
生离与死别,自古鼻酸辛。

贺兰铦,生平不详。广德二年(764)冬末,杜甫又作《寄贺兰铦》。诗中说:"朝野欢娱后,乾坤震荡中。相随万里日,总作白头翁。"由此可知，贺兰铦也是安史之乱爆发后逃到蜀中的士子，并在巴蜀与杜甫相识、相知。

黄雀，在古代常被用来比喻见识浅陋的小人。黄雀只需要在野旷、路边寻找一些狗尾草的谷粒就可以吃饱，吃饱以后成群起飞，把山野的灌木丛搅动得唧唧作响。本诗中杜甫写道："您不是像黄雀一样安卑处顺之俗人，我不知道您的心中怀有怎样的恨事，只能孤独、落寞地面对当世之人。您就像历经沙场的老马，再也不愿昂头奔跑；又像翱翔蓝天的苍鹰，怕容易被人驯养。自古以来，高尚贤良之士往往不被世人见知，因此往往遭遇饥饿与贫困的命运。"诗的前八句对贺兰铦的人品、学识进行了高度评价，并对其不幸遭遇给予了深切同情。

后面诗人又写道："如今国家命运刚刚走上正轨，但战争并未结束（吐蕃还占领松、维等州）。您慷慨悲歌而鬓发斑白，现在又要在这个春天远赴湘吴。我大概是留恋岷山下的芋头好吃，而滞留在这里（诗人苦中作乐，不忘幽他一默）；您却因为思念千里湖的莼羹，要顺江而下。从古至今，生离与死别，都是让人心酸、悲哀的事情。"后八句伤感与贺兰铦别离。

全诗通过比喻、对比等写作手法，表达了对朋友不屈气节的赞美与潦倒生活的关心。最后两句直抒胸臆，极写与友人分别之后，恐怕再难相见的内心悲伤，足见其友情的珍贵。

阆中，阆州治所，素有"阆苑仙境""巴蜀冲要"之美誉。其历史源远流长，早在新石器时代就有先民生息。南宋《路史》载：华胥生伏羲于此。公元前314年，秦惠王置巴郡及阆中县。隋开皇三年（583）为隆州治。唐开元元年（713）因避玄宗讳，改隆州为阆州。阆州气象高华的自然山水，丰富异姿的人文景观，深深地吸引着杜甫。

春天，是游山玩水、踏歌赏春的美好季节。阆州城东北十里有灵山，又称"梁山""雪山"，一名"仙穴山"。灵山峰多杂树，传说蜀王鳖灵曾经登临此山之峰，故名"灵山"。山顶有池，常清；有洞穴，悬绝壁，有一小径可通。这样的名山胜地，杜甫当然不能错过。

一天，杜甫乘船渡江，望灵山而去。初春时节，地处巴山山脉的灵山峰顶，积雪未化，而"梁山戴雪"的绮丽风光，正是吴道子笔下三百里《嘉陵江山图》的胜景之一。远望城东的灵山峰顶，白雪皑皑，白云飘绕，而城北的玉台山则是一片碧绿青葱。远观近看，如此壮观。欲尽不尽的云彩浮动青松之上，将崩未崩的岩石在江浪中摇动。石根下盘，乃鬼神所护；云气上聚，与嵩山、华岳并高。阆州群山的华美气质打动了诗人，中原战乱未平，不得而归；我何不在这山崖青壁之上结庐而居！杜甫乃作《阆山歌》咏而歌之：

    阆州城东灵山白，阆州城北玉台碧。
    松浮欲尽不尽云，江动将崩未崩石。
    那知根无鬼神会，已觉气与嵩华敌。
    中原格斗且未归，应结茅斋看青壁。

  一千多年过去了，灵山仍然是阆中市著名的风景区。其间林木幽深，高山飞瀑，小桥流水，并拥有国宝级文物唐代大佛，及宋代书岩、明代白塔等众多文化遗存。

  嘉陵江，一名西汉水。《水经注》载："汉水南入嘉陵道而为嘉陵水。"流经阆中一段称为阆水，阆水以环绕州城一段最美。这段江面水域宽阔，地势平坦，江流舒缓，优雅舒展。

  仁智之人，好山乐水。对于阆水，杜甫太熟悉了、太喜爱了，去秋今春，他多半时光就是在这段被称为阆水的嘉陵江边度过的。诗人或漫步江边排遣忧愁，或伫立江岸思君念主，或泛舟江中送别朋友。在越来越浓的春天里，诗人眼中的嘉陵江，则又是另一番景象：

    嘉陵江色何所似？石黛碧玉相因依。
    正怜日破浪花出，更复春从沙际归。
    巴童荡桨歌侧过，水鸡衔鱼来去飞。
    阆中胜事可肠断，阆州城南天下稀。

            ——《阆水歌》

  诗的大意为："我应该怎样来形容江陵江的水色呢？它就像是用青黑色的石黛和碧玉的绿色混合在一起调和出来的颜色，两种色彩相互缠绕，美妙如此，令人陶醉。清晨，美丽的霞光映照水波之上，一轮红日仿佛从浪花里破浪而出，绚丽而灿烂；更加令人欣喜的是，这美好的春天就好像是从沙洲的花草、树木丛中归来。巴童荡桨，小舟倾斜，飞也似的从身边穿过，小水手们个个身手不凡；水鸡捕鱼，十拿九稳，得意地衔起一尾尾鱼儿，在江面上飞来飞去。城南之锦屏山绚丽如屏，号称天下第一。"阆中的山水美景，真是可爱极了。

杜甫的阆中山水歌，辞致峭丽，用语新奇，处处洋溢着对祖国山河的赞美与歌颂，充分体现了巴山蜀水的宁静与祥和。我想诗人在感慨祖国秀美江山的背后，一定也藏着战乱之忧、家园之痛。

阆州还有一个游赏的好去处，叫玉台观。这玉台观在阆中县北玉台山上，是高祖李渊第二十二子滕王李元婴作阆州刺史时所建。高宗调露元年（679），李元婴自寿州刺史接任其兄鲁王李元谨任隆州刺史。到任后，他认为隆州衙宇卑陋，便按照宫苑格局，在嘉陵江畔的玉台山腰建起了规模宏大的行宫，这就是滕王阁，始称"隆苑"，后避玄宗讳，改称"阆苑"。滕王亭和玉台观，是滕王"宴饮歌舞、狎昵斯养、田猎游玩"之处。《方舆胜览·阆州》亦载："滕王亭，即滕王元婴所建，在玉台观。"

春暖花开，杜甫来此游览，作《滕王亭子二首》（原注："在玉台观内。王调露中任阆州刺史。"），以吊古抒情：

### 其 一

君王台榭枕巴山，万丈丹梯尚可攀。
春日莺啼修竹里，仙家犬吠白云间。
清江锦石伤心丽，嫩蕊浓花满目斑。
人到于今歌出牧，来游此地不知还。

### 其 二

寂寞春山路，君王不复行。
古墙犹竹色，虚阁自松声。
鸟雀荒村暮，云霞过客情。
尚思歌吹入，千骑拥霓旌。

其一说:"滕王修建的亭台水榭头枕玉台山畔,万丈高阁,直入云霄,不过我勉强还可以攀登而上。春天的滕王亭子,莺啼修竹,池水荡漾;白云高处仿佛有鸡犬之声,真乃仙家之地。清澈的江水、漂亮的江石,美得让人心颤;含苞欲放、已经绽放的花朵,五彩斑斓,满目灿烂。人们至今还赞颂滕王为阆州刺史时建了这么美丽的阆苑,到此游览,让人流连忘返。"

这首诗颔联中的"莺啼修竹""犬吠白云",杨慎曰:"修竹用梁孝王事,犬吠云中用淮王事,人皆知之。"西汉梁孝王的菟园(即梁园,一名梁苑)中修竹园。孙绰《兰亭诗》:"啼莺吟修竹,游鳞戏澜涛。""莺啼修竹",既写实景,亦隐用其事。《神仙传》载淮南王刘安好神仙之术。"八公使安登山大祭,埋金地中,即白日升天。……临去时,余药器置在中庭,鸡犬舐啄之,尽得升天,故鸡鸣天上,犬吠云中也。"明人谢杰曰:"竹里莺啼,类梁园之春日;云间犬吠,同淮王之仙家。二事用于滕王又最切。"

其二说:"春天的山路上寂寞无人。路,还是原来上玉台山的路,可是滕王已经不会再来。古老的墙垣,翠竹掩映;空空的亭阁,松涛阵阵。鸟归雀噪,荒芜的村郭暮色降临;云飞霞逝,触动着我这个天涯居客的心绪。我走在归家的路上,心中还在怀想当年滕王驾临滕王亭子时笙歌吹奏、仪仗千骑、彩旗飘扬的壮观情景。"

黄生说此诗,以"寂寞"字领一篇之意。"竹色""松声"不改当年;"歌吹""霓旌"已成往事,这正是杜甫这个匆匆过客心生感慨的缘由。

杜甫来访古游览的时候,阆苑已不复存在,只见到遗存的玉台观和滕王亭子。于是又作《玉台观二首》(原注:滕王作)吊古抒怀:

### 其 一

中天积翠玉台遥,上帝高居绛节朝。
遂有冯夷来击鼓,始知嬴女善吹箫。
江光隐见鼋鼍窟,石势参差乌鹊桥。
更肯红颜生羽翰,便应黄发老渔樵。

### 其 二

浩劫因王造，平台访古游。
彩云萧史驻，文字鲁恭留。
宫阙通群帝，乾坤到十洲。
人传有笙鹤，时过此山头。

玉台观在玉台山上。蔡梦弼注曰："观在高处，其中有台，号玉台，乃滕王典阆州所造也。"

其一大意是："远远望见天空之中、玉台之下，是重重叠叠苍松翠柏，玉台观显得高渺而遥不可及。天帝高坐观中，众神纷纷持节来朝。于是有河神冯夷前来击鼓助兴，始觉有弄玉吹奏的仙乐飘飘。嘉陵江波光荡漾，隐隐约约藏着鼋鼍的洞穴；山巅巨石交错，仿佛是牛郎与织女七夕相会的鹊桥。这样的洞天仙境，青春少年的人也希望生出羽翼，飞升成仙。我这个黄发老人没有成仙法术，便应该努力过着一种渔樵生活。"

清人陈之壎《杜工部七言律诗注》说，此诗"前四句从玉台上作想，全写上帝气象，绛节来朝、箫鼓喧天是也。后四句从观上作想，江光、石势二句，形容观前之景，迷离近仙。末二句又想象道家长生之意。总之，诗家形容不嫌其幻"。

其二大意说："玉台观高大的台阶为滕王建造，今天我来此访古游玩。古墙上绘有萧史、弄玉夫妇足踏彩云随凤凰升天成仙的壁画，而观内保留的题咏文字多半是滕王留下的。玉台观高大的宫殿楼宇与天帝相通，与神仙十洲相连。人们还传说有一位驾鹤吹笙的神仙，时常从玉台山的山头经过。"

诗中"浩劫"，指佛塔的台阶。朱注：《广韵》"浩劫，宫殿大阶级也。"师曰："劫，盖俗谓塔之一级一级为一劫一劫。"以俗语入诗，是杜诗的一大特点。"鲁恭"，指西汉宗室大臣汉景帝之子刘余。鲁恭王好营宫室，故杜甫以鲁恭王比滕王。这首五言律诗"苍练中饶有仙风道气"（李长祥语）。

因为《玉台观二首》中有"吹箫""鹊桥"等语，有人便说玉台观是滕王为其爱女修建的。也有人说古蜀王有女在此登仙，玉台便是其登仙留下的遗迹。这两首诗，其一给人以荒墟之感，其二有仙风缥缈之思。

广德元年（763）二月早春，杜甫徜徉于阆州的灵山秀水，领略于道气仙风。踏歌而行，他或者触景生情，或者借景抒情，或者陶醉忘情，但国家残败之忧、社稷中兴之盼始终暗嵌于心，终究成了他一生最大的沉疴，直到生命的最后一刻。

阆中人民为纪念伟大的诗人杜甫，于1986年在锦屏山修建了"杜少陵祠堂"。祠堂大门有一长联："此地是蜀道名州看玉台积翠织盖凌云岭秀盘龙亭幽夺练佳日共登临倚剑停琴抒远志；屡朝有嘉陵贤士忆范目定秦长公改历玄称博学宪著精忠高山同仰止扬帆鼓枻继雄风。"

# 二十、殊方又喜故人来

在王阆州的帮助下，杜甫荆楚之游的各种条件完全成熟，船家也开始催促该启程了。就在此时，却传来好友严武再度镇蜀的消息。《唐会要》云：严武出任剑南东西两川节度使是广德二年（764）正月初八日。这个时间应该是朝廷任命诏书的落款时间，加之恰缝春节，消息传到阆州已是二月中下旬了。听到这个消息，杜甫喜出望外而作《奉待严大夫》：

> 殊方又喜故人来，重镇还须济世才。
> 常怪偏裨终日待，不知旌节隔年回。
> 欲辞巴徼啼莺合，远下荆门去鹢催。
> 身老时危思会面，一生襟抱向谁开？

杜甫在《为阆州王使君进论巴蜀安危表》中，建议朝廷选派德高望重、遇事沉着、经验丰富的大臣来安定巴蜀。在杜甫的心中，严武是最合适的人选，只是不能明说而已。其实，朝廷早在广德元年冬月就做出了"合剑南东西两川为一道"的决定。广德二年（764）正月，朝廷封严武为郑国公，迁黄门侍郎，复拜成都尹，充剑南节度使等。

杜甫诗题曰"严大夫"，是因为唐人凡称节度使，皆曰大夫。这首诗的大意为："身在剑南的我又高兴地听到了老朋友重镇两川的消息。像巴蜀这样的重要地方，还必须要严公这样的济世之才才能坚守。我常常奇怪两川的将佐们为什么都盼望着您能早日归来，没有想到一年多以后，朝廷就果真任

243

命您为剑南两川节度使。我本来打算在这莺歌燕舞的时节离开巴蜀,远赴荆门,船家正催我出发嘞,这个时候却传来了您重镇剑南的消息。如今,时局危艰,年渐衰老的我一直希望我们俩能见上一面,一诉衷情,不然的话,我一生的理想、抱负,还能向谁倾诉?又有谁能理解呢?"

在即将动身远赴荆门的时刻,杜甫听说了严武再次镇蜀,其狂喜之情跃然纸上。诗中"又喜""还须""常怪""不知"等词,将其"奉待"神情,表现得淋漓尽致。一方面,杜甫生平以王佐自许,自己论巴蜀安危的建言终于得到了皇帝的采纳,岂有不兴奋之理;另一方面有严武这样"智略经久,举事允惬"的"重臣旧德"之人节镇巴蜀,内忧外患将很快平息,两川人民又可以安居乐业了。

严武抵御外患的本领的确比高适要强得多。广德二年(764)七月,他率兵西征。九月,破吐蕃七万余众,攻占狗头城(今四川理县西南)。十月,又拿下盐川城(今甘肃漳县西北)。同时,遣汉州刺史崔旰在西山追击吐蕃,拓地数百里,与郭子仪的主力在秦陇一带相配合,终于击退了吐蕃的大举入侵。从此,"虏亦不敢接近"川西边境,保卫了西南边疆的安宁。杜甫称许严武为"济世才",并非出于当面奉承,而是确有识人远见。

严武一来到成都就打听杜甫的下落,数次来信邀请杜甫重返成都草堂。杜甫与妻子商议后,决定放弃出峡计划,即刻动身前往成都,他迫切希望结束这种流离失所的生活状态。

杜甫对严武重新镇蜀充满了信心。自两人绵州分手以来,他有好多话要向老朋友倾诉,"一生襟抱"当为知己而开,特别是关于西蜀边境的防御问题与治蜀之策,他要与严武倾心相述。

对于至德二年(764),作为左拾遗的杜甫疏救房琯一事,老杜一直深感内疚,他自己曾说:"伏奏无成,终生愧耻。"这种情绪几乎纠缠着杜甫的余生。离开阆州之时,杜甫专程前往房琯墓前拜别,并作《别房太尉墓》:

他乡复行役,驻马别孤坟。
近泪无干土,低空有断云。
对棋陪谢傅,把剑觅徐君。
唯见林花落,莺啼送客闻。

《旧唐书·房琯传》载,房琯于乾元元年(758)六月贬邠州刺史。上元元年(760)四月改礼部尚书,寻出为晋州刺史。八月改汉州刺史。宝应二年(763)四月拜特进、刑部尚书。赴京途中遇疾,八月初四日卒于阆州僧舍。赠太尉。故杜甫诗题称为"房太尉"。

我们在前面已经讲到,杜甫对房琯是有着特殊感情的,所以他的《祭故相国清河房公文》,对房琯一生的评价甚高。此次离开阆州,恐怕有生之年再无拜访太尉墓之机会,所以老杜在房琯墓前哭别得悲痛至极。

诗的大意为:"我就要离开阆州回成都去了,多年来流落他乡又苦于行役,今天特意骑马而来拜别您的孤坟。面对您的孤坟,我泪如雨下,坟前几乎没有一片干土,哭声惊断了那低空飘过的浮云。"

接着,诗人又深情地回忆起房琯为相时,那成竹在胸、泰然自若的风度,与西晋时听到打了大胜仗而了无喜色、仍然从容对弈的谢安一样的情景。

诗人又写道:"我拜别太尉之墓,真有点像季札拿着宝剑来寻觅徐君一样,深难忘。如今斯人已逝,此时此刻,天地之间,唯有片片林花飘落、声声莺啼切切。"

末句诗人拈景设色,即景抒情,内心之悲,令读者垂泪。

哭别了房公墓,辞别了王使君,杜甫就带着妻子、儿女及仆从一行数人,由阆州经梓州奔成都而去。时序已是唐历二月底了。

是年气候温润,桃花水也发得早,嘉陵江水已经大涨,如遇东南风劲吹,乘船渡江真有风高浪急之险,但杜甫要急着与严武会面,也就不惜冒险渡江赶路。他后来作《渡江》说:

> 春江不可渡,二月已风涛。
> 舟楫欹斜疾,鱼龙偃卧高。
> 渚花兼素锦,汀草乱青袍。
> 戏问垂纶客,悠悠见汝曹。

既然"春江不可渡",除了急于回成都与严武晤面心切,还有什么事情非要他冒险强渡嘉陵江不可呢?

前四句写江波之险："二月的江面已经是风高浪急；渡船倾斜前行而迅疾，江面上鱼龙仰卧，随浪势而高。后四句写江岸之景：小洲上，开放的花朵鲜艳而明亮，春草悠悠犹如青袍。我想要问一问江边的钓鱼者，这样大的风浪，你们的垂钓为什么能那样怡然自得？"

由阆州经梓州到成都，翻山越岭，大约五百里，这是阆州到成都最近的一条路，也是杜甫最熟悉的一条路。

途经梓州，是杜甫必然的选择！他要再看一眼梓州的山水，再看一看章留后以及梓州幕府诸友。在杜甫最困难、最走投无路的时候，是梓州这方山水接纳了无家可归的杜甫，是相对安宁、自由的梓州给了晚年杜甫更多的人生与政治思考，让他对唐帝国的命运看得更加清楚。

三年来，梓州给了杜甫相对安定的生活，也因为梓州的特殊政治（郪县、梓州和剑南东川节度使治所）与地理位置，可以让杜甫自由地往来于梓、阆、绵各州县之间。在梓州，李梓州、章留后、郭明府，还有严二别驾等对杜甫照顾有加。在国无宁日、遍地干戈的多事之秋，如果没有东川节度使及其各州县朋友的接纳、照顾，杜甫漂泊的日子将更加艰难。

行至梓州，旅程近半。东西两川合并后，朝廷已免去章彝梓州刺史、东川节度使留后的职务。不久，章彝将赴朝觐见皇帝。

杜甫认为以章彝的青春年少和军事才干，必将得到朝廷重用。赴成都途中，杜甫作《奉寄章十侍御，时初罢梓州刺史东川留后，将赴朝廷》：

淮海维扬一俊人，金章紫绶照青春。
指挥能事回天地，训练强兵动鬼神。
湘西不得归关羽，河内犹宜借寇恂。
朝觐从容问幽仄，勿云江汉有垂纶。

从"奉寄"看，杜甫经梓州时，章彝可能因事不在梓州，抑或章彝已启程赴召。但杜甫相信，他们在不久的将来，一定还有见面的机会，所以此首诗虽属寄赠之作，却没有一般赠别诗的不舍与感伤，并不乏对章彝的赞美之词。

本诗的大意为："章十郎是淮海维扬一位杰出的人才，身披紫带，手握金印，处处透露着青春的光彩。带兵打仗的指挥能力，虽天地之大也可挽回；训练强兵的本领，即使鬼神也能之动容。您真不该离开梓州，您应该像当年关羽留在荆州一样，在这里干一番事业；梓州老百姓舍不得您啊，就像当年河内（颍川）人民愿意向皇帝再借一年寇恂一样挽留您。可是，您的去留已定！到了朝廷觐见皇帝，如果皇上问起您所知道的隐居之士，您千万不要说巴蜀的江汉之地，还有我这么一个垂钓之人。"

这首诗首联称赞章彝仕途得意，风流倜傥，年轻有为；颔联夸赞章彝杰出的军事指挥才能；颈联以关羽比章彝，劝其留任梓州，又以寇恂喻东川军民对章彝的挽留与不舍。之前杜甫"召补京兆功曹参军，不至"，故诗的尾联叮嘱章侍御"朝觐从容问幽仄，勿云江汉有垂纶"，就让我安安心心做一个闲散的钓鱼人。

此诗题注说："时（章彝）初罢梓州刺史东川留后，将赴朝廷"。可是，新旧《唐书》都说章彝后来被严武杖杀于成都。章彝到底是临行前因"小不副意"，被严武杖杀了，还是回到长安，异地为官了呢？至今仍是一个谜，留待后人探讨。

或许是杜甫想要见到严武的心情过于迫切，杜甫在梓州几乎没有停留，就直奔成都而去。从阆州抄近路到成都，几乎都是在蜀中丘陵山区跋山涉水，这对于体弱多病的杜甫来说，一路上的艰难与辛苦可想而知。然而这一次重返成都，毕竟不同于过去的漂泊和逃难，他是带着满怀的希望与憧憬重返成都的，所以艰辛中有快乐，穷途上有生趣。他的这种始而"畏"、中而"愧"、终而"笑"的情感变化，都集中表现在诗人的《自阆州领妻子却赴蜀山行三首》之中：

### 其 一

汩汩避群盗，悠悠经十年。
不成向南国，复作游西川。
物役水虚照，魂伤山寂然。
我生无倚著，尽室畏途边。

诗的大意为："自阆赴蜀，山行惨淡。从天宝十五年（756）起，为了躲避那一群又一群强盗的伤害,我在动荡不安中漂泊,一晃,已经十年了。按原计划,我是经阆州沿嘉陵江东南而行前往荆楚,出乎意料的是,现在却要由阆州转而重返西蜀。一路上,山水秀丽,本来应该尽兴赏玩,但身为外物所累,魂为心情所伤,故而觉得水乃空映照,山亦寂寥无趣。哎,我这一生四处漂泊,生计无所依托,到如今一家人还要跟随我在这艰险的山路上辛劳奔波,我真的内心有愧啊。"

## 其　二

长林偃风色,回复意犹迷。
衫裛翠微润,马衔青草嘶。
栈悬斜避石,桥断却寻溪。
何日干戈尽?飘飘愧老妻。

大意为:"山风劲吹,树木偃伏,山色随之变幻;山路盘旋,曲折往复,最易让人迷失方向。为了赶路,总是早行晚宿,轻淡的雾气常常浸湿衣衫。马儿又饥又累,不时衔着青草嘶鸣。山路崎岖,悬空的栈道因为避让巨石,不得不向外倾斜。遇到路断桥毁,只得重新找路,或者掉头,沿溪而行。这场战乱,啥时候才能结束?我这样居无定所,四处飘零,真是愧对老妻!"

## 其　三

行色递隐见,人烟时有无。
仆夫穿竹语,稚子入云呼。
转石惊魑魅,抨弓落狖鼯。
真供一笑乐,似欲慰穷途。

大意为:"上山下岭,山路曲折起伏,一行赶路的人时隐时现。山深世乱,有的时候走了半天也看不到一户人家。仆夫、孩子们倒是会苦中找乐,他们有时穿竹而语,有时登高而呼。如果一不小心,踩翻路边的石块,惊叫一声,吓得山中的鬼怪也不敢靠近;因功弹射,弹丸啸飞,惊得蝙蝠乱飞、山猴逃窜。此次西行入蜀，一路上这些有趣的快事、乐事，已然是对我这个日暮途穷的老头子的宽慰。"

浦起龙《读杜心解》说，这三首诗，首章述情，次章写景，迂回多意，末章全是携家山行趣致。三首诗结构自然，而情绪变化则是"始而伤，中而愧，终而笑"，这种表达，真实地反映了杜甫一家由几乎绝望到充满希望的显著心境变化过程。

过了梓州，离成都就越来越近了。杜甫一想到阔别三年的浣花草堂，一想到即将与好友严武会晤，心绪总是不能平静。途中又作七律五首，总题命为《将赴成都草堂，途中有作，先寄严郑公五首》：

其　一

得归茅屋赴成都，直为文翁再剖符。
但使闾阎还揖让，敢论松竹久荒芜？
鱼知丙穴由来美，酒忆郫筒不用酤。
五马旧曾谙小径，几回书札待潜夫。

《新唐书》载，严武宝应元年（762）自成都召还，"拜京兆尹，明年为二圣山陵桥道使，封郑国公。迁黄门侍郎"。故杜甫诗题称严武为"严郑公"。

其一着重叙述诗人此次重返成都草堂的缘由，对严武的感激之情溢于言表。

"文翁"，西汉循吏。为蜀太守时，兴教育、举贤能、修水利，政绩卓著。王嗣奭曰："成都尹本刺史，故以文翁比之。""符"，古代朝廷用以传达命令、调兵遣将的凭证。"丙穴"，地名。左思《蜀都赋》所谓"嘉鱼出于丙穴，良木攒于褒谷"。四川雅安、彭州等地都有丙穴，都出嘉鱼，因此黄鹤说："蜀多丙穴，而此诗公自阆赴成都有云当是指大邑县鱼穴，盖成都西南至邛州，才百五十里耳。""郫筒"，指郫筒酒。《华阳风俗录》载："郫县有郫筒池（今成都市郫都区郫筒井），池旁有大竹，郫人刳其节倾春酿于筒，苞以藕丝，蔽以蕉叶，信宿香达于林外，然后断之以献，俗号郫筒酒。"

诗的大意为："这一次我决定重回成都草堂，完全是因为严公您这位当代文翁手持皇上颁发的带兵虎符，再次重镇巴蜀。只有在您的治理下，巴蜀的社会秩序才能恢复，平民里巷的老百姓也才能以礼相待，安居乐业；我哪里还敢计较草堂茅屋荒芜已久而滞留不归啊！

我知道您用来款待我的成都嘉鱼味道鲜美，我也总是思念那不用花钱就能喝到的郫筒美酒。您原来作成都尹时，我们的交往是那样频繁，江边的小路连您的坐骑也都十分熟悉。现在，您刚到成都就几次来信邀请我，期待我重回成都再叙友情，这怎能不让我感激万分！"

## 其　二

处处青江带白苹，故园犹得见残春。
雪山斥候无兵马，锦里逢迎有主人。
休怪儿童延俗客，不教鹅鸭恼比邻。
习池未觉风流尽，况复荆州赏更新。

其二诗人想象重回草堂后的人事情态，并邀严武再访草堂。

诗曰："在这春光明媚的大好时节，沿途所见到处是清江碧水，白苹花开，照这样的心情与速度赶路，估摸着春末就能到达成都。您再次镇蜀，很快就会打退雪岭一带的吐蕃军队，稳定巴蜀边境局势。我想，等我回到草堂，左邻右舍肯定会迎接我这位草堂主人。我们全家也会邀请乡亲们来家中做客。我会照料好那些鸡、鸭、鹅禽，不让它们偷跑出去糟践邻居的庄稼和菜园子，以免因此而惹恼了邻居们。我家的草堂热烈欢迎您这位'征南将军'重新大驾光临，酣酒赋诗；只要有严郑公的赏光，浣花溪草堂定然蓬荜生辉，风流无尽！"

诗中的"习池"，即习家池，又称"高阳池"，在今湖北襄阳城南，是东汉初年襄阳侯习郁的私家池塘。西晋征南将军山简驻守襄阳时，常宴饮于此，往往大醉而归。东晋时，习郁的后裔习凿齿在此临池读书，又因杜甫诗中多次写到"习池"，故明嘉靖时抚民副使江汇在习池原址处修建习凿齿与杜甫两公祠。又仇兆鳌："醉习家池，在荆土。山简以征南将军都督荆、湘、交、广四州，故可称荆州。"杜甫此诗以"习池"喻草堂；又暗以征南将军山简喻严武之耽酒风流。

## 其 三

竹寒沙碧浣花溪，橘刺藤梢咫尺迷。
过客径须愁出入，居人不自解东西。
书签药裹封蛛网，野店山桥送马蹄。
肯籍荒庭春草色，先判一饮醉如泥。

其三写自己离开草堂已三个年头，预想如今的草堂一定是一片荒芜情状。

诗的大意为："草堂长久无人居，浣花溪畔、房前屋后必定沙草碧绿，丛竹遮伏，橘刺丛生，藤萝绕树，咫尺之内定会使人迷失道路。过往的行人一定会为出入发愁，就是我这个居住主人，也可能分不清东西南北。

一别几年，家里的书签、药囊，可能早就结满了蛛网。这几年，也许有朋友到这里找过我，因为我不在家，无人接待，只有江边的野店、山桥送走他们远去的马蹄声。严郑公啊，您要是愿意到我这个还来不及打扫的荒芜庭院来看看、走走，那我们就借这荒庭春草，先来他个一醉方休，烂醉如泥。"

## 其 四

常苦沙崩损药栏，也从江槛落风湍。
新松恨不高千尺，恶竹应须斩万竿。
生理只凭黄阁老，衰颜欲付紫金丹。
三年奔走空皮骨，信有人间行路难。

其四写离开草堂三年来的颠沛流离，憧憬回成都后谋生驻颜，皆有严公可依。

诗云："我在家时，常常苦于江边的田地沙岸崩损，一旦江浪摧毁沙岸，地里的药苗与护药的栅栏也会一同落入湍急的江流。为了固岸防损，我就在江边打下木桩，用这个办法减轻风浪、江流对药田堤岸的冲刷。现在真不知道这药栏、江槛的情况怎么样了。

我亲手栽种的四棵小松树，恨不得它们已长到千尺之高，而那些影响小松生长的杂乱丛生的竹子，都要一根一根立马砍掉（清代卢元昌曰："新松"二语，虽指松竹，其实寓扶善锄恶意）。从今以后，我一家人的生计，只有仰仗您严大人了；而我这日渐衰老的容颜，就交给那些长生驻颜的金丹药丸。

自从宝应元年（762）七月我离开成都，到现在已经三年。三年来，因为失去了严公的关照，也为了一家人的生计，我辗转奔走于梓、阆、绵、汉之间，身体已极度衰老、瘦弱，我也真正体会到了做人的艰难。"

其　五

锦官城西生事微，乌皮几在还思归。
昔去为忧乱兵入，今来已恐邻人非。
侧身天地更怀古，回首风尘甘息机。
共说总戎云鸟阵，不妨游子芰荷衣。

其五则是收拾前文，回顾草堂来去心事，以称颂严武的文治武功结束组诗。

诗的大意为："我在锦官城西赖以生存的产业微乎其微，本来就没有什么值得留恋的；只是忘不了严公送给我的那心爱的乌皮几，就不免想着要早日回浣花溪草堂去。宝应元年（762），我离开草堂后，老是担心徐知道的叛军闯入，现在归来又唯恐左邻右舍已经物是人非。回想着那些兵荒马乱的日子，厕身于天地之间，我更加思怀远古时期的政治修明。想想这些年来因战乱而遭受的各种遭遇，我心甘情愿熄灭所有的用世心机。

大家都称赞严公您的军事才能，说您特别善于运筹帷幄，排兵布阵，把"云鸟阵"操练得得心应手，足以确保西蜀边陲的安宁。既然如此，我这个远方游子，不妨在浣花溪边住下来，穿上隐者的芰荷之衣，勉强在这里安身立命。"

这五首诗，是杜甫赴成都途中专门写给严武的赠诗。前三首写得归兴飞扬，兴会雄豪，然而愈是接近成都，诗人的心情反而愈是平静，因此后两首总是怀思往事，追说愁苦，"怀古""息机"，大有幽人之志。

经过十来天的艰难跋涉，杜甫带着全家老小，终于在广德二年（764）暮春三月平安到达成都。浣花溪草堂又迎来了它的主人。杜甫抑制不住内心的激动，作《春归》；自伤自解中，幻想从此以后能过上一种随遇而安的闲适生活。诗曰：

> 苔径临江竹，茅檐覆地花。
> 别来频甲子，倏忽又春华。
> 倚杖看孤石，倾壶就浅沙。
> 远鸥浮水静，轻燕受风斜。
> 世路虽多梗，吾生亦有涯。
> 此身醒复醉，乘兴即为家。

春归草堂，一别就是三年。在杜甫的心中，草堂还是那么亲切、那么熟悉。杜甫写道："长满青苔的小路一直通向浣花溪江边的竹林，茅檐下的花木覆盖了整个地面。离开草堂太久，一晃就是三个春秋，归来时忽然又是一个鲜花盛开的春天。我拄着手杖，绕着孤石不厌其烦地反复观赏；饮酒溪边，有浣花溪的浅滩做伴，是多么惬意安闲。远远望去，水鸥静静地浮在水面；轻盈的春燕则迎着风儿上下翻飞，好不惬意。

看着如此美妙的春色，我情不自禁地宣称：人生的道路虽然有许多艰难，然而正如庄子所说'吾生也有涯'。人的生命是有限的，不如趁着当下这美好时光，饮酒为乐，随遇而安，兴会所至，即是家乡。"

这首诗用语精妙，情景交融，反映了杜甫饱经忧患，备尝人生艰辛之后，对美好、安定生活的期盼与追求。诗中"远鸥浮水静，轻燕受风斜"两句，历来为人称道。一"静"一"斜"，极尽鸥、燕之性情形态。一"静"字，使"远""浮"二字有神；一"斜"字，使"轻""受"二字有致。其中的"受"字，尤其受到宋人的称赞。据说苏东坡尤其喜爱"轻燕受风斜"这一句，他认为燕子迎风低飞，乍前乍却，非这个"受"字不能形容。由此可见"诗圣"锤词炼句的本领，真乃炉火纯青。

现实的生活终究不是想象中的生活，想象中的草堂也终不是眼前真实的草堂。打开久别的家门，眼前是野鼠乱窜。翻开久违的书籍，连蠹虫都已干瘪，屋里屋外一片狼藉。不管现实是如何"骨感"，新的生活必须重新开始。一首《归来》，拉开了杜甫回归草堂后新生活的序幕，也给自己将来的生活定下了一个基调：

客里有所过，归来知路难。
开门野鼠走，散帙壁鱼干。
洗杓开新酝，低头拭小盘。
凭谁给麹蘖，细酌老江干。

回到草堂，难中逃难的日子总算结束了。归有宁宇，生活还得继续，细酌慢饮，就此度残年，也是一种生活的达观。然而，"细酌老江干"，这恐怕只是老杜的一厢情愿。

闲话少说。代宗广德二年（764）春末，杜甫回到成都，结束了一年又八个月的以梓州为中心的流寓生活。六月，经由成都尹兼剑南两川节度使严武的推荐，杜甫被授予节度使参谋、检校工部员外郎，赐绯鱼袋，所以后世又称杜甫为"杜工部"。就这样，五十三岁，已是满头白发，平时连走路都跟跟跄跄的杜甫，在广德二年（764）的初夏，又穿起了军衣，行走于剑南节度使幕府，开启了他晚年一段"束缚酬知己，蹉跎效小忠"的军旅生涯。

代宗永泰元年（765）四月，严武去世，杜甫失去了在四川的依靠。五月，他便买船南下，离开成都，企望回到他魂牵梦萦的故乡。"此生那老蜀，不死会归秦"，然而，诗人要以血肉之躯抵达的心灵原乡，终其一生，也没有实现。

"葛洪尸定解，许靖力还任。家事丹砂诀，无成涕作霖。"大历五年（770）冬，杜甫在湖南湘江中那条与他相依数年的漏风的破船上，溘然长逝，终年五十九岁。直到四十年后，在他的孙子杜嗣业的不懈努力下，杜甫和妻子杨氏的遗骨才从湖湘大地返回偃师首阳山——杜甫终于可以和他的祖先们长眠在一起了。

# 读《杜甫梓州诗注》，看唐代三台生态美

今年上半年，大约三四月份，我向曾经在梓州杜甫草堂管理所担任所长的陈代礼先生索要了一本《杜甫梓州诗注》。该书由杨重华等人在20世纪90年代初编注。工作之余，我逐篇细读，自觉收益颇丰。

杜甫是我国古代诗歌的集大成者，但是在绝大多数人的印象中，他就是一位整日满面愁容、穷困潦倒、忧国忧民的诗人，他的诗歌都是现实主义的，看上去没有多少美感。其实杜甫一生写了不少赞美祖国大好河山的山水田园诗，词清句丽，极富生活气息，却常常被喜欢古代山水诗的读者遗忘。又因为他的梓州诗篇，应酬唱和之作占了不少的篇幅，以致我们三台人也绝少谈及杜甫的诗歌（尽管城西牛头山顶建有杜甫草堂），更不用说他的山水诗了。

或许因为我是一名环保工作者，在读《杜甫梓州诗注》的过程中，特别留意诗人描写梓州山水的诗歌，凡是这一类型的诗歌，我都尽量多读一遍。我个人觉得杜甫描写梓州山水的诗歌细腻、平静、悠然，从生态价值观的角度看，真实地展示了唐代梓州大地的生态美，让我这个环保人真切地感受到了一千多年前三台的自然生态，同时不断激励我为家乡的环保事业多出一份力，多办一些事，努力做到既积极支持本地经济发展，又保护好三台良好的生态。

唐宝应元年（762）七月，杜甫送好友严武归长安至绵州。严武刚走，剑南兵马使徐知道便在成都发动叛乱。一时回不了成都浣花溪草堂的杜甫，在梓州最高行政长官李刺史的邀请下，从绵州来到梓州（治今四川省三台县）

躲避成都乱局。随后又在梓州朋友的帮助下，寓居城东草堂寺（今东街三台中学内），这一住就是一年零八个月。唐代的梓州为"蜀川巨镇，郪道名邦"，是四川第二大城市，剑南东川节度使治所。

唐帝国当时遭遇安史之乱，北方大地狼烟四起，乾坤疮痍，生灵涂炭，中原大地、关中地区十室九空，而东都洛阳更是一片断壁残垣，"洛阳宫殿烧焚尽，宗庙新除狐兔穴"。眼看叛军就要杀入长安，唐玄宗李隆基不得不在仓促之间，带着少数亲信、嫔妃跋山涉水跑到成都避难。

四川因为有秦岭、剑门天险之隔，成了一块难得的和平、安宁之地。乾元二年（759）七月，杜甫弃官西行，度关垄，客秦州，寓同谷，历蜀道，越剑阁，九死一生，于同年十二月初到达南京成都，定居浣花溪草堂。

虽然这一次杜甫是难中逃难，但是置身梓州的诗人，还是感受到了梓州的和平与富庶，身心平静不少。闲暇之余，心情愉悦的杜甫游走于梓州的山水间，兴之所至，操墨为诗，为今天的人们领略唐代梓州的生态美，留下了诗人"以诗为画"的宝贵财富。

梓州的山美。它高秀挺立，树木葱茏，绿色连野，集中体现了川中丘陵地区的自然生态特点。春天的梓州，放眼望去，远处层峦叠嶂的青山，情意绵绵，生机盎然。诗人在《上牛头寺》中写道："青山意不尽，衮衮上牛头。"在《望牛头寺》中又说："牛头见鹤林，梯迳绕幽深。春色浮山外，天河宿殿阴。"杜甫站在牛头山上，向南远望，树木森森，鹤林寺的红墙琉檐掩映其中；阳光明媚，春色如云，飘荡山间，巍峨高耸的寺庙宫殿，好似坐落于银河之中。在《望兜率寺》中，诗人看到梓州森林密布："树密当山径，江深隔寺门。霏霏云气重，闪闪浪花翻。"印台山上藤蔓青青，树密林茂，行进在上山的路径之中，仿佛置身太虚，云气飘然，仙气浮动。而位于城北的长平山琴泉寺（唐称惠义寺）树木更是高大挺拔，把长平山装点得高俊幽微——"苒苒谷中寺，娟娟林表峰"。再让我们跟随诗人的脚步，朝着梓州北部行进，领略香积山的自然环境："含风翠壁孤云细，背日丹枫万木稠。"诗人笔下的梓州山景幽美、清新；香积寺官阁翠壁含风，丹枫背日，清凉葱茏。

梓州的水美。清水绕甸，澄江似练，渔鸥悠然。梓州城坐拥涪江、凯江，被牛头山、凤凰山、长平山环抱，杜甫多次在诗中亲切地称梓州城为

"江城"。"江水流城郭"是这座水城的特别之处，州城之美如诗如画，诗人流连欣赏，仿佛看到了自己青年时期用脚步丈量过的吴越水乡。

涪江是流经梓州最大的河流，是三台人民的母亲河。"诗圣"笔下的涪江是："竹风连野色，江沫拥春沙。"涪江两岸，绿竹婆娑，接天连地，景色清新自然；江水滔滔，淘洗沙岸，春意融融，江山如此美丽！泛舟江上，放眼抬望，"花远重重树，云轻处处山"，一片花团锦簇，一片山清水秀。"江清歌扇底，野旷舞衣前。玉袖凌风并，金壶隐浪偏。竞将明媚色，偷眼艳阳天。"携诗朋好友泛舟江上，江水清澈鉴人，沙岸暖暖，舞女翩翩，春光照耀，歌声绵绵，佳人偷眼，媚色无穷。这春天，这江水，自然是李梓州待客的好地方。

最近几年，停泊在涪江边的美食画船也不少，有歌有舞，有饕餮大餐，但江水已不是杜甫笔下的澄碧江水了，它浑浊，时不时还冒着酸腐之气。

我以为江河的保护已迫在眉睫！

梓州大地人与自然和谐共生，到处是花团锦簇。杜甫在《花底》一诗中，为我们描绘了一幅州城"花都图"。"紫萼扶千蕊，黄须照万花。忽疑行暮雨，何事入朝霞。恐是潘安县，堪留卫玠车。深知好颜色，莫作委泥沙。"春天的梓州，城郭乡村，山野烂漫，百花盛开，万紫千红；春雨润物，红肥绿瘦，人们踏青赏花，倾城而出，分享着大自然无私的馈赠。久居城中的杜陵野老，来到郊外才发觉："只道梅花发，哪知柳亦新。枝枝总到地，叶叶自开春。紫燕时翻翼，黄鹂不露身。"一夜春风，新柳袅袅；双燕衔泥，画眉私语。山川大地一派生机勃勃！"野花随处发，官柳著行新""山花相映发，水鸟自孤飞"，大自然装点了山川，也装点了人们的生活，人与自然是那样的和谐美妙。

在杜甫的笔下，梓州的山水如大家闺秀，稳重而安闲、精美而富有生机。牛头山是诗人的最爱，他曾三上牛头山，留下诗三首，其中《上牛头寺》最为三台人熟知，张爱萍将军的草书作品，至今仍摆放在梓州杜甫草堂门厅最显眼的位置。"青山意不尽，衮衮上牛头。无复能拘碍，真成浪出游。花浓春寺静，竹细野池幽。何处啼莺切，移时独未休。"牛头山山景静美，物我一体，让人流连忘返。这是广德元年（763）春季，诗人最自由、最无拘无束的一次畅游，天涯孤旅的漂泊之感，在杜甫的笔下已荡然无存。

山水诗就是要将自然美景融入诗词之中，让山水成为独立的审美对象，它是诗人与自然的沟通与和谐相处的情感外溢，也包含着作者深刻的人生体验。

咀嚼着一首首"诗圣"杜甫描写的山水诗，梓州的生态之美，和谐之美，跃然纸上，融入心中。万物归宗，乐乎山水之间。爱吾乡之山水，从读杜甫梓州山水诗做起。

掩卷而思，在以人为本，践行科学发展观的今天，我们，还有我们的后代子孙，能扛得起环境保护，共建生态文明的这一面猎猎作响的大旗吗？

2010年夏作

（2015年12月20日《绵阳日报》以《1300年前杜甫留下生态美》刊发此文，编辑对文章内容有删减）

# 少陵留圣迹，梓郡增光辉

——略述三台历代杜甫纪念设施的遗存与变迁

杜甫，字子美，号少陵野老。祖籍襄阳，生于河南巩县。唐代伟大的现实主义诗人，我国古典诗歌的集大成者，其诗歌影响非常深远，被后世誉为"诗圣"。他生活在唐朝由盛转衰时期，其诗歌深刻反映了安史之乱前后广阔的历史政治和社会生活画卷，被誉为"诗史"。

杜甫早年壮游，晚年漂泊，行踪所到之处，保留了许多遗迹与传说。在诗人曾经结庐居住过的地方，后人几乎都修建有祠庙，以纪念这位温厚笃实、情感丰富、思想敏锐、爱国忧民、推己及人、志在天下的伟大诗人。当然，最负盛名的当数成都的"杜甫草堂博物馆"。除成都草堂之外，陕西延安、甘肃的天水和成县、重庆奉节、四川三台等地也留下了杜甫草堂。

## 少陵避乱居梓州

唐肃宗宝应元年（762）七月，流落成都的杜甫，因送好友成都尹兼御史大夫、剑南东西两川节度使严武入朝，充任二圣山陵桥道使，至绵州（治今绵阳市涪城区）。"大将赴朝廷，群小起异图"。严武刚离开成都，原成都少尹兼御史徐知道，便在成都发动兵变，自称成都尹、御史中丞、剑南节度使，并派兵北断剑阁，阻止朝廷援兵入蜀平叛；同时，西取邛南、内附羌夷，虚张声势，共同叛乱。这伙叛军在成都作威作福，滥杀无辜，以致

## 杜甫在梓州

"喧然名都会，吹箫间笙簧"。老百姓还算安居乐业的成都一时间"血溅长衢""万人为鱼"，这让亲历安史叛乱的杜甫大为惊惧。他在绵州逗留一段时间后，便决定赴剑南东川节度使驻节之地梓州（治今四川省三台县）以避成都徐知道之乱。

宝应元年（762）初秋，杜甫从绵州只身来到梓州。大概三个月之后，徐知道之乱就被平定了，但随之而来的又是吐蕃的侵扰，而且一天比一天严重。据《新唐书·党项传》记载，上元二年（761），党项羌与浑、奴剌联合，侵犯宝鸡，杀吏民，掠财富，焚大震关，寇凤州。之后，又攻梁州，进寇奉天。又据《代宗纪》记载，宝应元年（762），吐蕃陷秦、成、渭等州。成州（治今甘肃成县）与集、壁、梁、洋接壤，吐蕃入寇成州等地，疑在春夏之交。杜甫曾作《大麦行》说："大麦干枯小麦黄，妇女行泣夫走藏。东至集壁西梁洋，问谁腰镰胡与羌。岂无蜀兵三千人，簿领辛苦江山长。安得如鸟有羽翅，托身白云归故乡。"吐蕃已侵扰至集（今四川南江）、壁（今四川通江）、梁（今陕西汉中）、洋（今陕西洋县），蜀中不得安宁，诗人多么希望自己能长出一双翅膀，飞回故乡。而徐知道一伙叛乱分子无视国家纲纪，在成都肆无忌惮地烧杀掠抢，这一回杜甫可是连浣花溪草堂也回不去了。

不久，诗人在东川节度留后章彝和梓州刺史李季真（据西南民族大学徐希平教授考证）的帮助下，在梓州城东草堂寺（今三台县潼川镇下东街47号三台中学内）觅得一处茅屋。杜甫便于是年秋末冬初赶回成都，把妻子、儿女接来梓州安住，"偶携老妻去，惨淡陵风烟"。从此，杜甫便在梓州拥有了一处安定的住所，有了一个温暖的家。

杜甫很认可、也很热爱梓州的这个家。广德元年（763）冬晚，诗人由阆归梓，途中作《发阆中》说："别家三月一得书，避地何时免愁苦？"赵次公说："公九月自梓往阆，至十二月（应为十一月，笔者注）复归梓，其去妻孥三个月故云'别家三月一得书'。"又，朱注："时公之家在梓州。"

朱注"时公之家在梓州"，只一句话很重要。它清楚地说明，从宝应元年（762）秋到广德元年（763）春，这一年零八个月，杜甫的一切游历与社交活动都是以梓州郪县为中心展开的。故，杜甫是避乱于梓州，而不是一些学者认为的"避乱于梓、阆间"。

诗人还在梓州城东的茅屋周围开垦出一片田地，种植蔬菜和药材，肯定也会一如既往地养鸡鸭鹅之类的家禽。

在梓州诗中，杜甫虽然没有写到他种植蔬菜这件事，但我猜想，他一定会像在浣花溪草堂一样，与家人一起劳作，种植时蔬，供自家食用，也用来招待客人——"有客过茅宇，呼儿正葛巾。自锄稀菜甲，小摘为情亲。""闷能过小径，自为摘嘉蔬。"有好友来访，自己亲自下到地里采摘新鲜的上等蔬菜招待朋友。杜甫一生之所以有那么多关心照顾他的朋友，这与他本人热情好客的性格密切相关。俗话说："在家不会迎宾客，出外方知少主人。"

"种药扶衰病，吟诗解叹嗟"。广德元年（763）春，诗人在梓州所作《远游》一诗，明明白白地写到了他在梓州"种药""写诗"这两大乐事。杜甫诗写种药，当然不是表明自己的高雅隐逸，而实实在在是因为自己年老多病，身体需要调养，多余部分还可以出售赚钱补贴家用。

有了家，有了与家人的团聚，诗人那颗流浪的心得到了暂时的安顿。所谓"此心安处是吾乡"。人最怕的就是心灵无处安放，敏感的诗人尤甚。在梓州有了家与家人，杜甫又可以自由自在地游历梓州及其周边州县的名胜古迹、河流山川，以诗歌抒写自己的喜怒哀乐、政治豪情。

宝应元年从（762）到广德二年（764），诗人先后游历了梓州所属的郪县、射洪县、通泉县、玄武县、盐亭县、涪城县和绵州、汉州、阆州，诗人所到之处，都留下了不朽的诗篇。

对于诗人避乱梓州这一年零八个月的经历，清光绪版《新修潼川府志》卷二十六是这样记载的："甫本襄阳人，后徙河南巩县。至德二载，拜左拾遗，乾元元年六月，出为华州司功，冬晚离官。二年十二月入蜀，至成都。宝应元年，西川兵马使徐知道反，因入梓州。冬复归成都迎家至梓。十二月，往射洪南之通泉。广德元年，在梓州，春间往汉州，秋往阆州。冬晚复回梓州。是岁，召补京兆功曹，不赴。二年春，复自梓州往阆州。严武再镇蜀，春晚遂归成都。"

"三年奔走空皮骨，信有人间行路难"。广德二年（764）二月，杜甫喜闻好友严武再次镇蜀，并屡次以书札相邀，杜甫才于三月携家带眷离开梓州，重返成都草堂。

"五载客蜀郡，一年居梓州。"一年零八个月的梓州生活，让诗人终生难忘。古梓州、今三台也从没有忘记这位忧国忧民的伟大诗人。据现有的资料推测，最迟从宋代开始，梓州（三台）人民就修建祠庙纪念杜甫。在今日三台县境内，历史上至少长期存在过四处杜甫纪念性建筑设施：

第一处是梓州城东的草堂寺。《新修潼川府志》卷八载："草堂寺，在城东。《旧志》：'杜工部客梓州，尝居此，因以名寺。今改为观音禅院。'"

第二处是位于城郭之西的工部草堂。《新修潼川府志》记载：工部草堂"在牛头山，明知州张辉南建"。

第三处是位于州南望君山的拾遗庙。

第四处就是如今被誉为蜀中"第二草堂"的梓州杜甫草堂。

## 梓州城东少陵祠

梓州城东的杜甫纪念祠庙应该是三台历史上最早的杜甫纪念性建筑物，初名"少陵祠"。此祠方志上虽漏记，但我们可以从宋人留下的诗篇中知晓。

南宋初年，以文学知名的李流谦任潼川府（北宋重和元年梓州升改潼川府，梓州路相应改称潼川府路）通判时，曾多次到城东的少陵祠凭吊诗人。后来他作七律《杜少陵祠》说：

赤绂银章玉骨寒，焚香再拜泪汍澜。
黄花鄜县仍羞见，好月廊州只独看。
可是一生长客路，故应千古恨儒官。
蚤知涉世元如此，悔不霜林斫钓竿。

李流谦，字无变，汉州德阳人。以荫补将仕郎，授成都府灵泉（今成都市龙泉驿区）尉。秩满，调雅州教授，南宋孝宗乾道三年（1167）左右任潼川府通判。从李诗中，我们可以准确地知道，至迟在北宋中后期，梓州士人就在杜甫曾经寓居过的梓州城东修建了杜甫纪念祠堂——少陵祠。祠堂里供有杜甫画像或塑像以奉祀。这与北宋时期杜甫受到当时文人学士的普遍尊崇是一致的。

南宋末年，蒙古人的"图宋"战争持续达半个世纪，社会残破，民生凋敝；而明末清初的四川再次遭遇近半个世纪的战乱，造成"十室九空，虽穷谷深山，无或幸免"。1644年10月，"张献忠余党入潼川，攻城甚急。十月二十三日，贼从西门缒城而入，顷刻城陷，火光映天，屠戮殆尽"。因为这一次攻城之战，杀人太多，尸体无人掩埋，直到第二年才在州城东门外挖了一个"万人坑"，将暴露于野的百姓尸首"封筑"，民间俗称"万人坟"。潼川战事如此惨烈，城之东的少陵祠自然在劫难逃。

少陵祠虽然在战火中毁坏，但人们对"一年居梓州"的杜甫从没有忘记。康熙十一年（1672）十月，户部郎中、前清著名诗人王士祯奉命典四川乡试，他冒着"积氛常不彻，天地日冥冥"的巴山苦雨，跋山涉水，"艰难到梓州"。他下东津，登牛头，遍访"诗圣"遗踪，看到战后凄风苦雨、满目疮痍、荆棘丛生的梓州城不禁感慨万端；同时对杜甫因战乱而辗转飘零的一生，深表同情。挥笔写下了《潼川怀少陵》：

返景下东津，扁舟涪水滨。
女墙崩积雨，郡郭入荒榛。
山夕烟花少，江流战伐频。
飘零思弟妹，嗟尔杜陵人。

星移斗转，到了乾隆十五年（1750），潼川知府费元龙将潼川府城东草堂寺左侧土地割出一半，创建文峰书院（今四川省三台中学内）。乾隆四十一年（1776），潼川知府沈清任见书院荒芜，于是加以修葺，又考书院基址为杜甫流寓梓州时居家旧址（也可能是宋代少陵祠故址），遂改文峰书院为草堂书院，并请曾七典乡闱、四督学政的左都御史吴省钦作《草堂书院记》。

吴省钦《草堂书院记》说："杜甫因避徐知道之乱，而侨居梓州，而城东草堂寺，传是少陵故居。乾隆乙亥归安费云轩元龙守是邦，豁其半为文峰书院。庭宇洒落，花木翁如。往予两至其地，盖稍芜废矣。仁和沈澹园清任为守之次年，金酉告俘，秉麾返治，即讲堂之后室祠少陵，树碑考其出处，复改题兹园曰草堂。"接着，吴省钦又在《记》中阐明改称草堂书院的原因和深远意义。他说："少陵在潼而堂，堂而寺，寺而书院，视奉祠讲学之义未远。彼钟山之学馆，尝以草堂改名，脱谓少陵无二草堂，兹之院，当仍文峰之旧。毋亦笃于时而暗于古，名迹不以之日晦耶旦。文峰山在郡治南百里，距院甚远，若以隔江之浮屠矗然相宜，谓象之有丽于文明，于义亦无所取。登斯堂者，尚其本忠爱之义，亲风雅之旨，祓磨奋起，以冀我学之大成，则少陵之所贶已多，而亦贤太守广励人才之志也夫。"

沈清任，字莱友，一字莘田，号澹园，仁和（今浙江杭州市）人。乾隆十七年（1752）进士，官川东道，后引疾归里。他酷爱杜诗，每日必诵，心领神会之时，辄以酒酹杜。他还在草堂书院后建少陵祠，"绘其（杜甫）像于堂之后楹"，将杜甫著名诗篇刻于祠壁（据其同年好友翁方纲《迈亭席上再叠前韵二首，送莘田归杭州》其二："诗卷何须蜀道名，临安雨霁叶舟轻。人归雁后心逾远，梦与鸥闲境不争。山翠染将螺子色，湖光点出美人晴。南池故事凭君续，读杜神来酹一觥。"翁在诗末自注："君在梓州曾勒杜诗于祠壁"）。

又过了八年，即乾隆四十八年（1783），江苏长洲人张松荪就任潼川知府。他登山临水，悠游胜迹，尊崇前贤，"忆昔文贞避乱来，携家曾作梓州客"。张松荪利用草堂书院后的一片空地，成室三间，塑少陵像。同时他认为李白和杜甫是千古知己，礼宜并祀，于是"爰命梓匠塑两先生像而合祀之"，并"颜其额曰李杜祠"。这或许是四川境内最早的李白、杜甫合祀纪念祠堂，比今天绵阳富乐山北麓的李杜祠早了近一百二十年。

嘉庆年间，四川什邡教谕张问彤游历潼川，到城东草堂凭吊"诗圣"。他作《梓州草堂春晚杂吟二首》，其一曰："竹西邻古寺，屋角枕潼江。春静人来少，庭闲鸟下双。好花都贴石，高树恰当窗。可惜无清兴，深吟拨玉缸。"从诗题得知，当时草堂书院也称梓州草堂。诗中的"潼江"，即涪江，绕梓州城东北而过，当年杜甫流寓梓州时居住的草堂就紧邻涪江。762年秋，初到梓州的杜甫曾赋诗《客夜》："客睡何曾著？秋天不肯明。卷帘残月影，高枕远江声。"杜诗中的"江"，即指涪江。"高枕"句，言江流之声闻于枕上。故张问彤有"屋角枕潼江"之句；这既是写实，也是对老杜流寓居所的印证。

草堂书院后的李杜祠始终保留着。清光绪二年（1876），三台籍举人王龙勋曾主讲草堂书院十年。他作《李杜祠》一诗说：

> 一龛虔奉草堂中，李杜精灵肸蚃通。
> 戴笠记曾逢饭颗，开尊时复忆江东。
> 京华冠盖交情古，梓水苹蘩享祀同。
> 共作寓公谁是主？登城白发杜陵翁。

清光绪三十一年（1905），潼川知府钟润（爱新觉罗氏）改草堂书院为潼川府中学堂。"民国二年"（1913），潼川府中学堂改为潼川联合县立中学校。"民国二十三年"，改为潼属联立高级中学校，并将李杜祠辟为教室，移李杜塑像于校后之集贤阁。久之，塑像已荡然无存。

"民国二十七年"，国立东北大学内迁三台，借潼属联中部分校舍和草堂寺复课教学。1939年7月，东北大学在原草堂寺一带修建图书馆、膳食间，加盖教室和学生宿舍。东大人流亡辗转的经历和抗战建国、复土还乡的使命与杜甫颠沛流离、爱国忧民的精神高度契合，金毓黻等一批教授"倡议辟集贤阁为（杜甫）纪念堂，撰联署扁，画像以祀之"。1940年1月26日，杜工部草堂落成典礼，校长臧启芳亲自做报告。礼成，各位来宾分韵为纪事赋诗。金毓黻先生作诗《杜公纪念堂落成纪事》：

> 绝代诗人一草堂，山丘华屋感沧桑。
> 且从画像开东阁，更遣延宾上北廊。
> 词客歌行题壁满，梅花庭院引杯长。
> 也从杜老飘蓬去，暂把他乡作故乡。

据三台中学老教师回忆，20世纪50年代，校园内的工部纪念堂保存尚好；校园内有一座小丘叫饭颗山，这当然是源于李白的《戏赠杜甫》："饭颗山头逢杜甫，顶戴笠子日卓午。借问别来太瘦生，总为从前作诗苦。"昔人说这是李白对杜甫的讥刺与调侃。题曰"戏赠",自然有玩笑的成分,但不能理解为"(李)白自负文格放达,讥甫龌龊"。诗友之间的调笑与幽默,也是友谊的率性表达。大约1963年,校园内的纪念设施全部拆除,饭颗山也夷为平地,建成了教学楼或者办公楼。

如今三台中学内建有"诗圣广场""放歌亭"等杜甫纪念设施,以及"草堂艺术团"等学生文艺社团。草堂没有了,饭颗山没有了,但三台中学这处斯文之地,他们还在以更加生动的形式纪念杜甫这位中国最伟大的诗人。

我真心希望"诗圣"杜甫正直善良的品性、阔达的胸襟和弘毅的精神,以及以天下为己任的家国情怀,能沾丐莘莘学子。愿他们能励志勤学,刻苦磨炼,牢固人生信念,做一个有志气、有骨气、有底气的新时代中国青年,用不懈的奋斗绽放青春光彩。

## 牛头胜迹今犹壮

三台历史上的第二处草堂就是明朝万历年间,由潼川知府张辉南组织修建的、位于城西牛头山顶的"工部草堂"。

《读史方舆纪要》载:牛头山"在州城西南二里,形如伏牛,俯临城郭,上有浮屠"。"民国"《三台县志》引《太平寰宇记》:"山在郪县西南,高一里,形似牛头,四面孤绝。俯临州部,下有长乐寺,楼阁烟花,为一方名胜。"又说:"山旧有寨基,因'民国十五'年建中山公园,前山上城垣炮台拆毁。"

查明朝嘉靖《潼川志》及之前的方志、笔记,均无牛头山工部草堂的记载。

广德元年(763)春,杜甫怀着春天般的愉悦与惆怅,三次登临牛头山览胜,并先后作《上牛头寺》《登牛头山亭子》和《望牛头寺》,写景感怀,慨叹战乱给百姓造成的流离失所。从此,梓州牛头山这"一方名胜"更增忧时济民的内涵,文人学士游历梓州、登临赋诗,必怀少陵。

唐昭宗时,诗人李洞游历蜀中,夜宿牛头山,即有"望空工部眼,搔乱广文头"之句。北宋潼川知府李焘也感叹:"潼川绕郭多名寺,都在少陵诗句中。"南宋人程公许《东川节度歌》亦曰:"恨无春色浮山外之杰句,空有帝乡愁绪之孤忠。……向来牛头著亭处,晴烟万井历历明双瞳。""春色浮山外"典出杜甫《望牛头寺》:"春色浮山外,天河宿殿阴";"帝乡",指皇帝居住的地方。杜甫《承闻河北诸道节度入朝欢喜口号》说:"衣冠是日朝天子,草奏何时入帝乡。"后句的"牛头著亭处""万井",则出自杜甫《登牛头山亭子》"路出双林外,亭窥万井中"之句。

明万历甲戌年(1574),陈文烛奉命入蜀,督蜀学政(任四川提学副使),他自觉地担当起整理蜀中先贤典籍、培修巴蜀文化遗迹的责任,以弘扬地方文化,彰显圣朝教化。陈文烛本人博学工诗,对杜甫研究颇深,他评价杜甫:"老杜高名日月浮";他曾先后指示地方大员对成都浣花溪草堂、夔州瀼西草堂和梓州草堂进行修缮或修建。

关于梓州牛头山工部草堂修建一事,陈文烛《怀杜亭记》叙及较详:"万历甲戌,不佞奉命督蜀学政,三试梓州(明代为四川布政使司所属潼川直隶州),徘徊牛山者三。寻亭旧基,在寺之后,命张刺史创为工部草堂而记之。海内通志移书嘉焉,谓兢兢卫道,匪徒重词人尔也。"

从这段记叙中我们可以得知,陈氏为修建梓州工部草堂,抓住每一次试士梓州的机会,多次到牛头山踏勘、选址,后责成潼川州刺史张辉南抓紧时间完成工部草堂的修建,并宣明其教化、卫道之良苦用心。

牛头山工部草堂竣工后,知府张辉南请陈氏作《牛头山工部草堂记》,以记梓州工部草堂修建经过。现将陈氏全文兹录于下:

潼盖唐梓州境,而牛头山在郭门外,杜工部尝登其上。所云"五载客蜀郡,一年居梓州"是也。参知梁尚贤、宪使王元德,分镇剑南,捐金度木,命刺史张辉南为草堂于山巅。余试过焉,刺史乞余记之。

嗟呼!公遭世变,飘零于蜀,或自绵而梓,或自阆而梓,坎壈之状,千载流涕。而颂其诗者,辄兴忠君爱国之思。即公在梓州诗,如"王侯与蝼蚁,同尽随丘墟。愿闻第一义,回向心地初。"子瞻叹其诗入道,犹庖丁以牛入也,轮扁以轮入也。苏氏知公乎?是公诗多于蜀,而妙悟于梓。公神其托兹山哉!天壤俱敝可也。

昔唐陈子昂,梓州人。公过射洪学堂,抚遗迹而吊焉。有盛世会一

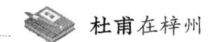

时，此堂岂千年之咏。若为今日而言者，则牛头数椽与金华并峙，乃余之慨慕于公，奚啻公于伯玉哉？浣花瀼西，余业有记，而今又托乎片言，其有私感欤！若能饱公残膏剩馥，而扬搉之，则余岂敢？

明朝行至万历，已有两百多年的历史，此时的朱明王朝政治腐败，经济崩溃，潼川作为直隶州，要在牛头山修建一处杜甫纪念馆——牛头山工部草堂，实属不易。尽管提学副使（即提刑按察副使、提督学道的简称，一般为四品官，相当于主抓公安、教育的副省长）陈文烛发了话，知府张辉南也应了命，但修建的钱财还得要陈提学亲自出面，动员高级官员带头捐款捐物，四面八方筹集资费，这才有了分镇剑南的参知梁尚贤、宪使王元德"捐金度木"，慷慨解囊之举。

这里顺便说一句，"参知"，明代已废，只是一种美称。洪武九年（1376），废行省平章政事、左右丞，改参知政事为布政使，以参政为布政使副职；"宪使"，御史台或都察院官员奉旨监察或外巡，均可称宪使。

由陈文烛之《记》文可知，牛头山工部草堂建成于明万历五年（1577）之前。陈文烛，字玉叔，号五岳山人，嘉靖四十四年（1565）进士，万历二年（1574）正月至万历五年（1577）十一月，任四川提学副使。牛头山工部草堂应该是在陈文烛任职四川提学副使期间竣工并投入使用的。

顺治元年（1644）甲申十月，张献忠屠戮潼川，牛头山工部草堂亦毁于这次战火，其存世不足70年。

乾隆四十八年（1783），江南长洲人张松荪继任潼川知府。他喜爱登临览胜，对潼川古迹多有吟咏，然而他的《登牛头山作》却只字未及工部草堂。可见，一百多年过去了，牛头山工部草堂早已湮没于一片蒿草、荆棘丛中。直到清光绪以后，才有三台人士王龙勋、王麒勋兄弟忆起三百年前牛头山顶建有工部草堂。王麒勋《工部草堂》诗曰："牛头山顶雕甍开，片椽为公芟草莱。刺史贤能重儒雅，后先济美光池台。"

清末至"民国"时期，牛头山沦为攻城略地的战场和守军的营垒，因此老百姓索性称它为"牛头山寨子"。

党的十一届三中全会以后，我国开始进入建设社会主义现代化国家的伟大转折时期，鼎新革故，崇文弘道。三台县文化馆在研究中发现，牛头山上原来有个工部草堂，后来毁于战火，于是建议三台县委、县政府在牛头山明代"工部草堂"遗址上重建梓州杜甫草堂。

1983年9月，县委宣传部开始向国内书、画名家征集书画作品，以备杜甫纪念馆陈列之用。众多名家纷纷响应，首批征集到周谷城、苏步青、刘旦宅、萧劳等名家作品五十幅。现梓州杜甫草堂有登记造册的书画藏品二百三十余幅。

1984年，杜甫草堂开工建设。1987年9月，正式对游人开放。草堂占地面积一万余平方米，呈南北三进院落构成。草堂大门门额上的"杜甫草堂"四个大字，由我国著名书法家舒同专门为牛头山梓州草堂题写。大门两边的楹联："异代不同时问如此江山龙蜷虎卧几诗客；先生亦流寓有长留天地月白风清一草堂。"此联为清代学者顾复初撰，著名书法家于立群书写。

草堂内建有杜甫生平馆、曲桥荷沼、少陵亭和诗史堂等。诗史堂是杜甫草堂的核心建筑，为木结构抬梁单檐歇山顶殿堂。面阔六柱五间，进深八柱七间。屋面覆盖纯青色筒瓦；檐口瓦当、滴水相间。正脊两端置鳌尾，中心宝顶饰"二龙戏珠"卷潮纹。檐角高挑，凌空欲飞。诗史堂后园梅竹丛中，塑汉白玉杜甫站立雕像一尊。诗人便服儒巾，面容清癯，神情冷峻地注视着远方。

2007—2009年，县人民政府投资5000万元对草堂外围环境进行了提升改造，在牛头山修建了登云梯、石牌坊、诗圣广场和梓州阁等。休闲览胜，慕名吊古，漫步其中，亭台楼榭，古朴典雅；佳木成荫，如诗如画；墨韵书香，清丽脱俗。

## 望君山上拾遗庙

在今三台县观桥镇望君村郪江边，有一座山曰望君山。传说广德元年（1673）春，杜甫登州南七十里之高山，北望长安，思阙望君，挥毫大书"望君山"三字，此山因此而得名。

后人为纪念伤时忧君的杜甫，在望君山上修建了拾遗庙。清嘉庆《县志·望君山拾遗庙》载："唐杜拾遗子美，避乱来蜀，留潼颇久，曾于邑南翼火乡（乡驻今三台县郪江镇安居场）高山，望阙怀君，后人作石庙祀之。不知建自何时，其石柱有联云'此是西来一行者，每依南斗望京华'。字半剥蚀，可见年代已远。"

1987年，三台县文物部门文物普查时，在望君山腰及山麓发现了宋明建筑遗存。1994年，在望君山腰古庙旁出土了一通北宋诗碑。碑文排列如下：

  右蜀辞人、工部员外郎杜甫，游兹山乃有佳作。
  山灵水怪每生云，朝暮虔诚称望君。
  空际烟霞连地出，人间楼阁与天邻。
  青龙作势藏深绿，黄鸟衔花见异群。
  堪恨相如休未得，又驱羸足却回秦。
  宣和辛丑孟冬月，管勾僧惟详入石、逸人赵满刻。

这首"佳作"是杜甫原创，还是后人假托杜甫之名的伪作，有待专家考证。

除此之外，在三台还留下了很多跟杜甫有关的传说，如杜甫在今东山公元野亭宴请姚通泉，而作《陪王侍御宴通泉东山野亭》《陪王侍御同登东山最高顶宴姚通泉，晚携酒泛江》。再，今北坝镇涪江之滨的东江村有茶堵山，相传宝应元年重阳节，杜甫在此登山作《九日》："去年登高郪县北，今日重在涪江滨。苦遭白发不相放，羞见黄花无数新。世乱郁郁久为客，路难悠悠常傍人。酒阑却忆十年事，肠断骊山清路尘。"茶堵山所存清代遗碑亦有这样的记载："夫山之灵，莫过茶堵。想盛唐杜工部、大宋苏长公，尝聚庐托迹于兹，盘桓不去。"不管是民间传说，还是群众性的自发建庙祭祀行为，体现的都是历代三台人民对杜甫爱国忧民精神的继承与弘扬，对集大成者的诗人的崇敬与缅怀。

草堂留胜迹，梓郡增光辉。梓州的灵山秀水、深厚文明，为杜甫晚年的诗歌创作提供了广阔的创作空间，而诗人留下的梓州足迹和梓州诗篇，又是其馈赠给我们的残膏剩馥，承载着一个诗人的伟大灵魂和高尚人格。

诚如闻一多先生所云，杜甫是"四千年文化中最庄严、最瑰丽、最永久的一道光彩"。杜甫坚定的人生态度，忧国忧民的危机意识，须臾不忘国家和人民的主人翁精神，正是中华民族性格中最优秀的部分。在建设社会主义现代化强国的新征程中,我们要把继承传统文化与弘扬时代精神有机地结合起来,不断用优秀的传统文化滋养自己,要多读经典、多读杜诗,让"诗圣"的光辉点亮我们的精神生活,做一个有益于国家和人民的时代新人。

2021年7月23日于梓州

(2021年11月1日,《方志四川》分上、下两期,刊发此文。2022年1月8日,《绵阳日报》以《三台杜甫草堂的千年兴衰》为题,刊发此文)

# 附录：杜甫简谱

杜甫，字子美，排行第二，祖籍襄阳（今属湖北），生于巩县（今河南巩义市）。十三世祖杜预，为魏、晋时名臣，人号"杜武库"。曾祖杜依艺，为巩县令。祖父杜审言，为武后时著名诗人，官至膳部员外郎。父亲杜闲，曾任武功县尉、奉天县令、兖州司马。夫人杨氏，为司农少卿杨怡女。因郡望京兆杜陵（今陕西西安东南），故称"杜陵布衣""杜陵野老""杜陵野客"。困居长安时期，一度住在城南少陵附近，自称"少陵野老"。世因称"杜少陵"。曾为左拾遗，故世称"杜拾遗"。后在严武幕府任节度使参谋、检校尚书工部员外郎，世又称"杜工部"。

一岁　唐睿宗太极元年/延和元年/唐玄宗先天元年（712）

正月一日，生于河南巩县瑶湾村。

四岁　唐玄宗开元三年（715）

寄养于洛阳姑母家，得重病几死。

六岁　开元五年（717）

寄居河南郾城，得观公孙大娘舞剑器浑脱。

七岁　开元六年（718）

始学作诗，曾咏凤凰。

九岁　开元八年（720）

能书大字。

十四岁　开元十三年（725）

在洛阳与崔尚、魏启心等交游。曾于岐王李范、秘书监崔涤宅听李龟年歌。

十九岁　开元十八年（730）

游晋至郇瑕，未及返洛阳。

二十岁　开元十九年（731）

始漫游吴越，历时四年。

二十四岁　开元二十三年（735）

自吴越返洛阳，赴京兆贡举，不第。

二十五岁　开元二十四年（736）

始游齐越，至兖州省父。与苏源明结交。

二十六岁　开元二十五年（737）

游齐赵。

二十七岁　开元二十六年（738）

游齐赵。

二十八岁　开元二十七年（739）

游齐赵，秋于汶上会高适。

二十九岁　开元二十八年（740）

游齐赵。

三十岁　开元二十九年（741）

自齐赵归洛阳，筑陆浑庄于偃师首阳山下，作文祭远祖杜预。与司农少卿杨怡之女结婚。

三十一岁　天宝元年（742）

居洛阳。

三十二岁　天宝二年（743）

居洛阳。

三十三岁　天宝三年（744）

春遇李白于洛阳。秋与李白同往王屋山访华盖君，因华盖君已死，乃返梁园，遇高适，同游梁宋。曾登吹台，又登单父琴台。

三十四岁　天宝四年（745）

再游齐赵，会李邕于历下亭。秋与李白重逢于鲁郡，作《赠李白》诗。秋末与李白别，归洛阳。

三十五岁　天宝五年（746）

至长安，与王维、郑虔等游。《饮中八仙歌》当作于是年或以后数年间。

三十六岁　天宝六年（747）

在长安。正月，应诏就试，不第。作《春日忆李白》等诗。

三十七岁　天宝七年（748）

约于是年归偃师陆浑山庄，作《奉寄河南韦尹丈人》。

三十八岁　天宝八年（749）

在洛阳，作《冬日洛城北谒玄元皇帝庙》。

三十九岁　天宝九年（750）

春复至长安。生计渐困。秋以《雕赋》投延恩匦，不报。冬作《奉赠韦左丞丈二十二韵》。

四十岁　天宝十年（751）

在长安。献《三大礼赋》，玄宗奇之。命待制集贤院。作《兵车行》。

四十一岁　天宝十一年（752）

在长安。秋与高适、岑参等同登慈恩寺塔，作《同诸公登慈恩寺塔》。

四十二岁　天宝十二年（753）

在长安。作《丽人行》

四十三岁　天宝十三年（754）

在长安。冬献《封西岳赋》。作《渼陂行》《秋雨叹》等诗。

四十四岁　天宝十四年（755）

在长安。秋往奉先省亲，十月返长安，被任河西尉，不就。旋改任右卫率府胄曹参军。十一月复往奉先省亲。作《自京赴奉先县咏怀五百字》。

四十五岁　天宝十五年/唐肃宗至德元年（756）

二月自奉先返长安，就右卫率府胄曹参军职。四月赴奉先，携家至白水依舅氏崔顼。六月携家避乱至鄜州羌村。八月闻肃宗即位灵武，只身赴之，中途为叛军所获，送至长安。作《哀王孙》《悲陈陶》《悲青坂》《月夜》等诗。

四十六岁　至德二年（757）

春在长安，作《哀江头》《春望》。四月逃至凤翔，谒肃宗。五月授左拾遗。作《喜达行在所三首》《述怀》。旋因谏房琯事忤肃宗，诏三司推问，宰相张镐救免。闰八月，往鄜州省亲，作《羌村三首》《北征》。十一月，携家返长安。

**四十七岁　至德三年/乾元元年（758）**

春、夏在长安。任左拾遗，与王维、岑参、贾至等唱和。六月贬华州司功参军。冬由华州赴洛阳。

**四十八岁　乾元二年（759）**

春自洛阳返华州，作"三吏""三别"。七月，弃官，携家往秦州。作《秦州杂诗》《梦李白》等诗。十月，往同谷，沿途作纪行诗一组。至同谷后作《乾元中寓同谷县作歌七首》。十二月往成都，途中复作纪行诗一组。岁末至成都。

**四十九岁　乾元三年/上元元年（760）**

春，建草堂于成都浣花溪畔。秋往新都会裴迪，又往彭州会高适，旋返成都。作《蜀相》《江村》等诗。

**五十岁　上元二年（761）**

在成都。作《春夜喜雨》《茅屋为秋风所破歌》等诗。冬，高适代成都尹，访杜甫。冬末严武为成都尹，时访杜甫。

**五十一岁　唐代宗宝应元年（762）**

春夏在成都。作《遭田父泥饮美严中丞》。七月，送严武入朝至绵州，会徐知道反，赴梓州。秋末迎家至梓州。曾访陈子昂故宅。

**五十二岁　宝应二年/广德元年（763）**

春在梓州，作《闻官军收河南河北》。八月往阆州吊房琯，十二月返梓州。作《冬狩行》。

**五十三岁　广德二年（764）**

春初携家往阆州。作《伤春五首》《忆昔二首》。拟出蜀，三月严武复镇蜀，来书相邀，乃携家返成都。六月，严武荐杜甫为节度使参谋、检校工部员外郎。作《丹青引》《哭台州郑司户苏少监》等诗。

**五十四岁　永泰元年（765）**

正月，辞严武幕职。四月严武卒。五月，携家东下，经嘉州、戎州、渝州、忠州而至云安。作《三绝句》。

**五十五岁　永泰二年/大历元年（766）**

春居云安。夏初居夔州。作《咏怀古迹五首》《诸将五首》《秋兴

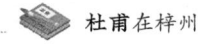

八首》《壮游》等诗。

五十六岁　大历二年（767）

在夔州，曾数度移居。作《登高》《公孙大娘弟子舞剑器行》等诗。

五十七岁　大历三年（768）

正月，出峡东下。三月至江陵。秋移居公安。冬至岳州。作《登岳阳楼》《岁晏行》等诗。

五十八岁　大历四年（769）

正月离岳州，沿湘江南下。三月至潭州，又至衡州。夏复返潭州。识苏涣等人。

五十九岁　大历五年（770）

春，仍泊舟潭州。作《江南逢李龟年》。四月避臧玠乱，往衡州。又欲往郴州依舅氏崔玮，阻水耒阳，复返潭州。冬，自潭州赴岳州，作绝笔诗《风疾舟中伏枕书怀三十六韵奉呈湖南亲友》，卒于舟中。

# 后　记

　　从一线领导岗位退下来以后，自觉轻松多了。为了充实自己、快乐自己，我便从阅读、学习中寻找乐趣。

　　大概是2018年初夏，梓州智谷创始人熊丁一先生为活跃社区文化，把自己有限的办公场所挤出一块地盘开设"梓州龙门阵"，邀请三台文化界、企业界等各界人士，向社区民众传播政治、经济、文化、历史等方方面面的知识与逸闻趣事。我也常去听讲，受益颇多。不久，在县作协原主席邹开歧先生和原副主席张庆先生的鼓励和怂恿下，我也在智谷讲了四期"杜甫的梓州时光"，反响还不错。于是，我开始系统地、广泛地，阅读和研习杜甫诗歌与传记等有关书籍、文章。在学习中我发现：许多研究杜甫的专家、学者，他们对于杜甫流寓梓州这一年零八个月的生活与诗歌创作很少提及；即使提到，也往往以"流浪于梓、阆间"，轻轻一笔带过。以至于很多读者对杜甫的名篇《闻官军收河南河北》虽然耳熟能详，却不知道这首诗作于梓州，由此激发了我写作《杜甫在梓州》一书的冲动。

　　杜甫是我国唐代伟大的现实主义诗人。唐乾元二年（759），因关中大饥，生计遭遇前所未有的困难，加之对心中"太阳"（"葵藿倾太阳，物性固莫夺"）唐玄宗的极度失望和政治理想的破灭，他辞去华州司空参军之职，带着妻儿老小度陇入蜀，定居成都浣花溪草堂。宝应元年（762）七月，因送好友严武入朝至绵州（治今四川省绵阳市区），遇西川节度使判官徐知道在成都发动叛乱，叛军曾一度占领绵州。因此，是年八月，杜甫离开绵州，只身来到梓州（治今四川省三台县）避乱，寓居梓州城东（今三台中学校园内）。同年初冬，杜甫冒险潜行回成都，将妻子儿女接来梓州安住。直到广德二年（764）暮春，杜甫从阆州（治今四川省阆中市）经梓州重返成都。历时三个年头、二十个月，即诗人所谓"三年奔走空皮骨，信有人间行路难"。

对于杜甫在梓州的这段流寓生活，《新修潼川府志·人物志六·流寓》是这样记载的："甫本襄阳人，后徙河南巩县。至德二载，拜左拾遗。乾元元年六月，出为华州司功，晚冬离官。二年十二月入蜀，至成都。宝应元年，西川兵马使徐知道反，因入梓州，冬复归成都迎家至梓。十二月，往射洪南之通泉。广德元年，在梓州，春间往汉洲，秋往阆州，冬晚复回梓州。是岁，召补京兆功曹，不赴。二年春，复自梓州往阆州。严武再镇蜀，春晚遂归成都。"志书的这段记载，也是我写作此书、串讲杜甫梓州游历生活的重要依据之一。

《杜甫在梓州》一书，旨在通过对杜甫在唐宝应元年（762）秋至广德二年（764）春这段梓州客中作客、难中逃难的生活经历的梳理，与对诗歌创作的背景分析、内容解读，让读者切实感受到伟大的爱国主义诗人杜甫，无论遭遇怎样的艰难困苦与生活磨难，始终以天下为己任，忧国忧民，始终不放弃对国家、对民族的责任感，始终关注天下苍生和社会现实的儒者情怀。我想，这也许就是苛刻的朱熹要把杜甫与诸葛亮、颜真卿、韩愈、范仲淹，并列为"五君子"的重要原因吧。

另外需要说明的是，本书所选杜甫梓州诗作，以萧涤非先生主编的《杜甫全集校注》为主要参考范本。同时，凡地方认定的、志收录的杜甫梓州诗，我也收录其中，作为考据、义理内容（文中有标注与说明），尽量给读者介绍、还原一个温柔敦厚，风趣幽默，有血有肉，真实生动的杜甫形象。

宋代学者王得臣曾言："子美之诗，周情孔思，千汇万状，茹古涵今，无有端涯。森严昭焕，若在武库，见戈戟布列，荡人耳目。非特意语天出，尤工于用字，故卓然为一代冠，而历世千百，脍炙人口。予每读其文窃苦难晓。"何况我这个笨拙的业余文史爱好者呢？因此，我深知自己才疏学浅，读杜浅尝辄止，不敢妄解杜诗。2019年9月初稿完成

## 后　记

后，我托四川师范大学党政办主任康胜先生，恳请四川杜甫研究学会副会长、四川师范大学教授吴明贤先生指教。吴老不顾年事已高、身体有恙，以朱笔亲批、正误，让我感动不已。后又得到四川杜甫研究学会副会长、西南民族大学教授徐希平先生当面指教。

拙作能够顺利出版，也要特别感谢四川杜甫研究学会副会长、四川师范大学文学院教授、博士生导师王红霞女士。王教授在主持答辩四川高校博士毕业论文的百忙之中抽出时间，雅正拙作，金针度人，并冒着高温酷暑为本书作序，令我万分感激。

我读杜，码字，写作《杜甫在梓州》，无非是希望我们的后辈子孙在"诗圣"光芒的照耀下，不断地用优秀的传统文化滋养自己，做一个有志气、有骨气、有底气的社会主义新人，为实现中华民族的伟大复兴做出自己应有的贡献。

本书能够付梓，更要深情感谢三台县人大常委会主任杨增辉。是杨主任怀揣着一腔发掘、弘扬地方文化的热血衷肠，才使本书得以早日面向社会与读者。

在这里，我还要感谢三台县人大常委会教科文卫委主任贾春梅女士，以及三台县文联主席蒋秩宏（诗人布衣）、三台县作协主席王开金（诗人野川），对我写作本书的支持、帮助与鼓励！

魏　浩

2022年6月于梓州